SEGURANÇA CIBERNÉTICA NA ALTA GESTÃO

ESTRATÉGIAS PARA CEOS, CISOS, CIOS E CCOS

ROGÉRIO AUGUSTO VIANA GALLORO
MARCELO ANTONIO DA SILVA
JOSÉ DE SOUZA JUNIOR

Prefácio
Jeff Crume

Apresentação
Luiz Fux

SEGURANÇA CIBERNÉTICA NA ALTA GESTÃO

ESTRATÉGIAS PARA CEOS, CISOS, CIOS E CCOS

Belo Horizonte

FÓRUM
CONHECIMENTO JURÍDICO

2025

© 2025 Editora Fórum Ltda.

É proibida a reprodução total ou parcial desta obra, por qualquer meio eletrônico, inclusive por processos xerográficos, sem autorização expressa do Editor.

Conselho Editorial

Adilson Abreu Dallari
Alécia Paolucci Nogueira Bicalho
Alexandre Coutinho Pagliarini
André Ramos Tavares
Carlos Ayres Britto
Carlos Mário da Silva Velloso
Cármen Lúcia Antunes Rocha
Cesar Augusto Guimarães Pereira
Clovis Beznos
Cristiana Fortini
Dinorá Adelaide Musetti Grotti
Diogo de Figueiredo Moreira Neto (*in memoriam*)
Egon Bockmann Moreira
Emerson Gabardo
Fabrício Motta
Fernando Rossi
Flávio Henrique Unes Pereira

Floriano de Azevedo Marques Neto
Gustavo Justino de Oliveira
Inês Virgínia Prado Soares
Jorge Ulisses Jacoby Fernandes
Juarez Freitas
Luciano Ferraz
Lúcio Delfino
Marcia Carla Pereira Ribeiro
Márcio Cammarosano
Marcos Ehrhardt Jr.
Maria Sylvia Zanella Di Pietro
Ney José de Freitas
Oswaldo Othon de Pontes Saraiva Filho
Paulo Modesto
Romeu Felipe Bacellar Filho
Sérgio Guerra
Walber de Moura Agra

FÓRUM
CONHECIMENTO JURÍDICO

Luís Cláudio Rodrigues Ferreira
Presidente e Editor

Coordenação editorial: Leonardo Eustáquio Siqueira Araújo
Thaynara Faleiro Malta
Revisão: Gabriela Sbeghen
Capa e projeto gráfico: Walter Santos
Diagramação: João Oliveira

Rua Paulo Ribeiro Bastos, 211 – Jardim Atlântico – CEP 31710-430
Belo Horizonte – Minas Gerais – Tel.: (31) 99412.0131
www.editoraforum.com.br – editoraforum@editoraforum.com.br

Técnica. Empenho. Zelo. Esses foram alguns dos cuidados aplicados na edição desta obra. No entanto, podem ocorrer erros de impressão, digitação ou mesmo restar alguma dúvida conceitual. Caso se constate algo assim, solicitamos a gentileza de nos comunicar através do *e-mail* editorial@editoraforum.com.br para que possamos esclarecer, no que couber. A sua contribuição é muito importante para mantermos a excelência editorial. A Editora Fórum agradece a sua contribuição.

Dados Internacionais de Catalogação na Publicação (CIP) de acordo com ISBD

G173s   Galloro, Rogério Augusto Viana
           Segurança cibernética na alta gestão: estratégia para CEOs, CISOs, CIOs e CCOs / Rogério Augusto Viana Galloro, Marcelo Antonio da Silva, José de Souza Junior. Belo Horizonte: Fórum, 2025.

           260 p. 14,5x21,5cm

           ISBN impresso 978-65-5518-958-2
           ISBN digital 978-65-5518-962-9

           1. Segurança da informação. 2. Segurança cibernética. 3. Direito digital. 4. Cibersegurança. 5. Alta gestão. I. Silva, Marcelo Antonio da. II. Souza Junior, José de. III. Título.

           CDD: 340.0285
           CDU: 34:004

Ficha catalográfica elaborada por Lissandra Ruas Lima – CRB/6 – 2851

Informação bibliográfica deste livro, conforme a NBR 6023:2018 da Associação Brasileira de Normas Técnicas (ABNT):

GALLORO, Rogério Augusto Viana; SILVA, Marcelo Antonio da; SOUZA JUNIOR, José de. *Segurança cibernética na alta gestão*: estratégia para CEOs, CISOs, CIOs e CCOs. Belo Horizonte: Fórum, 2025. 260 p. ISBN 978-65-5518-958-2.

AGRADECIMENTOS

A realização deste livro não seria possível sem a contribuição e o apoio de diversas pessoas e instituições que, ao longo de nossas trajetórias, foram fundamentais para nosso desenvolvimento profissional e estratégico.

Rogério Galloro: uma obra como esta, de tripla autoria, de pronto já evidencia a importância de cada um dos autores na concepção do produto. Dessa forma, agradeço aos meus parceiros nessa empreitada, Marcelo Silva e José Junior, cujas participações viabilizaram este projeto. Agradeço a dois ministros do Supremo Tribunal Federal, Luiz Fux e Rosa Weber, que acreditaram no meu trabalho e do Marcelo e viabilizaram a criação, a implementação e o fortalecimento tanto da unidade de segurança da informação daquela Corte Superior como do projeto de segurança cibernética respectivo. Esses magistrados nos proporcionaram um ambiente de aprendizado contínuo, incentivo de criação de estratégias e ações que resguardassem o Poder Judiciário e uma visão estratégica sobre como gerenciar crises e proteger a integridade institucional. Quando se vive em família, toda nossa atitude exerce certa influência, de modo que, todo tempo que dedicamos a algo fora dela causa impacto pela ausência. Assim, impossível não agradecer à minha esposa Maria José (Zeza), meus filhos Vinícius e Lucas, que, porventura, sentiram minha falta nesses longos anos de serviço público. À Polícia Federal sou eternamente grato pelos anos de aprendizado de planejamento cuidadoso, de análise silenciosa, de gerenciamento de crises, de trabalho em equipe e de respeito ao povo brasileiro, o destinatário legítimo de nosso serviço. A Deus agradeço as oportunidades desta vida, as pessoas que colocou em meu caminho, o sofrimento que me tornou um ser humano melhor e a paz que me proporciona.

Marcelo Silva: manifesto minha gratidão primeiramente à Deus, fonte de sabedoria, discernimento e clareza para saber fazer as boas escolhas, conhecer a ciência e poder aplicá-la onde necessário. À minha esposa, Laila Dias, pelo apoio inestimável em todos os momentos. Aos meus colegas da PF, obrigado pelos anos de parceria e trabalho conjunto, que proporcionaram uma vivência singular de uso da ciência com competência e olhar minucioso para esclarecer os detalhes do que é analisado. Ao Dr. Rogério Galloro, pelo convite e incrível parceria no desafio de trabalhar com a segurança da informação no STF, em um momento tão particular. Aos servidores do STF pelo profissionalismo e apoio para possibilitar as realizações concretizadas, em especial ao Dr. Rafael Rabello, pela inestimável parceria com seu conhecimento técnico, institucional e humano para a implementação de todas ações realizadas. Aos ministros e juízes do STF e TSE, meu profundo agradecimento pela confiança e pela oportunidade de contribuir para a segurança cibernética dessas instituições. Trabalhar nessas cortes, mostrou-me a importância de proteger informações sensíveis com discrição e vigilância, sempre mantendo a estratégia alinhada com as demandas do momento. Ao amigo Dr. José Junior, sua visão de qualidade e experiência no meio jurídico e setor privado foi fundamental para produção do presente trabalho.

José Junior: agradeço, em primeiro lugar, a Deus, por iluminar e guiar cada etapa desta jornada. Este livro representa um marco acadêmico e uma afirmação de compromisso com a disseminação do conhecimento, essencial para enfrentar os desafios da segurança cibernética na alta gestão. Minha gratidão se estende ao Galloro, pelo honroso convite para participar desta obra, e ao Marcelo, pelo alinhamento impecável e compromisso constante com o sucesso deste projeto. Manifesto também minha profunda gratidão à minha esposa, Rita, cuja presença ao meu lado tem sido um pilar de força e apoio incondicional. Aos meus filhos, Caroline, Felipe e Maria, dedico este trabalho como símbolo de perseverança e busca pela excelência. À minha mãe, pelo incentivo constante, e ao meu pai, *in memoriam*, registro minha eterna gratidão pelos valores que moldaram meu caráter e me inspiram diariamente. Reconheço, ainda, a contribuição inestimável dos meus clientes e alunos, cujas interações e questionamentos me desafiaram a inovar e aprimorar as abordagens que compartilho nesta obra. Que esta publicação seja uma fonte de inspiração e um guia prático para todos que enfrentam os complexos desafios de um mundo cada vez mais digital e conectado.

Aos ministros, desembargadores, juízes e parceiros do STF e TSE, cujo compromisso com a segurança cibernética foi uma inspiração para nós, este livro reflete o que aprendemos em momentos decisivos, em que a ação estratégica e a discrição foram cruciais para proteger a integridade das instituições.

Finalmente, aos leitores, esperamos que esta obra os inspire a ver a segurança cibernética como uma estratégia fundamental para o sucesso organizacional. Que as lições aqui apresentadas sirvam como ferramentas poderosas em suas jornadas.

Nosso mais sincero agradecimento a todos que, direta ou indiretamente, contribuíram para o sucesso deste projeto e nos ajudaram a refinar nossa visão sobre segurança cibernética e gestão estratégica.

Rogério Galloro, Marcelo Silva e José Junior

SUMÁRIO

PREFÁCIO
Jeff Crume, PhD, CISSP 13

APRESENTAÇÃO
Luiz Fux 15

CAPÍTULO 1
INTRODUÇÃO À
SEGURANÇA CIBERNÉTICA NO CONTEXTO
CORPORATIVO 17
1.1 A responsabilidade da alta gestão no setor público e privado 18
1.2 Ameaças e ataques cibernéticos: conceitos e exemplos 22
1.3 Fundamentos da segurança corporativa 43
1.4 Estrutura organizacional em segurança cibernética 46

CAPÍTULO 2
DIREITO DIGITAL E *COMPLIANCE* EM SEGURANÇA
CIBERNÉTICA 53
2.1 Direito digital: conceitos e relevância 54
2.2 Práticas de *compliance* em cibersegurança – Suas práticas de *compliance* são suficientes para atender às crescentes demandas de cibersegurança? 67
2.3 O papel do CCO na conformidade e cibersegurança 75

CAPÍTULO 3
CONHECENDO A POSTURA DE SEGURANÇA
CIBERNÉTICA 81
3.1 Análise da postura cibernética organizacional 82
3.2 Avaliação corporativa de cibersegurança 83
3.3 Consolidação e interpretação dos resultados da avaliação 97

CAPÍTULO 4
GESTÃO ESTRATÉGICA E POSTURA DE
CIBERSEGURANÇA 99
4.1   Comunicação dos resultados da avaliação na prática
       corporativa 102
4.2   Comunicação institucional e postura de
       cibersegurança 104
4.3   A visão estratégica da postura como ferramenta
       de gestão 109
4.4   Investimentos em cibersegurança 111

CAPÍTULO 5
DESENVOLVIMENTO DO PROGRAMA CORPORATIVO
DE CIBERSEGURANÇA 125
5.1   Definição e estruturação do programa corporativo 127
5.2   Componentes essenciais de um programa efetivo 129
5.3   Governança e sustentabilidade do programa 150

CAPÍTULO 6
MONITORAMENTO, CAPACITAÇÃO E INOVAÇÃO EM
CIBERSEGURANÇA 153
6.1   Monitoramento contínuo e gestão de eventos de
       segurança 155
6.2   Conscientização, capacitação e engajamento da força
       de trabalho 162
6.3   Parcerias estratégicas e serviços gerenciados de
       cibersegurança – Você está aproveitando o potencial
       das parcerias estratégicas para reforçar sua defesa
       cibernética? 170
6.4   Inteligência sobre ameaças cibernéticas 176
6.5   Usos e riscos da IA na cibersegurança – Como a IA pode
       ser sua aliada na cibersegurança, e quais são os riscos
       envolvidos? 181

CAPÍTULO 7
CASOS DE SUCESSO E MELHORES PRÁTICAS EM
GESTÃO CIBERNÉTICA 189
7.1   Estudo de caso: Supremo Tribunal Federal 190

7.2	A Estratégia Nacional de Segurança Cibernética no Poder Judiciário	204
7.3	Seminário Nacional e Internacional de Segurança Cibernética: lições aprendidas	206
7.4	Gestão de privacidade de dados pessoais: desafios e soluções – Como enfrentar os desafios da privacidade de dados pessoais em um ambiente de ameaças cibernéticas crescentes?	217
7.5	Segurança da conectividade no encontro do G20	220

CAPÍTULO 8
PLAYBOOK DE CIBERSEGURANÇA PARA ALTA GESTÃO 229

8.1	*Playbook* de segurança cibernética	230
8.2	*Playbook* de cibersegurança para CEOs	230
8.3	*Playbook* de cibersegurança para CISOs – Existe algum *playbook* direcionado para o CISO aprimorar a cibersegurança de sua organização?	233

CONSIDERAÇÕES FINAIS 239

1	Introdução à segurança cibernética no contexto corporativo	239
2	Direito digital e *compliance* em segurança cibernética	239
3	Conhecendo a postura de segurança cibernética	240
4	Gestão estratégica e postura de cibersegurança	241
5	Desenvolvimento do programa corporativo de cibersegurança	243
6	Monitoramento, capacitação e inovação em cibersegurança	244
7	Casos de sucesso e melhores práticas em gestão cibernética	245
8	O *playbook* de cibersegurança para alta gestão	245

GLOSSÁRIO 247

REFERÊNCIAS 253

PREFÁCIO

Se você está satisfeito com a sua segurança, os bandidos também estão.

Complacência e ignorância são os maiores fatores de risco para falhas na segurança cibernética. Presumir que, como os alarmes não estão disparando, não há incêndio pode se voltar contra você, pois pode significar que o sistema de alarme está quebrado. Da mesma forma, o velho ditado de que "ignorância é uma benção" não se aplica à segurança cibernética, em que o oposto é verdadeiro. Muitas vezes, não sabemos o que não sabemos e não podemos proteger o que não vemos ou impedir ameaças das quais não temos conhecimento.

Portanto, vigilância e conhecimento são necessários para se manter atualizado. À medida que as táticas do invasor evoluem, há uma necessidade de que as defesas evoluam para se manterem atualizadas, o que requer cuidado e investimentos constantes das capacidades de prevenção, detecção e resposta da organização. Quanto mais você souber sobre a ameaça, mais preparado estará para lidar com ela.

O trabalho de um gerente sênior é difícil. Tenho certeza de que isso não é nenhuma surpresa para qualquer um em tal função. Equilibrar as necessidades da organização, as pessoas que trabalham para ela e aquelas que são atendidas por ela, juntamente com o acompanhamento do ritmo acelerado da inovação tecnológica temperado pela conformidade e restrições legais, faz com que os líderes sintam que são puxados em mil direções conflitantes diferentes. Inove ou fique para trás. Arrisque-se demais e o galho quebra e a organização sofre.

Bem quando você acha que está tudo certo, então um adversário com a intenção de roubar as joias digitais da coroa ou derrubar o sistema destrói o delicado equilíbrio que você trabalhou tanto para alcançar. O que você deve fazer? Como você pode planejar o sucesso e, ao mesmo tempo, se preparar para um desastre?

Este livro é um ótimo lugar para começar. Nele, você aprenderá mais sobre os problemas, as ameaças, os requisitos de conformidade e muito mais para que você seja mais capaz de preservar a confidencialidade de dados sensíveis, a integridade de informações-chave e a disponibilidade de sistemas críticos.

(Tradução do Prefácio realizada pelos autores)

Jeff Crume, PhD, CISSP
Distinguished Engineer, Master Inventor,
Author, Adjunct Professor.

APRESENTAÇÃO

O ser humano que, em priscas eras, navegava pelos mares, hodiernamente navega pela internet.

Este novel mundo cibernético, marcado pela constante emergência de novas tecnologias, concita-nos a sublinhar as pertinentes reflexões do fundador do tradicional Fórum Econômico Mundial (*World Economic Forum*), Klaus Schwab, quando vaticinara que estamos vivendo uma Quarta Revolução Industrial (SCHWAB, 2016).

Tal fenômeno continua a evoluir e ganhar espaço em nossa vida cotidiana, fazendo permanecermos vigilantes e adaptáveis, ao aproveitarmos as oportunidades que o novo mundo oferece, conquanto atentos aos seus desafios jurídicos, éticos e sociais.

Deveras, estes desafios contemporâneos residem na capacidade de (i) perscrutar, filtrar e processar tal universo de tecnologias, dados e informações disponíveis a todos, produzindo conhecimento confiável e (ii) atuar na prevenção e combate à prática de ilícitos na seara digital.

Emerge a segurança cibernética, nesse afã, como necessidade inafastável para a garantia de um salutar ambiente virtual, porquanto mecanismo de proteção de todo o aparato informático de que dispõem as nossas instituições, sejam elas da esfera pública, sejam da privada.

É que as suas relevantes implicações repercutem desde a promoção de políticas corporativas de *compliance digital* até, *v.g.*, a proteção de dados sensíveis constantes em órgãos estatais.

Destarte, a integridade de tais redes informacionais – independentemente do ângulo institucional que olhemos – é tema que impõe perene estudo e reflexão, de sorte que revela a seminal importância do presente estudo, o livro *Segurança cibernética na alta gestão: estratégias para CEOs, CISOs, CIOs e CCOs*.

Trata-se de obra de fôlego, que fornece valioso instrumental ao profissional do futuro, máxime em razão do talento e esforço empregado pelos seus autores, com os quais tive a satisfação de trabalhar durante a minha gestão (2020-2022) à frente do Supremo Tribunal Federal (STF) e do Conselho Nacional de Justiça (CNJ).

O Dr. Rogério Augusto Viana Galloro, assessor especial da Presidência do Tribunal naquela oportunidade, brindou-nos com o brilhantismo de sua *expertise* de delegado e ex-diretor-geral da Polícia Federal, conjuntamente com o Dr. Marcelo Antonio da Silva, perito criminal da Polícia Federal, que igualmente prestou inestimáveis serviços na chefia da Assessoria de Segurança da Informação do STF, criada em minha gestão.

O resultado deste trabalho, agora descrito por ambos em coautoria com o Dr. José de Souza Junior, advogado e pesquisador na Universidade de Brasília (UnB), é narrado principalmente nas ações elencadas no capítulo 7 do livro, realizando-se fundamental estudo de caso sobre a experiência do tratamento de segurança cibernética no Supremo Tribunal Federal e no Conselho Nacional de Justiça, culminando na Resolução CNJ nº 396 de 7.6.2021, que instituiu a *Estratégia Nacional de Segurança Cibernética do Poder Judiciário (ENSEC-PJ)*.

Essas ações foram responsáveis pela garantia da segurança necessária a lastrear uma série de medidas de vanguarda que foram alcançadas durante aquele período – com a premência da prestação do serviço jurisdicional eficiente de forma eletrônica, em razão do advento da pandemia da Covid-19 – catalisando um processo de digitalização que acabou por tornar o Supremo Tribunal Federal a *primeira Corte Constitucional 100% digital do mundo*.

Tal riqueza de conteúdo há de instruir o leitor e contribuir com suas reflexões sobre os novos desafios que o mundo digital nos impõe, razão pela qual assento a minha imensa satisfação em apresentar a presente obra.

Desejo a todos boa leitura!

Brasília, fevereiro de 2025.

Luiz Fux
Ministro do Supremo Tribunal Federal (STF). Ex-Presidente do Tribunal Superior Eleitoral (TSE). Professor Titular de Direito Processual Civil da Universidade do Estado do Rio de Janeiro (UERJ). Doutor e Livre-Docente em Direito Processual Civil pela Universidade do Estado do Rio de Janeiro (UERJ). Membro da Academia Brasileira de Letras Jurídicas. Membro da Academia Brasileira de Filosofia.

CAPÍTULO 1

INTRODUÇÃO À SEGURANÇA CIBERNÉTICA NO CONTEXTO CORPORATIVO

Como a segurança cibernética pode se transformar de uma simples preocupação técnica em uma vantagem estratégica para o sucesso corporativo?

O objetivo deste capítulo é destacar a importância da segurança cibernética em uma corporação, especialmente em organizações públicas, privadas e do terceiro setor com atuação de relevância nacional e internacional. Os perfis de cargos e atribuições da alta gestão são conceituados, destacando a necessidade de envolvimento estratégico das chefias mais elevadas na estruturação dessa área.

Apresenta-se um cenário histórico e atual das ameaças e ataques cibernéticos, com intuito de evidenciar a abrangência e impactos corporativos e sociais desses incidentes em diversos segmentos. A segurança cibernética é contextualizada de forma abrangente, mostrando seu espectro de atuação dentro da própria segurança corporativa, evidenciando-se os reflexos causados em setores estratégicos das organizações.

É discutida também a necessidade de uma estrutura corporativa robusta, capaz de prover os recursos necessários para a efetivação da gestão em segurança cibernética. Essa estrutura deve prover uma base organizacional para o aprimoramento contínuo, alinhada ao monitoramento constante dos riscos institucionais. O conteúdo desenvolvido neste capítulo propicia a resposta e reflexões quanto às seguintes perguntas:

- O que é cibersegurança e qual sua relação com a minha organização?

- De que maneira a segurança cibernética pode transcender uma mera preocupação técnica e se tornar uma vantagem estratégica para o sucesso corporativo?
- Estou preparado para liderar a defesa cibernética da minha organização? Qual é o papel da alta gestão neste cenário?
- Quais são os principais ataques e ameaças cibernéticos aos quais devemos estar atentos?
- Como ocorrem os ataques cibernéticos?
- Que tipos de ataques cibernéticos podem paralisar operações corporativas? Minha organização está devidamente protegida?
- A alta gestão da minha organização está engajada e consciente nas questões de cibernética?
- Qual o perfil de cada *c-level* relativo à cibersegurança?
- Quais principais riscos cibernéticos aos quais a minha corporação está exposta?
- Que estrutura possuo para lidar com questões de cibersegurança?
- Quem são os principais responsáveis pela segurança institucional e cibernética da minha organização?
- Estou ciente dos pontos fundamentais que garantem que a minha empresa esteja preparada contra as ameaças digitais?
- Sinto-me capacitado para estabelecer diretrizes em cibersegurança em minha organização?
- Tenho visibilidade sobre o nível de maturidade de minha organização no tocante à cibersegurança?
- Conheço a postura corporativa da minha organização em relação à cibersegurança?
- Como uma estrutura robusta em cibersegurança pode ser meu maior aliado para lidar com os desafios cibernéticos?

1.1 A responsabilidade da alta gestão no setor público e privado

Você está preparado para liderar a defesa cibernética de sua organização? Qual é o papel da alta gestão nesse cenário?

Para abordar a gestão da segurança cibernética em uma corporação, torna-se fundamental a definição dos principais atores envolvidos com nessa temática.

Ao longo desta obra, demonstra-se que a alta gestão tem assumido um papel cada vez mais ativo na segurança cibernética, sendo reconhecida por muitas organizações como uma área estratégica e não apenas um desafio tecnológico.

A gestão é o ato de gerenciar pessoas, processos, ativos e estratégias alinhados em um objetivo comum. Enquanto a administração foca mais na execução otimizada de processos, seguindo de etapas definidas em um planejamento estratégico, a gestão vai além da dimensão técnica. O gestor, além de conhecer profundamente os processos operacionais, também precisa conhecer o contexto corporativo, os fatores externos e internos que o influenciam, as soluções tecnológicas e inspirar pessoas. O perfil do gestor é mais abrangente que o do administrador, pois não se trata apenas de garantir que as operações funcionem, mas de assegurar que a organização realmente agregue valor ao seu público-alvo, por meio do engajamento e inspiração das equipes envolvidas (PIRES, 2019).

A alta gestão é representada por meio dos cargos de alto comando nas corporações, tanto no setor público quanto no setor privado, em que é essencial que pessoas em posições de chefia tomem decisões estratégicas e direcionem o futuro da organização. Estas chefias de alta hierarquia geralmente estão estruturadas por áreas específicas, seja estratégica, financeira, operacional, de conformidade, de recursos humanos ou de segurança.

Para uniformizar a terminologia adotada para estes cargos, utilizaremos um padrão já estabelecido no mundo corporativo, conhecido como *c-level*. Esse padrão define os principais acrônimos para posição de liderança, como, CEO, CIO, CCO e CISO. A letra "c" é proveniente da palavra *chief* (chefe), indicando que é um padrão que define níveis de chefia (PERALLIS SECURITY, 2020). Os profissionais *c-level* são líderes e diretores de importância fundamental nas instituições, compondo sua alta gestão e desempenhando papéis estratégicos essenciais.

A alta gestão é responsável pela supervisão de toda corporação, devendo possuir profissionais qualificados e experientes, que, apesar de ter funções específicas, devem trabalhar com sinergia e em equipe para prover efetividade nos resultados. São exemplos de profissionais categoria *c-level* (BLOOMENTHAL, 2024):

- *CEO* (*Chief Executive Officer*, Diretor Executivo)

É o cargo executivo de mais alto nível, sendo a face da organização para o público externo e responsável maior pela sua gestão, consultando os outros profissionais *c-level* para aconselhamentos nas principais decisões. São também chamados de presidente, secretário-geral ou diretor-geral.

- *CFO* (*Chief Financial Officer*, Diretor Financeiro)

É responsável pela gestão financeira e contábil, atuando diretamente com o CEO para mostrar os riscos e benefícios financeiros das iniciativas. Uma outra denominação utilizada é secretário de orçamento e finanças.

- *CIO* (*Chief Information Officer*, Diretor de Tecnologia)

É o profissional responsável pela gestão da tecnologia da informação e das comunicações. Além do profundo conhecimento em tecnologia, também deve possuir habilidades em gestão de projetos, gerenciamento de riscos e estratégia de negócio. Uma outra nomenclatura utilizada é secretário de tecnologia da informação.

- *CISO* (*Chief Information Security Officer*, Diretor de Segurança da Informação)

É o profissional responsável pela gestão da segurança da informação, atuando de forma transversal com os setores da organização para o aprimoramento da segurança. Também é chamado de gestor de segurança da informação.

- *CCO* (*Chief Compliance Officer*, Diretor de Conformidade)

É o profissional responsável por garantir que todos os procedimentos sejam cumpridos da melhor maneira, buscando promover e monitorar toda a conduta regulatória da organização. Também são chamados de auditores-chefe.

- *CPO* (*Chief Privacy Officer*, Diretor de Privacidade)

É o profissional responsável por manter a privacidade e segurança dos dados pessoais na organização. Também chamado de *data protection owner* ou "encarregado de dados pessoais".

- *CSO* (*Chief Security Officer*, Secretário de Segurança)

É o profissional responsável pela supervisão e planejamento sobre a segurança de uma organização, mais voltado para os ativos físicos como a segurança orgânica (patrimonial e institucional interna) e a segurança de dignitários. No meio corporativo, usa-se o termo VIP (*Very Important Person*).

É importante destacar a diferenciação entre o CIO e o CISO. Ambos os cargos devem possuir o foco no planejamento estratégico, na inovação tecnológica e na atividade-fim das organizações, atuando com liderança e gestão corporativa. O CIO elabora um plano diretor de tecnologia, construindo estratégias de uso dos ativos de tecnologia da informação (TI) para atingir os objetivos da organização, buscando gerenciar os sistemas, otimizar o fluxo dos processos e a operação interna por meio da infraestrutura de TI.

Por outro lado, o CISO tem como missão proteger os ativos de informação, infraestrutura de TI, informações e dados da instituição por meio da mitigação dos riscos cibernéticos, das ameaças e vulnerabilidades, de acordo com o apetite de risco da organização (ROLING, 2018). Nesta obra, detalharemos mais as funções do CISO e a importância de trabalhar em conjunto e harmonia com o CIO.

Cabe um esclarecimento sobre os conceitos de risco, ameaça e vulnerabilidade (VOCABULARY. CISA, 2024):

- *vulnerabilidade*: uma característica ou fraqueza específica que torna um ativo aberto a exploração por determinada ameaça ou suscetível a determinado perigo;
- *ameaça*: uma circunstância ou evento que tem o potencial de explorar uma vulnerabilidade impactando negativamente operações organizacionais, ativos de informação ou indivíduos;
- *risco*: o potencial para um resultado indesejado resultante de um evento, conforme determinado pela probabilidade de uma ameaça explorar determinada vulnerabilidade com as consequências associadas.

O Gestor de Segurança da Informação, ou seja, o CISO, deve-se utilizar de metodologia de gestão de riscos para prover a avaliação, o monitoramento e o tratamento dos riscos, gerindo as vulnerabilidades existentes e aumentando a resiliência quanto às ameaças.

Um conceito essencial a ser destacado é a diferença entre segurança da informação e segurança cibernética. Embora relacionados, trata-se de conceitos distintos, sendo que a segurança cibernética é um subconjunto da segurança da informação (NIST, 2020). A segurança da informação abrange a proteção de informações e sistemas dos acessos, uso, publicação, modificação ou destruição não autorizados, garantindo a confidencialidade, a integridade e a disponibilidade.

Por outro lado, a segurança cibernética concentra-se na proteção dos sistemas dentro do espaço cibernético, ou seja, dentro do ambiente da comunicação eletrônica, sendo a internet a principal forma desta comunicação. Para isso, a segurança cibernética foca na prevenção de danos, detecção e recuperação de sistemas informatizados e nos dados neles contidos para garantir sua disponibilidade, integridade, autenticidade e confidencialidade.

A segurança da informação é um termo abrangente para criação e manutenção de sistemas e políticas para proteger qualquer informação – digital, física ou intelectual, e não apenas dados no ciberespaço. A segurança cibernética, por outro lado, concentra-se na proteção das informações contra ataques cibernéticos, como *ransomwares*, *spywares* e ataques de negação de serviço – DDoS, conforme será conceituado posteriormente.

O enfoque da presente obra está mais nos aspectos relacionados com a segurança cibernética, contudo, por se tratar de um subconjunto da segurança da informação, também podem ser aplicados à segurança da informação de uma forma geral.

1.2 Ameaças e ataques cibernéticos: conceitos e exemplos

Que tipos de ataques cibernéticos podem paralisar operações corporativas? Sua organização está protegida?

A ameaça corresponde a um evento com potencial de explorar uma vulnerabilidade impactando negativamente pessoas, ativos de informação ou a organização como um todo. A ameaça cibernética é quando este evento ou circunstância está relacionado(a) com o espaço cibernético, ou seja, com infraestrutura, serviços, informações e dados disponíveis em redes de comunicação, como a internet.

O ataque cibernético é algo ativo, correspondendo à materialização de uma ameaça cibernética. Em um ataque cibernético, ocorre uma tentativa maliciosa e deliberada por um indivíduo ou organização de violar um sistema de informação de outro indivíduo ou organização (CISCO, 2024).

Um ataque cibernético pode ser bem-sucedido ou não, dependendo dos recursos de prevenção e detecção que a organização possui. Quando um ataque tem o potencial de comprometer algum elemento relacionado com confidencialidade, integridade e disponibilidade do ativo de informação, é classificado como um incidente de segurança. Portanto, nem todos os ataques geram incidentes de segurança, mas aqueles que ultrapassam as barreiras existentes e têm o potencial de violar a segurança da informação são classificados como incidentes.

Os ataques cibernéticos ocorrem com frequência diária. Muitas organizações que afirmam que não sofrem ataques, muitas vezes, carecem de capacidades adequadas de monitoramento de seus ambientes. Quanto maiores a corporação e os interesses relacionados com sua área de atuação, maiores são o volume e a sofisticação dos ataques.

Conforme observado no clássico *A arte da guerra*, atribuído ao estrategista militar chinês Sun Tzu, há mais de 2.500 anos:

> Se você conhece o inimigo e conhece a si mesmo, não precisa temer o resultado de cem batalhas. Se você se conhece, mas não conhece o inimigo, para cada vitória ganha sofrerá também uma derrota. Se você não conhece nem o inimigo nem a si mesmo, perderá todas as batalhas. (TZU, 500 a.C.)

Este antigo pensamento possui profunda relevância na atualidade, especialmente na área da segurança cibernética. Além de ser imprescindível o conhecimento de infraestrutura tecnológica, suas características, vulnerabilidades e controles de segurança (conhecer a si mesmo), é igualmente crucial conhecer o atacante, suas motivações, técnicas e táticas utilizadas nos ataques (conhecer o inimigo).

Ao longo desta obra, apresentaremos uma estratégia que possibilita o conhecimento de si mesmo, no tocante à segurança cibernética. Nesta seção, abordaremos em detalhes os diferentes tipos de ataques cibernéticos, destacando suas características e exemplos reais de incidentes relacionados, ou seja, proporcionando um conhecimento mais detalhado sobre o inimigo.

A listagem a seguir é uma relação não exaustiva dos principais tipos de ataques (OWASP, 2024):

– Ataques de senha

Existem diversas formas que um atacante pode utilizar para comprometer a senha de um usuário. Quando não existe algum fator adicional de autenticação, o atacante consegue se autenticar e ter uma credencial válida para acessar um ativo de informação da organização.

• Ataque de força bruta

Um ataque mais antigo em que o atacante busca realizar tentativas de combinações para acertar a senha do usuário. Existem variações mais modernas desta técnica, como o ataque de dicionário e o *spray attack*. No *ataque de dicionário* o atacante preenche uma base de dados com palavras e números que podem fazer sentido ao usuário (como data de nascimento, nome dos filhos e do time esportivo). Esta base de dados recebe o nome de dicionário. Um programa automatizado utiliza este dicionário e realiza milhares de combinações em segundos para poder obter a senha. Por isso é recomendado que a senha tenha um padrão mínimo de segurança, senão é facilmente descoberta por esta técnica. No *spray attack* o atacante testa senhas conhecidas em uma listagem de nomes de usuário, ao invés de várias senhas para um mesmo usuário. Com isso ele consegue burlar controles de detecção de ataques de força bruta que bloqueariam várias tentativas de acesso. Com um tempo de operação, as rotinas automatizadas podem testar milhares de senhas sem serem detectadas.

Figura 1 – Ilustração do *spray attack*

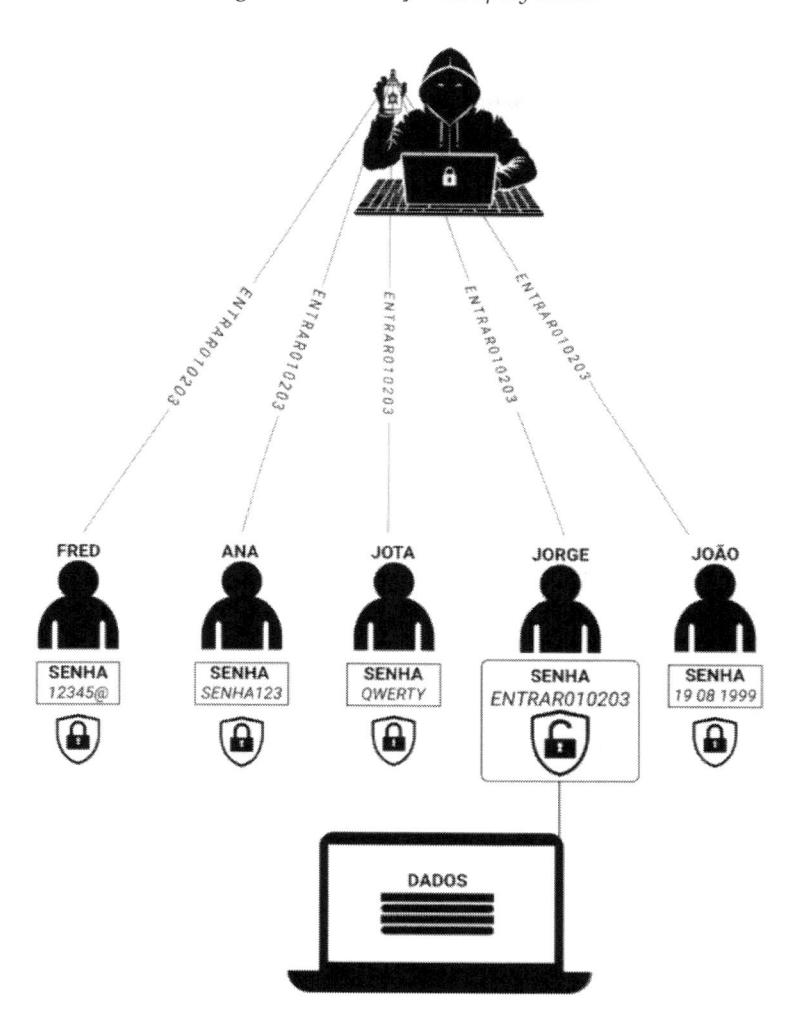

Fonte: Ilustração elaborada pelos autores.

- Ataque *pass-the-hash*

Quando um usuário realiza a autenticação por meio de seu nome de usuário, senha e algum outro fator adicional, alguns sistemas operacionais como Windows e Linux geram uma representação numérica desta autenticação, por meio da técnica criptográfica denominada *hashing*. Este número *hash* fica armazenado na memória dos sistemas e representa o usuário. Quando um usuário vai acessar um recurso o sistema envia este *hash* evitando que o usuário precise se autenticar novamente. No ataque *pass-the-hash*, o atacante vasculha a memória dos sistemas procurando um possível *hash*, quando encontra ele já pode utilizá-lo para acessar um ambiente em nome do usuário como se tivesse obtido sua credencial de acesso.

Figura 2 – Ilustração do ataque *pass-the-hash*

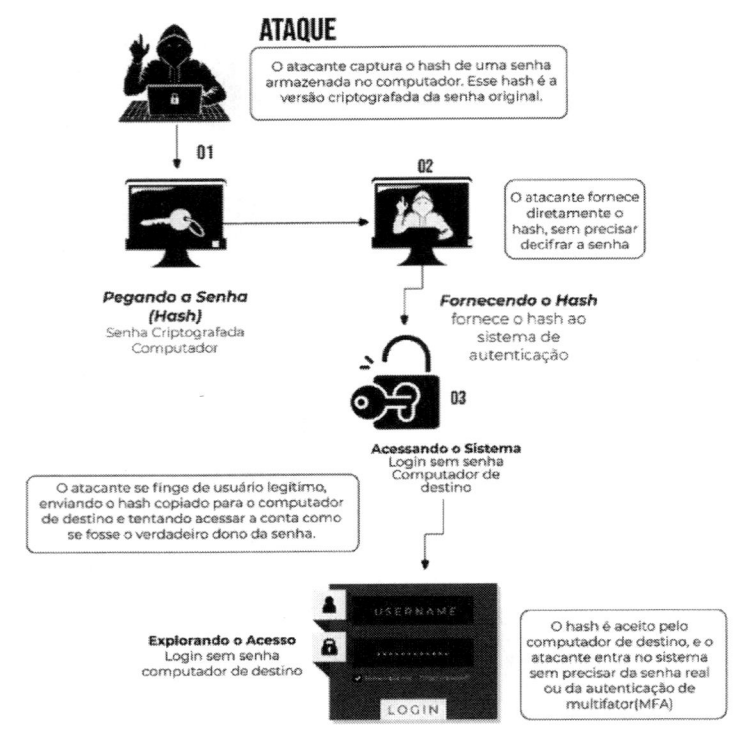

Fonte: Ilustração elaborada pelos autores.

– Ataques *web*

São ataques direcionados aos *sites web* das instituições, nos quais os atacantes se valem de técnicas e ferramentas automatizadas para explorar vulnerabilidades contidas nestes sistemas comprometendo a segurança dos dados e do ambiente computacional. Um *site* vulnerável pode ser uma porta de entrada ao atacante, que possibilita que ele acesse dados ou grave programas maliciosos capazes de monitorar o ambiente e se propagar pela rede da organização, processo conhecido como movimentação lateral.

• Ataque *cross-site scripting*

O ataque explora uma vulnerabilidade do *site* e coloca um código (*script*) dentro do aplicativo *web*. Quando o usuário acessa este *site* contaminado, o código malicioso é executado em sua máquina, podendo obter informações sensíveis e até mesmo comprometer o seu dispositivo.

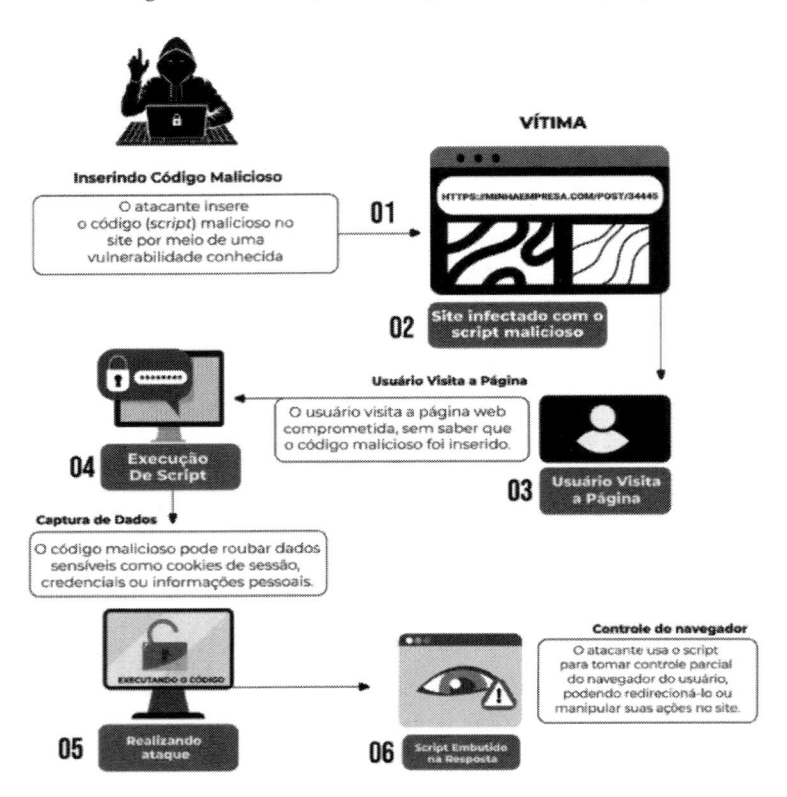

Figura 3 – Ilustração do ataque *cross-site scripting*

[Figura: Ilustração do ataque cross-site scripting, com 6 etapas numeradas: 01 - Inserindo Código Malicioso (O atacante insere o código (script) malicioso no site por meio de uma vulnerabilidade conhecida); 02 - Site infectado com o script malicioso; 03 - Usuário Visita a Página (O usuário visita a página web comprometida, sem saber que o código malicioso foi inserido); 04 - Execução De Script; Captura de Dados (O código malicioso pode roubar dados sensíveis como cookies de sessão, credenciais ou informações pessoais); 05 - Realizando ataque; 06 - Script Embutido na Resposta; Controle do navegador (O atacante usa o script para tomar controle parcial do navegador do usuário, podendo redirecioná-lo ou manipular suas ações no site).]

Fonte: Ilustração elaborada pelos autores.

- Ataque *SQL-Injection*

Neste ataque, é injetado um código de manipulação de banco de dados (SQL – *Structured Query Language*), no aplicativo *web* vulnerável. Este código pode acessar ou mesmo modificar informações contidas nos bancos de dados da organização.

Figura 4 – Ilustração do ataque *SQL Injection*

Fonte: Ilustração elaborada pelos autores.

– Ataques de *phishing*

Este é um dos ataques mais antigos, mas ainda muito praticado e efetivo, pois é baseado em engenharia social. O atacante utiliza alguma mensagem persuasiva e encaminha ao usuário com objetivo de obter alguma informação sensível, como senha de acesso, por exemplo. Esta mensagem é tradicionalmente encaminhada por *e-mail*, mas também pode ser encaminhada por outros meios de troca de mensagens, como WhatsApp, buscando pescar estas informações sensíveis dos usuários.

- Ataque *spear phishing*

    Este é um ataque de *phishing* direcionado a determinado indivíduo, organização ou tipo de indústria. O atacante realiza uma atividade de reconhecimento para buscar informações personalizadas, como nomes, logomarcas, assinaturas, de forma a simular a mensagem para parecer legítima. O ataque, em geral, visa obter dados e informações confidenciais das organizações ou convencer o usuário a transferir recursos financeiros.

- Ataque *whale phishing*

    Neste tipo de ataque, busca-se personificar um membro da alta gestão da organização, como CEO, CIO ou CFO. Sob este disfarce o atacante envia uma mensagem a um usuário com autonomia para realizar uma transferência financeira. Ao invés de realizar a transferência para o executivo, o usuário transfere o recurso financeiro para o atacante.

CAPÍTULO 1
INTRODUÇÃO À SEGURANÇA CIBERNÉTICA NO CONTEXTO CORPORATIVO | 31

Figura 5 – Tipos de informações coletadas em ataque de *phishing*

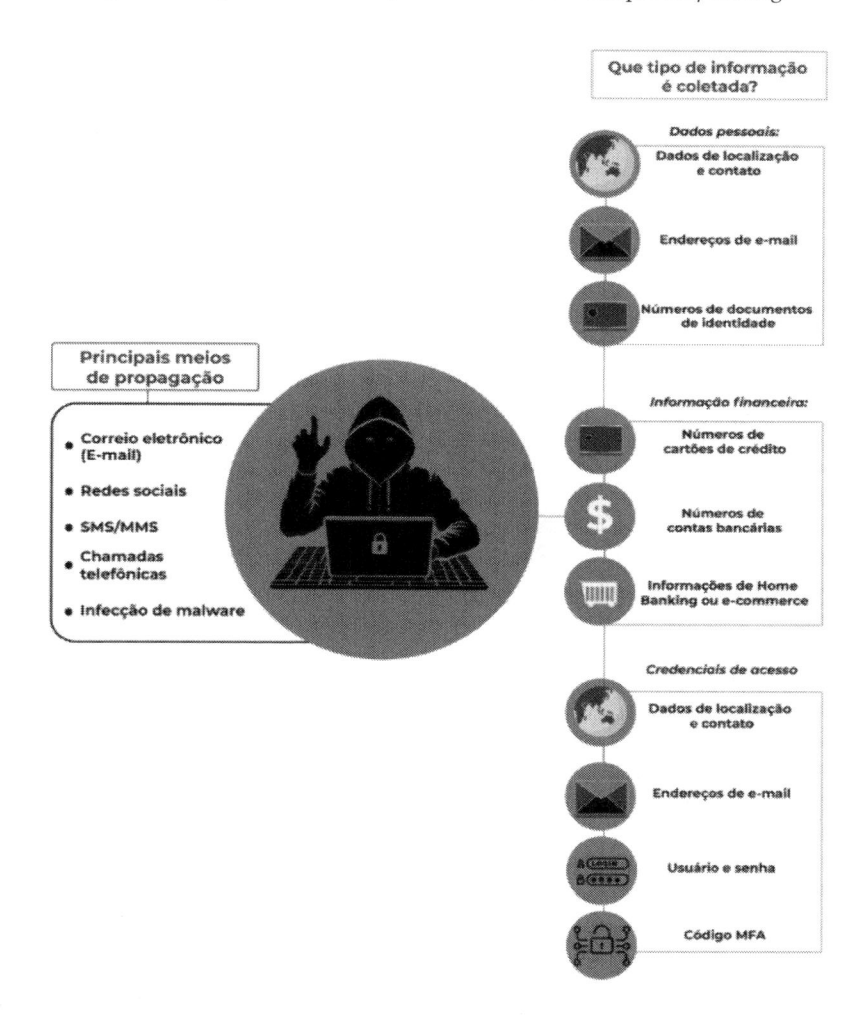

Que tipo de informação é coletada?

Dados pessoais:
- Dados de localização e contato
- Endereços de e-mail
- Números de documentos de identidade

Informação financeira:
- Números de cartões de crédito
- Números de contas bancárias
- Informações de Home Banking ou e-commerce

Credenciais de acesso
- Dados de localização e contato
- Endereços de e-mail
- Usuário e senha
- Código MFA

Principais meios de propagação
- Correio eletrônico (E-mail)
- Redes sociais
- SMS/MMS
- Chamadas telefônicas
- Infecção de malware

Fonte: Ilustração elaborada pelos autores.

– Ataques de *malware*

Consiste em uma família de tipos de ataques na qual o cibercriminoso utiliza códigos maliciosos para atacar indivíduos e organizações.

• Ataque *ransomware*

Este é um dos ataques mais populares e um dos mais ativos atualmente, devido a sua efetividade e lucratividade. O atacante, estando no ambiente da vítima, encripta os dados disponíveis e pede um valor financeiro para poder fornecer a senha de resgate. O dinheiro é no formato de criptomoeda para dificultar o rastreamento. Em alguns casos o atacante também realiza uma dupla extorsão, ameaçando divulgar a terceiros os dados copiados. É um ataque que tem aumentado constantemente o nível de sofisticação, no qual muitas vezes o atacante consegue inclusive apagar cópias de segurança existentes e se propagar profundamente no ambiente computacional da organização.

• Ataque *Cavalo de Troia*

Este é um ataque em que o programa malicioso pode silenciosamente contaminar o sistema, simulando se comportar como um programa legítimo, mas nos bastidores obtém, grava e rouba informações sensíveis.

Figura 6 – Exemplos de um ataque de *ransomware*

Exemplos de **Ataques de Ransomware**

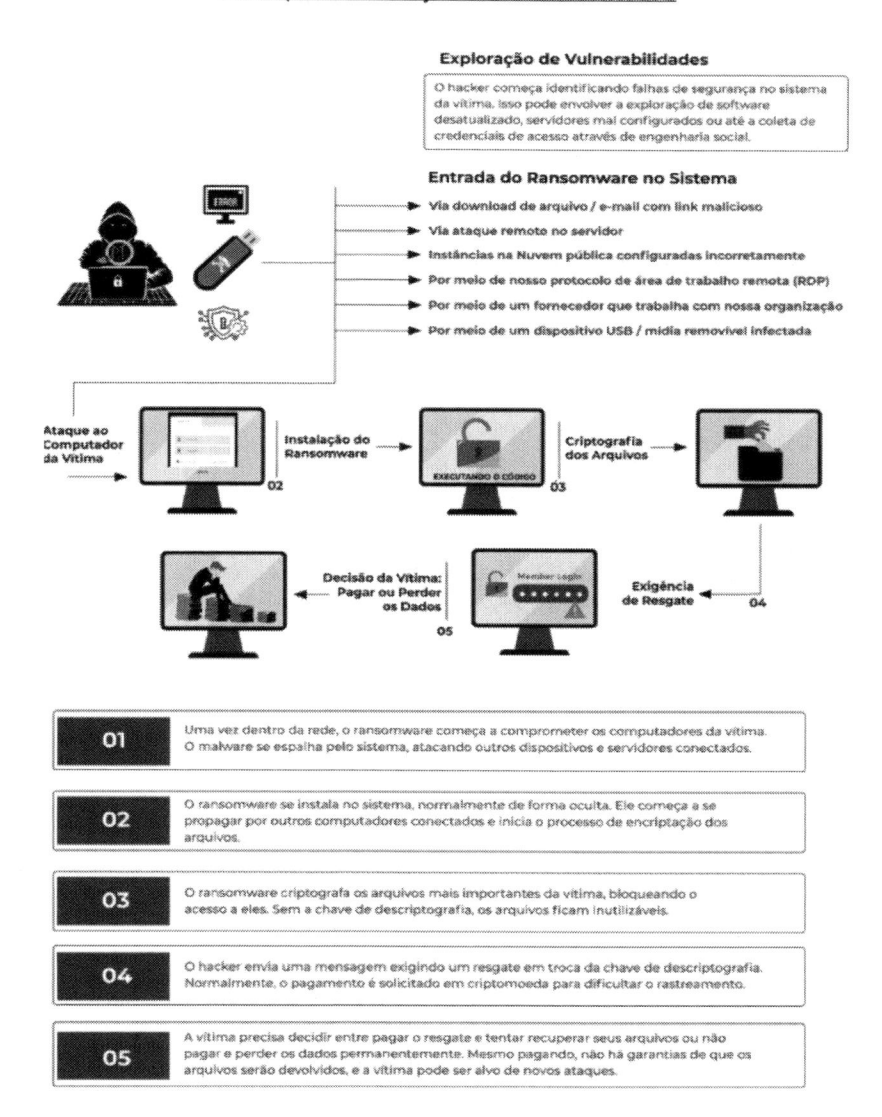

Exploração de Vulnerabilidades
O hacker começa identificando falhas de segurança no sistema da vítima. Isso pode envolver a exploração de software desatualizado, servidores mal configurados ou até a coleta de credenciais de acesso através de engenharia social.

Entrada do Ransomware no Sistema
- Via download de arquivo / e-mail com link malicioso
- Via ataque remoto no servidor
- Instâncias na Nuvem pública configuradas incorretamente
- Por meio de nosso protocolo de área de trabalho remota (RDP)
- Por meio de um fornecedor que trabalha com nossa organização
- Por meio de um dispositivo USB / mídia removível infectada

Ataque ao Computador da Vítima → **02** Instalação do Ransomware (EXECUTANDO O CÓDIGO) → **03** Criptografia dos Arquivos → **04** Exigência de Resgate → **05** Decisão da Vítima: Pagar ou Perder os Dados

01 Uma vez dentro da rede, o ransomware começa a comprometer os computadores da vítima. O malware se espalha pelo sistema, atacando outros dispositivos e servidores conectados.

02 O ransomware se instala no sistema, normalmente de forma oculta. Ele começa a se propagar por outros computadores conectados e inicia o processo de encriptação dos arquivos.

03 O ransomware criptografa os arquivos mais importantes da vítima, bloqueando o acesso a eles. Sem a chave de descriptografia, os arquivos ficam inutilizáveis.

04 O hacker envia uma mensagem exigindo um resgate em troca da chave de descriptografia. Normalmente, o pagamento é solicitado em criptomoeda para dificultar o rastreamento.

05 A vítima precisa decidir entre pagar o resgate e tentar recuperar seus arquivos ou não pagar e perder os dados permanentemente. Mesmo pagando, não há garantias de que os arquivos serão devolvidos, e a vítima pode ser alvo de novos ataques.

Fonte: Ilustração elaborada pelos autores.

– Engenharia social

A engenharia social é uma técnica de manipulação em que o atacante utiliza engenhosamente fatores sociais, por meio de aspectos da natureza e do comportamento humano, para obter a vantagens indevidas. Nesta abordagem o atacante busca convencer a pessoa a obter acesso não autorizado ou a revelar informações confidenciais. Este convencimento geralmente é realizado utilizando aspectos da natureza humana, como características da confiança em terceiros, o desejo de prover assistência a quem precisa ou a vontade de ter uma vantagem de forma célere (CHAPPLE, 2021). Alguns exemplos comuns de ataques por engenharia social:

- Criação de *sites* fraudulentos de serviços legítimos com posterior envio de *e-mails* falsos e direcionados (*spear phishing*) para usuários específicos utilizarem os serviços e serem prejudicados.
- O serviço de suporte ao usuário recebe um chamado de alguém informando ser um gerente de vendas em um local remoto, informando que esqueceu a senha e precisa regularizar o acesso para ter um arquivo importante.
- O atacante simula a voz ou mesmo a imagem de uma liderança da instituição, por meio de inteligência artificial, solicitando a liberação de senha, acesso a algum recurso ou transferência financeira.
- Envio de mensagem por *e-mail*, SMS ou WhatsApp de alguma promoção imperdível, ou atualização de algum dado importante ou até mesmo doação para alguma causa nobre, com objetivo de obtenção de vantagem indevida ou dados reservados.

Mesmo que estes ataques sejam focados no indivíduo, eles devem ser investigados, medidas preventivas devem ser adotadas e ações de resposta implementadas, uma vez que resultam em divulgação de informações reservadas ou acessos não autorizados.

– Ameaças Avançadas Persistentes – APTs

Os atacantes mais experientes se valem de diversos tipos de ataques para poder comprometer os ativos de informação de uma organização, sendo que em típicos ataques de *ransomware* o tempo médio de detecção para organizações com nível aprimorado de maturidade é em torno de duas semanas (MANDIANT, 2024).

Existem grupos de cibercriminosos conhecidos que utilizam sofisticadas técnicas de ataque, podendo se manter por prolongado período no ambiente da vítima. O objetivo principal é espionagem, roubo de dados e, até mesmo, causar interferências e destruições em infraestruturas de órgãos de governo e grandes corporações. São os denominados APTs – *Advanced Persistence Threats* (Ameaças Avançadas Persistentes). Por meio de seus métodos de atuação, a comunidade de cibersegurança os classifica por uma nomenclatura determinada, como: APT35, APT39, APT34 (NIST, 2020).

Alguns cibercriminosos utilizam-se dos conhecidos métodos de alguns APTs para atacar corporações de diferentes portes. Cada vez mais, estes atacantes visam organizações de pequeno e médio porte para infectar a rede de fornecedores como uma forma de ter acesso a grandes corporações. Eles usam essas organizações, que costumam ser mais vulneráveis, como porta de entrada.

Um ataque executado por um adversário habilidoso costuma envolver múltiplos estágios. Compreender estes estágios é importante para uma visão melhor da dinâmica de um ataque cibernético mais avançado.

Figura 7 – Fases simplificadas de um ataque cibernético avançado

01 FASE DE PESQUISA
Pesquisa em fontes abertas, redes sociais, serviços de nomes de domínio, além de ferramentas de mapeamento de rede para obter informações da organização, dos sistemas, dados pessoais e vulnerabilidades

03 FASE DE VIOLAÇÃO
A vulnerabilidade é efetivamente explorada para obter o acesso não autorizado. Dependendo da vulnerabilidade pode obter acesso completo do dispositivo infectado.

FASE DE CONTÁGIO 02
Determina-se o ponto de contágio onde a vulnerabilidade pode ser explorada, como: envio de link malicioso ou a determinação de uma vulnerabilidade web a ser explorada.

04 FASE DE INFECÇÃO
O atacante expande o acesso e estabelece uma presença persistente no ambiente. O atacante experiente busca remover os vestígios e se propagar na rede do alvo. Com esta atividade já pode executar as ações almejadas, como danificar o ambiente ou tentar obter vantagem financeira.

Fonte: Ilustração elaborada pelos autores.

Em um ataque avançado, o adversário geralmente realiza de forma cíclica um conjunto de estágios com objetivo de verificar as fraquezas existentes e ver as possibilidades de exploração para chegar no objetivo pretendido. Os estágios mais utilizados são os seguintes (NCSC, 2024):

• Fase de pesquisa

É realizada uma investigação e análise em toda informação disponível com objetivo de identificar possíveis vulnerabilidades. É realizada uma pesquisa em fontes abertas, redes sociais, serviços de nomes de domínio, utilizando-se também de ferramentas para um mapeamento da rede para se obter informações sobre os computadores da organização, sistemas de segurança e dados pessoais.

Também pode-se utilizar engenharia social para obter informações não tão disponíveis.

- Fase de contágio

É determinado o ponto de contágio do sistema em que a vulnerabilidade pode ser explorada. Alguns exemplos são: tentativas de acessar serviços *on-line* da organização, enviar mensagens com *link* malicioso a um *site* ou o próprio *malware*, doar um *pen-drive* contaminado a um funcionário ou criar um *site web* falsificado para que um usuário possa visitá-lo.

- Fase de violação

A vulnerabilidade é explorada para se obter o acesso não autorizado. Dependendo da vulnerabilidade, o atacante pode realizar ações como: adulterar o sistema violado, obter acessos não autorizados ou mesmo obter o controle completo do dispositivo infectado.

- Fase de infecção

São realizadas as atividades no sistema para obter os objetivos do atacante. O atacante pode expandir seu acesso e estabelecer uma presença persistente. Assumir o controle da conta de um usuário geralmente garante uma presença persistente. Com acesso administrativo a apenas um sistema, o atacante pode tentar instalar ferramentas automatizadas de verificação para descobrir mais sobre as redes e assumir o controle de mais sistemas. Ao fazer isso, o atacante tomará muito cuidado para não acionar os processos de monitoramento do sistema, podendo até desativá-los por um tempo. O atacante mais habilidoso buscará remover qualquer vestígio de sua presença após atingir o objetivo almejado, podendo inclusive buscar vender o acesso não autorizado. Por outro lado, dependendo do perfil do invasor, ele pode buscar danificar seriamente o sistema e obter o máximo de vantagens financeiras que for capaz para anunciar seu sucesso.

Existem dois relevantes grupos de ataques: os direcionados e os não direcionados. Nos ataques não direcionados, os atacantes utilizam a característica aberta da internet para explorar vulnerabilidades em dispositivos, sistemas e usuários. É uma ação que não visa um alvo específico, mas propaga amplamente na rede com o foco em um conjunto de vulnerabilidades. Nos ataques direcionados, o adversário tem um interesse específico em determinada organização. A atividade pode levar meses até o atacante ver a melhor forma de explorar a vulnerabilidade de um sistema ou usuário. Estes dois grupos de ataques podem utilizar os estágios descritos anteriormente (MARTIN, 2024).

O primeiro ataque cibernético, tecnicamente considerado, ocorreu na França em 1834, quando dois ladrões roubaram informações do mercado financeiro ao invadir o sistema telegráfico francês (MONROE COLLEGE, 2012). Contudo, com o advento e evolução da internet, com seus serviços e dispositivos computacionais cada vez mais presentes na vida dos indivíduos e das corporações, o volume e sofisticação desses ataques tem crescido de forma intensa. Para ilustrar este cenário, alguns dados estatísticos são úteis:

- Os danos totais causados por ataques cibernéticos em 2022 atingiram 6 bilhões de dólares (JOVANOVIC, 2024).
- Os ataques de *ransomware* atingiram 70% das empresas em 2022 (EMBROKER, 2024).
- Os custos resultantes de ataques *ransomware* foram cerca de 20 milhões de dólares em 2021 (FOX, 2024).
- O *ransomware* é identificado como a preocupação número um da alta gestão em 62% das organizações pesquisadas em 2023, um aumento de 44% em relação ao ano de 2022 (FOX, 2024).
- O ataque de *phishing* foi identificado como o principal vetor de infecção em 41% dos incidentes (FOX, 2024).

Estas estatísticas destacam a magnitude dos ataques cibernéticos que atingem diversos tipos de organizações, desde pequenas empresas até corporações de infraestruturas críticas. Para ilustrar melhor os impactos destes ataques, alguns casos reais serão relatados em organizações de setores específicos.

– Setor de infraestrutura crítica

- O *worm* Stuxnet (2010)

Um *worm* é um tipo de *malware* que se propaga automaticamente. O *worm* Stuxnet, descoberto em 2010, conseguiu infectar as instalações nucleares do Irã. Verificou-se que a transmissão inicial foi por meio de *pen-drives* infectados.

O *malware* foi desenvolvido especificamente para danificar as centrífugas nucleares iranianas, tendo contaminado mais de 200.000 computadores e danificado mais de 1.000 centrífugas, prejudicando consideravelmente o projeto nuclear iraniano.

Sendo considerada a primeira arma digital, organizações independentes reconhecem que foi uma ferramenta desenvolvida em uma aliança entre os EUA e Israel (HALLIDAY, 2010).

• O caso da *Colonial Pipeline* (2021)

A organização denominada *Colonial Pipeline* é um dos maiores e mais vitais gasodutos dos EUA. Ele se estende por mais de 8.800 quilômetros, iniciando no Texas, passando por Nova Jersey e abrangendo quase toda a costa leste americana. Ele transporta óleo refinado para gasolina, combustível de aviação e aquecimento doméstico. O ataque iniciou com o vazamento de senha de VPN na *dark web*, possibilitando aos atacantes entrarem no ambiente da empresa. Em 2 dias eles copiaram mais de 10 GBs, infectaram diversos computadores, criptografando suas informações, incluindo os sistemas de faturamento e contabilidade. No segundo dia do ataque a empresa derrubou a rede interna para buscar bloquear a propagação do *ransomware*.

O FBI e a CISA foram comunicadas do caso, contudo a empresa pagou 4,4 milhões de dólares ao grupo *hacker* denominado *DarkSide*. Posteriormente, as autoridades americanas puderam recuperar 2,4 milhões de dólares. O grupo *DarkSide* é um grupo *hacker* proveniente da Rússia (KERNER, 2022). Após este ataque, a agência de segurança cibernética norte-americana, entre outras providências, estabeleceu a seguinte recomendação:

> A segurança cibernética não pode ser responsabilidade apenas dos CIOs e CISOs, os CEOs e os conselhos de administração devem abraçar o risco cibernético como uma questão de boa governança e priorizar a segurança cibernética como um imperativo estratégico e um facilitador de negócios. (C. Pipeline. CISA, 2024)

– Setor governamental e iniciativa privada

• O caso da SolarWinds (2020)

A empresa SolarWinds é uma multinacional que fornece soluções de gestão e monitoramento para infraestrutura de redes de computadores, possuindo mais de 30.000 clientes em diversos países. A empresa fornece um *software* denominado Orion, que monitora *logs* de rede e o desempenho dos sistemas. Um grupo de *hackers* injetou o vírus em uma atualização de segurança do *software* Orion. Essa atualização foi lançada em setembro de 2019 e a detecção do ataque foi realizada apenas em dezembro de 2020. O vírus espião atingiu mais de 18.000 organizações, incluindo empresas e órgãos governamentais de relevo, como: Microsoft, Intel, Cisco, FireEye, Departamento de Segurança Doméstica Americana e Departamentos de Finanças, Tesouro e Comércio dos Estados Unidos. Ainda não se sabe exatamente toda a dimensão do ataque, mas o *malware* ficou mais de quatorze meses nas organizações com acesso a toda infraestrutura de redes, arquivos e sistemas. Este é conhecido como um dos maiores ataques cibernéticos, tendo afetado uma cadeia de suprimento de solução tecnológica para atingir importantes corporações (OLADIMEJI, 2023).

- O caso de *Ransomware* em Dallas, Texas (2023)

A cidade de Dallas, no Texas, Estados Unidos, é uma cidade altamente conectada, assim como outras cidades no estado do Texas. Esta característica potencializou os efeitos ocasionados por um ataque *ransomware* ocorrido em maio de 2023. A causa provável da infecção provavelmente foi por meio de ataques *phishing* fraudando solicitações de renovação de serviço de *fastfood* e provedor de *e-mail*, tática comum do grupo *hacker* Royal. O resultado foi o acesso à infraestrutura de rede do estado, o acesso aos dados de usuários e sistemas, com a posterior realização da criptografia em diversos computadores. Foi informado que o ataque atingiu 12 cidades do estado, aproximadamente 30.000 pessoas e diversos serviços ficaram paralisados por dias, como: órgãos judiciários, policiais e bombeiros, além do vazamento de diversas informações com dados pessoais dos cidadãos, casos judiciais, informações médicas e milhares de documentos governamentais. A Câmara Municipal de Dallas confirmou o pagamento de mais de 8,5 milhões de dólares para despesas relacionadas ao ataque (SANGFOR TECHNOLOGIES, 2023).

– Setor financeiro

- O caso do Banco Central da Bangladesh (2016)

O ataque cibernético ao Banco Central de Bangladesh resultou em um prejuízo de mais de 81 milhões de dólares. Para realizar o roubo, o grupo *hacker* utilizou recursos como *malware*, engenharia social e ajuda interna (*insiders*) para se infiltrar nos sistemas do banco e roubar os fundos. Os *hackers* desenvolveram um *malware* (*Swift Client*) para atacar o sistema de transferências internacionais e ocultar seus rastros, possibilitando a realização de diversas transferências para contas localizadas nas Filipinas e Sri Lanka (HAMMER, 2018).

- O caso do Banco ICBC (2023)

O Banco ICBC (*Industrial and Commercial Bank of China*) é um dos maiores bancos do mundo. Ele sofreu um ataque de *ransomware* que paralisou algumas de suas operações por 1 dia e afetou inclusive o mercado de títulos do tesouro dos Estados Unidos (*Treasuries*). O problema foi originado por meio da exploração de uma vulnerabilidade conhecida em um equipamento que não foi atualizado (*CitrixBleed*). O grupo responsável pelo *ransomware Lockbit* informou que o banco pagou o resgate, informação que o banco não confirmou (NEW YORK TIMES, 2023).

– Setor judiciário

- O caso da Corte de Victoria, Austrália (2023)

O caso do ataque cibernético aos sistemas judiciais de Victoria é o primeiro relatado ao sistema judiciário australiano. Um ataque, atribuído a um *ransomware* russo, possibilitou acesso não autorizado a gravações de vídeo e áudio de vários tribunais vitorianos, incluindo o mais alto tribunal do estado. Os atacantes tiveram acesso a arquivos de 2016 a 2023, incluindo vídeos de audiências sensíveis envolvendo menores de idade (COURT SERVICES VICTORIA, 2024).

- O caso do Sistema do CNJ, Brasil (2023)

O Conselho Nacional de Justiça – CNJ é um órgão de cúpula do Poder Judiciário brasileiro, responsável, entre outras atribuições, pela manutenção de sistemas utilizados pelo Judiciário em todo país. Por meio do uso de uma credencial de acesso vazada, um *hacker* teve acesso à rede interna do CNJ e criou, de forma fraudulenta, credencial de acesso ao sistema do Banco Nacional de Monitoramento de Prisões – BMNP. De posse deste acesso, ele emitiu um mandado de prisão a um ministro da Suprema Corte brasileira. O *hacker*, após ter sido preso pela PF brasileira, também informou que emitiu 11 alvarás de soltura de presos (PORTAL CNJ, 2024).

Estes casos de ataques cibernéticos ilustram a amplitude e o impacto destas ações que atingem diversas organizações e geram relevantes consequências, como o vazamento de informações sensíveis, indisponibilidade de serviços essenciais à população, prejuízos financeiros milionários, vulnerabilidade na segurança pública e abalo à credibilidade das instituições.

Verifica-se que muitos ataques são originados de simples problemas, como vazamento de credenciais de acesso ou falta de atualização de sistemas vulneráveis, mas outros são mais complexos como comprometimento em cadeia de suprimento de fornecedores ou um conjunto de táticas de uma ameaça avançada persistente.

O risco oriundo da segurança cibernética reconhecidamente não é um problema apenas dos gestores da área de tecnologia (CIO e CISO), mas um risco estratégico da mais alta gestão das corporações (CEO e Conselho Diretivo).

Duas publicações recentes do Fórum Econômico Mundial (WEF) de 2024, *Global Risks Report 2024* e *Global Cybersecurity Outlook 2024*, trouxeram os temas de resiliência, riscos e segurança cibernética como aspectos críticos para a sobrevivência, crescimento e sucesso de organizações públicas, privadas, do terceiro setor e governos em todo o mundo.

O Fórum Econômico Mundial – WEF (*World Economic Forum*) reconhece que os ataques cibernéticos são um dos principais riscos com potencial de gerar uma crise global e enfatiza a necessidade de alinhamento entre os líderes de negócio (CEO e Conselhos) e os líderes de segurança (CISO e CIO), especialmente nos aspectos relacionados com a postura cibernética das organizações quanto à gestão de risco e ao aprimoramento da resiliência cibernética (WORLD ECONOMIC FORUM, 2024).

A resiliência cibernética é a capacidade de resistir e se recuperar de ataques deliberados, ameaças ou incidentes (NIST, 2020). O aprimoramento da resiliência cibernética busca o desenvolvimento tanto da capacidade preventiva quanto reativa como forma de preservação das evidências e recuperação do ambiente.

Nesta obra, abordaremos como integrar a segurança cibernética intrinsecamente no contexto organizacional, por meio de uma estruturação e com práticas que possibilitem à alta gestão definir as diretrizes necessárias ao aprimoramento da resiliência cibernética, com objetivo de minimizar a ocorrência de incidentes e responder com o menor impacto possível.

1.3 Fundamentos da segurança corporativa

Você conhece os pontos fundamentais que mantêm a segurança da sua organização preparada contra as ameaças digitais?

Diante da realidade de ameaças cibernéticas, que envolvem aspectos tecnológicos cada vez mais complexos, o alto gestor pode se indagar qual o seria o principal desafio envolvendo a segurança cibernética na atualidade. Verifica-se que é um problema comum a todas as corporações e a todos os poderes, sendo algo que impacta a sociedade de forma geral, ou seja, um avanço descomunal da evolução tecnológica, em descompasso com a capacidade institucional de prover segurança na mesma velocidade. A universalização da internet e o anonimato proporcionado pela *deep* e *dark web* demonstram-se relevantes desafios na proteção dos dados pessoais e da gestão da informação corporativa. Para enfrentar esses desafios, o primeiro passo é a conscientização da alta gestão e as providências protocolares estabelecidas em normas e recomendações. O segundo passo é promover a mudança de hábitos entre os indivíduos nas organizações, no sentido de adotar medidas preventivas. O terceiro passo é instituir unidades de tratamento e resposta a incidentes cibernéticos. Por último, a medida que é sempre necessária no enfrentamento ao crime, a cooperação interinstitucional.

Essa cooperação permite o intercâmbio de ações, boas práticas e recomendações de segurança cibernética seguidas por órgãos públicos nacionais, estrangeiros, organizações internacionais, bem como as ferramentas de gestão em segurança da informação, enfrentamento, monitoramento e combate a ataques cibernéticos disponíveis no mercado, além de inovação tecnológica proposta pela academia e iniciativa privada.

A segurança cibernética não pode mais ser vista como um problema intrínseco de tecnologia, verifica-se que é uma questão que envolve a própria segurança da corporação.

A segurança corporativa está intimamente relacionada à imagem da organização e a sua integridade. A percepção da corporação perante o público interno e externo é de fundamental importância para a própria sobrevivência da organização. Alguns fatores que são levados em consideração para a preservação da segurança corporativa são:

- *proteção de imagem:* o zelo pelo nome e credibilidade da organização perante o público externo;
- *proteção da alta gestão*: preservação da incolumidade física e da imagem dos responsáveis maiores pela corporação;
- *proteção orgânica*: preservação patrimonial dos ativos físicos da organização;
- *proteção cibernética*: preservação de todos os ativos de informação da organização.

A segurança corporativa geralmente é desempenhada pelo CSO mas tem um relacionamento intrínseco com o CISO, sendo que todos devem estar alinhados com o CEO. Quando a segurança cibernética está dentro do contexto da própria segurança da corporação, a capacidade de avanço estratégico das ações de aprimoramento é real, pois a alta gestão tem uma visão mais clara da necessidade e é capaz de dar o apoio horizontal e vertical para concretizar os avanços.

Os ataques cibernéticos podem atingir de diversas formas a imagem da corporação, a segurança orgânica, a segurança das autoridades da organização, além da própria infraestrutura de tecnologia, tudo isso gerando reflexos internos e externos.

A segurança cibernética, para ser implantada de forma corporativa, precisa iniciar e terminar no mais alto nível de gestão, ou seja, com o CEO e o Conselho (*Board*). O CEO, juntamente com o Conselho, deve manter a compreensão dos riscos e assumir a responsabilidade final, tanto dos riscos quanto das atividades de segurança e das pessoas-chave envolvidas, devendo ter relação direta com o CISO. A garantia de uma forte sensibilização e o aprimoramento da cibersegurança depende de uma análise contínua e baseada no risco. A segurança cibernética corporativa não é um processo único ou trabalho de alguns funcionários, é um fator a considerar em todas as decisões e operações da organização e uma prática que deve ser mantida por todos os funcionários. Estes elementos possibilitam que a alta gestão possa ter governança, gestão baseada em avaliação de riscos e uma cultura institucional em segurança cibernética (CARNEGIE ENDOWMENT, 2022).

Os desafios enfrentados pelo CEO em relação à segurança da informação são diversos e requerem uma abordagem multifacetada para enfrentá-los adequadamente. Muitos gestores podem não dispor de robusto entendimento dos princípios e práticas de segurança da informação. Isso pode levar a decisões inadequadas em relação aos investimentos em segurança cibernética e à gestão de riscos.

O mercado de segurança cibernética está repleto de uma ampla gama de soluções e produtos. É desafiador navegar por essa variedade e identificar quais soluções são mais adequadas às necessidades específicas da organização. Se não bastassem tais desafios, a rotatividade de gestores dentro das organizações pode levar à falta de continuidade e consistência nas estratégias de segurança cibernética. Novos gestores podem não estar plenamente cientes dos esforços anteriores de segurança ou podem optar por implementar novas abordagens sem compreender totalmente os riscos e as implicações.

Embora seja certo que os ataques cibernéticos ocorrerão, é difícil prever exatamente quando e como eles acontecerão. Os gestores devem adotar uma mentalidade de segurança proativa, implementando medidas de proteção robustas e desenvolvendo planos de resposta a incidentes para lidar com possíveis ataques. Em caso de um ataque cibernético, os tomadores de decisão enfrentam o desafio de minimizar os danos à organização e suas operações. Isso envolve uma resposta rápida e eficaz para conter o incidente, restaurar sistemas e dados comprometidos e retomar as operações normais o mais rápido possível.

A reputação da corporação pode ser severamente afetada por um ataque cibernético, especialmente se dados confidenciais de clientes forem comprometidos. Os gestores precisam trabalhar para preservar a imagem da organização por meio de uma resposta transparente, comunicação eficaz e medidas para reconstruir a confiança dos clientes e parceiros. E como lidar com desafios hercúleos como estes?

Os altos gestores devem investir em educação em segurança da informação, buscar orientação de especialistas em segurança cibernética, implementar práticas de governança eficazes e garantir que a segurança cibernética seja uma prioridade em toda a organização. Além disso, é fundamental ter planos de contingência e resposta a incidentes bem elaborados para lidar com possíveis ataques cibernéticos de forma eficaz e minimizar os danos.

Para viabilizar estas ações de forma institucional e com a orientação da alta gestão, é primordial a existência de uma estrutura orgânica e funcional que viabilize este fluxo de ações e resultados.

1.4 Estrutura organizacional em segurança cibernética

Sua organização possui a estrutura adequada para lidar com desafios cibernéticos? Como uma estrutura forte pode ser seu maior aliado?

O envolvimento da alta gestão nas questões relacionadas à segurança cibernética é fundamental para garantir a eficácia e a relevância das políticas, práticas e investimentos nessa área. A alta cúpula tem autoridade para definir as prioridades organizacionais e alocar os recursos adequados para as iniciativas de segurança da informação.

A ausência dessa priorização dificulta o adequado investimento de proteção aos ativos de informação. Esse envolvimento cria uma cultura organizacional que valoriza a proteção dos dados e a conscientização sobre os riscos cibernéticos. Isso incentiva todos os funcionários a adotarem práticas seguras e a estarem vigilantes em relação às ameaças cibernéticas. Outra vantagem inquestionável está relacionada à tomada de decisões estratégicas.

A alta gestão, ao estar envolvida nas questões de segurança da informação, pode tomar decisões estratégicas fundamentadas relacionadas aos investimentos, contratação de pessoal especializado e adoção de políticas e procedimentos de segurança. Quando a alta gestão está envolvida na segurança da informação, ela se torna diretamente responsável pela proteção dos ativos de informação da organização. Isso aumenta a qualidade da prestação de contas e a transparência em relação às decisões e ações relacionadas à segurança cibernética. Em caso de incidentes, desempenha um papel crucial na coordenação da resposta da organização. Sua liderança pode significar a minimização dos danos e mitigação dos impactos negativos à reputação e às operações da organização.

Diversas normas exigem que as organizações implementem medidas de segurança da informação e proteção de dados. O envolvimento da alta gestão é essencial para garantir que a organização esteja em conformidade com essas obrigações legais e regulatórias. A participação efetiva da alta gestão nas questões de segurança da informação e segurança cibernética é crucial para garantir que a organização esteja adequadamente protegida contra ameaças cibernéticas, que seus ativos de informação sejam preservados e que os riscos sejam gerenciados de forma eficaz.

Para materializar do apoio da alta gestão no aprimoramento da segurança cibernética, é necessária a existência de uma estrutura orgânica que possibilite a governança e operacionalização da segurança cibernética.

É fundamental a designação formal do CISO, se nenhum existir, ou, se os recursos são limitados, ao menos designar alguém da organização para cumprir essa função. Os papéis e responsabilidades do CISO devem ser claramente definidos para possibilitar a autonomia adequada ao desempenho de suas funções. Deve-se assegurar que o CISO possa ter comunicação direta e periódica com os donos dos ativos de informação, com o *Board* e com o CEO. O CISO também deve ter uma equipe preparada e capacitada para implementar as ações de aprimoramento da resiliência cibernética.

O CISO desempenha um papel crucial na proteção dos ativos de informação e na gestão dos riscos cibernéticos em uma organização. Um CISO independente tem uma visão estratégica e holística dos desafios e oportunidades relacionados à segurança da informação na organização. Por estar diretamente ligado aos mais altos escalões de liderança, ele pode influenciar as decisões estratégicas e garantir que a segurança da informação seja uma prioridade em todos os níveis da organização.

Esse profissional traz consigo uma *expertise* significativa em tecnologia da informação e segurança cibernética, assegurando que as decisões relacionadas à segurança da informação sejam informadas e baseadas nas melhores práticas da indústria. Além disso, sua experiência em *compliance* e relações governamentais será crucial para a garantia da conformidade com regulamentações e padrões de segurança. Ao ser independente da gestão de TI e diretamente ligado à liderança executiva, o CISO poderá fornecer uma perspectiva imparcial e independente sobre questões estratégicas de segurança da informação. Isso é crucial para garantir que os interesses da segurança não sejam comprometidos por considerações políticas ou operacionais.

Idealmente, o CISO deve servir como um elo entre os aspectos técnicos da segurança da informação e os objetivos estratégicos da organização. Sua habilidade de comunicar efetivamente os riscos cibernéticos e as necessidades de segurança para os líderes executivos e o conselho de administração é fundamental para garantir o apoio e os recursos necessários para iniciativas de segurança da informação. Em caso de incidentes de segurança cibernética ou violações de dados, o CISO desempenha um papel crucial na gestão da crise. Sua experiência em lidar com emergências e sua capacidade de coordenar uma resposta eficaz são essenciais para minimizar os danos à organização e proteger sua reputação.

Deve haver uma estruturação formal de cargos, atribuições e processos de trabalho para possibilitar a gestão em segurança cibernética alinhada com a alta gestão.

A proposição que apresentamos para implantar esta estruturação de forma flexível para várias configurações corporativas é a baseada no *Modelo das três linhas* (THE INSTITUTE OF INTERNAL AUDITORS – IIA, 2020).

Figura 8 – Modelo das três linhas

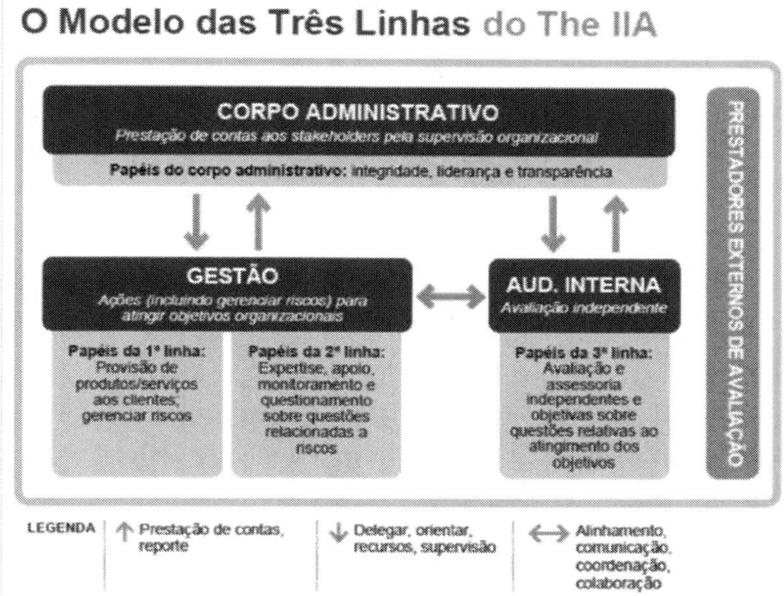

O Modelo das Três Linhas do The IIA

CORPO ADMINISTRATIVO
Prestação de contas aos stakeholders pela supervisão organizacional

Papéis do corpo administrativo: integridade, liderança e transparência

GESTÃO
Ações (incluindo gerenciar riscos) para atingir objetivos organizacionais

AUD. INTERNA
Avaliação independente

Papéis da 1ª linha: Provisão de produtos/serviços aos clientes; gerenciar riscos

Papéis da 2ª linha: Expertise, apoio, monitoramento e questionamento sobre questões relacionadas a riscos

Papéis da 3ª linha: Avaliação e assessoria independentes e objetivas sobre questões relativas ao atingimento dos objetivos

PRESTADORES EXTERNOS DE AVALIAÇÃO

LEGENDA: ↑ Prestação de contas, reporte | ↓ Delegar, orientar, recursos, supervisão | ↔ Alinhamento, comunicação, coordenação, colaboração

Fonte: The Institute of Internal Auditors – IIA (2020).

Cada corporação tem sua forma de se organizar estruturalmente para realizar a distribuição de responsabilidades, no entanto, o presente modelo define os seguintes papéis conceituais de alto nível:
- Órgão de governança

Realiza a supervisão de toda organização, acompanhando os indicadores estratégicos que são encaminhados. É uma atividade tipicamente exercida pelo CEO, que pode estabelecer estruturas e comitês auxiliares, delegando responsabilidades. Determina o apetite a riscos e exerce a supervisão do gerenciamento de riscos, mantendo também a supervisão da conformidade com as expectativas legais, regulatórias e éticas.
- Primeira linha

É quem dirige as ações e aplica os recursos para atingir os objetivos da corporação, incluindo o gerenciamento de riscos. Deve manter um contato contínuo com a governança e reportar os resultados, mantendo as estruturas e processos para o gerenciamento das operações e dos riscos. O CIO é um exemplo de alto gestor responsável por esta primeira linha.

• Segunda linha

Fornece uma especialização complementar, apoio e monitoramento quanto ao gerenciamento de riscos, propondo melhoria contínua das práticas de gerenciamento de riscos. Ele fornece análises e reporta sobre a adequação e eficácia do gerenciamento de riscos. A segurança da informação fica muito bem colocada nesta posição, sendo condizente com o papel do CISO.

• Terceira linha

É uma típica atividade da auditoria interna, mantendo a prestação de contas primária perante o órgão de governança e a independência das responsabilidades da gestão.

O órgão de governança (o CEO) é quem define a direção da corporação, de acordo com sua visão, missão, valores e apetite a riscos. Para realizar esta atividade ele delega a responsabilidade para atingir os objetivos à gestão, que são a primeira e segunda linhas (CIOs e CISOs, respectivamente). A primeira e segunda linhas não são, necessariamente, distinções hierárquicas e sim funcionais. Enquanto a primeira linha é diretamente responsável por realizar os objetivos, a segunda linha realiza a supervisão mais próxima, apoiando, monitorando e propondo melhorias. Verifica-se que a atividade da segunda linha de defesa é uma atividade típica do alto gestor em segurança da informação, o CISO. Já a terceira linha deve possuir a independência necessária para realizar análises de auditoria interna com autonomia e isonomia.

Todos os gestores e auditores das três linhas devem ter uma comunicação, um alinhamento e uma coordenação das atividades. Mas verifica-se que tanto o CIO (primeira linha) quanto o CISO (segunda linha) reportam-se diretamente ao CEO. Historicamente o CISO nasceu dentro da área de tecnologia, ficando em muitas instituições subordinado ao CIO, mas a estrutura mais adequada é que ele esteja diretamente vinculado com a alta gestão, ou seja, com o CEO.

Para que ocorra uma sinergia institucional entre os papéis do CIO e CISO, suas características inerentes devem ser analisadas e enquadradas da melhor forma no contexto organizacional. Os CIOs estão mais focados em prover soluções com qualidade, de forma a contemplar as necessidades da organização. Os CISOs têm um foco maior na conformidade e no risco para evitar as ameaças institucionais. Enquanto o CIO é responsável por prover e manter a tecnologia, o CISO busca estabelecer as melhores práticas de gestão de riscos, resposta a incidentes e privacidade de dados. Ou seja, o CIO busca prover tecnologia e o CISO, mantê-la segura. Com isso é fundamental que as ações do CIO e CISO sejam alinhadas entre si e com o CEO para que ocorram gerando o maior benefício corporativo.

Uma outra estrutura de fundamental importância é o Comitê de Segurança da Informação (CSI), que serve como um órgão consultivo para a tomada de decisões que tenham reflexo em toda organização, embasando o CEO que pode pesar as visões do CIO, CISO e outros componentes do comitê para o melhor encaminhamento institucional. O CSI pode solicitar a presença de especialistas em assuntos setoriais para melhor fundamentação de decisões de encaminhamentos ou conter membros permanentes de setores estratégicos da organização. Uma função fundamental do CSI é que ele possa aprovar e monitorar o programa de segurança cibernética da corporação.

Os cargos de alta gestão relacionados com a segurança cibernética necessitam de recursos humanos capacitados para gerir a atividade tecnológica responsável pela efetivação das ações de aprimoramento. É de basilar importância a instituição formal de uma equipe com este mister, que recebe o nome de Equipe de Prevenção, Tratamento e Resposta a Incidentes de Segurança (ETIR, em inglês chama-se *Computer Incident Response Team* – CSIRT). O CSIRT tem o objetivo de reduzir a probabilidade de ocorrência de incidentes em segurança da informação, prevenindo a sua incidência ou minimizando os impactos negativos por meio do tratamento realizado. Recomenda-se que o CSIRT possa desenvolver suas atividades por meio de um processo de gestão de incidentes corporativos, de forma a assegurar que as fragilidades e incidentes em segurança da informação sejam identificados e tratados em tempo hábil e de forma padronizada, comunicando de forma adequada com as partes interessadas. O CIRST pode se reportar formalmente ao CIO ou ao CISO, contudo, é imprescindível que tenha uma boa comunicação com os dois.

O modelo proposto é conceitual não orgânico, ou seja, cada corporação deve implementar a sua estrutura de cargos conforme seu contexto organizacional, mas observando a importância da existência das funções acima expostas. O cenário que apresentamos são para corporações com baixo apetite a riscos, que tenha condições de implantar um programa corporativo de cibersegurança, que necessite que o CISO conheça do negócio, que possibilite ao CISO apoiar o CIO na função de prover tecnologia, mas com recursos de cibersegurança alinhados com a estratégia corporativa. Isso reforça a compreensão de que cibersegurança não é um problema apenas de tecnologia da informação, mas sim de todo *c-level*, para que seja possível manter e aprimorar os objetivos estratégicos da corporação. Quando uma organização ainda não possui esta estrutura e necessidade, deve ver com cautela a estrutura proposta, optando por implementações graduais conforme a postura corporativa de cibersegurança (GARTNER – CISO OUTSIDE IT, 2022; GARTNER – DESIGN SECURITY ORGANIZATION, 2022; GARTNER – ORGANIZATION CHARTS, 2024).

CAPÍTULO 2

DIREITO DIGITAL E *COMPLIANCE* EM SEGURANÇA CIBERNÉTICA

Como a conformidade legal pode fortalecer sua estratégia de cibersegurança e evitar penalidades severas?

A análise do capítulo anterior destaca a importância crucial das ações quando analisadas as diretrizes relacionadas ao direito digital e *compliance*.

Neste capítulo, abordaremos o direito digital e seus reflexos na segurança cibernética, com foco especial para a alta gestão. Também exploraremos o *compliance*, seus princípios, diretrizes e instrumentos para fortalecer o aprimoramento da segurança cibernética e garantir uma governança eficaz por meio da conformidade com as normas mais indicadas para cada setor.

É enfatizada a importância o *Chief Compliance Officer – CCO* para a materialização de todas estas ações de conformidade integrada com o acompanhamento da alta gestão.

O conteúdo abordado neste capítulo possibilita reflexões e respostas às seguintes perguntas:
- Como o direito digital está relacionado com minha organização e minhas atribuições?
- Qual estrutura para *compliance* minha organização possui?
- Como o *compliance* afeta a reputação da minha organização?
- Qual a diferença entre gestão de riscos e *compliance*?
- Como a conformidade legal pode fortalecer sua estratégia de cibersegurança e evitar penalidades severas?

- Qual o impacto das regulamentações digitais na sua organização? Sua corporação está cumprindo a legislação para evitar multas?
- Suas práticas de *compliance* são suficientes para atender às crescentes demandas de cibersegurança?
- Como o CCO (*Chief Compliance Officer*) pode liderar a implementação de uma política eficaz de cibersegurança?

2.1 Direito digital: conceitos e relevância

Qual é o impacto das regulamentações digitais no seu negócio? Sua organização está cumprindo a legislação para evitar multas?

O direito digital emergiu como uma resposta inevitável à vertiginosa evolução tecnológica que marcou o final do século XX e o início do século XXI. A transformação digital impulsionada pelas dinâmicas da Lei de Moore e pela Lei de Metcalfe, deu origem a um novo ambiente no qual as interações sociais, econômicas e políticas são moldadas por aplicativos e serviços digitais, conforme discutido por (DOWNES, 2009).

O ambiente digital trouxe uma série de desafios e oportunidades que demandam uma abordagem jurídica inovadora. O direito digital, ainda em fase de consolidação, surge como uma resposta necessária para regular as novas atividades e transações que surgem nesse contexto, uma vez que os sistemas jurídicos tradicionais se revelam insuficientes para lidar com a complexidade crescente da era da informação.

Embora o direito digital seja frequentemente percebido como uma disciplina que emergiu nas últimas duas décadas, suas raízes remontam a década de 1970. Durante esse período, já havia iniciativas legislativas pioneiras que tentavam abordar questões emergentes relacionadas no campo da informática, como o Projeto de Lei nº 3.279, de 1976, e o Projeto de Lei nº 96, de 1977, ambos voltados para a proteção de informações computadorizadas.

Apesar de arquivadas, essas propostas evidenciavam que os legisladores já reconheciam a necessidade de regulamentação em um campo emergente. A formalização do direito digital começou a ganhar mais relevância na década de 1990, especialmente com a Portaria Interministerial nº 147, de 1995, considerada o primeiro marco legal do direito digital no Brasil. Na década seguinte, o avanço das regulamentações no Brasil se intensificou com a promulgação de leis fundamentais, como o Marco Civil da Internet – Lei nº 12.965/2014, a Lei dos Crimes Informáticos – Lei nº 12.737/2012 e a Lei Geral de Proteção de Dados Pessoais – LGPD – Lei nº 13.709/2018.

Essas legislações estabeleceram diretrizes claras para o tratamento de dados pessoais nos meios digitais. Além disso, o Código de Processo Civil de 2015 introduziu normas específicas para a condução do processo judicial eletrônico, e a Lei de Acesso à Informação, Lei nº 12.527/2011, regulamentou a disponibilização e a transparência das prestações de contas dos entes públicos por meio da TI.

Dominar essas regulamentações permite que os executivos tomem decisões informadas sobre legislações aplicáveis às tecnologias emergentes, garantindo a proteção da organização, a segurança dos clientes e a manutenção da confiança dos *stakeholders* em um mercado cada vez mais competitivo e digitalizado.

O direito digital pode ser definido como uma área multidisciplinar do direito que surgiu em resposta ao rápido avanço tecnológico e à expansão da internet, com o propósito de regulamentar as novas atividades, relações e transações no ambiente digital. Conforme definido por Patrícia Peck:

> o Direito Digital é uma evolução do próprio Direito, integrando princípios e institutos tradicionais a novos elementos que atendem às demandas jurídicas geradas pelas inovações tecnológicas. Ele abrange várias áreas do Direito (como Direito Civil, Autoral, Comercial, Penal, etc.) e se adapta às mudanças contínuas trazidas pela convergência tecnológica, como a internet, a proteção da privacidade, e os crimes digitais. (PECK, 2021, p. 71-76)

Nesse sentido, o direito digital não se limita à internet; o principal desafio é garantir que a legislação acompanhe essas mudanças sem perder a autoridade e a relevância, evitando leis ineficazes. O direito digital é uma área multidisciplinar do direito que surgiu em resposta ao rápido avanço tecnológico e à expansão da internet, com o propósito de regulamentar as novas atividades, relações e transações no ambiente digital.

Adaptando e integrando princípios e normas de áreas tradicionais, como o direito civil, penal, trabalhista e empresarial, o direito digital aborda questões específicas da era digital, incluindo contratos eletrônicos, crimes cibernéticos, proteção de dados e governança digital (NOGUEIRA; NOGUEIRA, 2019).

Quando o direito digital é combinado com a segurança cibernética, esse campo não apenas regula, mas também proporciona a segurança jurídica que embasa um efetivo aprimoramento nas rotinas de segurança dos dados e sistemas digitais. Essa combinação abrangente, frequentemente referida como direito cibernético, estabelece as diretrizes e princípios legais, enquanto a segurança cibernética implementa as práticas e tecnologias necessárias para garantir a conformidade e a proteção contra ameaças cibernéticas.

Essa integração é vital para enfrentar os complexos desafios da era digital, promovendo um equilíbrio entre a inovação tecnológica e a proteção dos direitos e interesses de todas as partes envolvidas. Para garantir que a segurança cibernética seja eficaz e adequadamente integrada à segurança corporativa, é fundamental que as organizações adotem uma abordagem que esteja em conformidade com o arcabouço legal vigente.

Nesse sentido, o alinhamento das práticas de segurança cibernética com as legislações específicas torna-se essencial. As normas jurídicas não apenas estabelecem diretrizes para a proteção de dados e combate aos crimes cibernéticos, mas também fornecem uma base legal sólida para a implementação de políticas de segurança dentro das corporações.

Assim, a criação de uma estrutura corporativa robusta e alinhada aos riscos institucionais depende da observância dessas leis, que servem como pilares fundamentais para a manutenção da integridade e segurança das operações digitais da organização.

Integrando e adaptando normas dos ramos tradicionais do direito o direito digital cibernético está em constante evolução, adaptando-se para enfrentar os desafios resultantes da digitalização e da transformação tecnológica que permeiam todos os aspectos da vida moderna.

– Os desafios regulatórios

A digitalização e o uso de tecnologias introduziram uma camada de complexidade na governança jurídica. O ciberespaço, por sua natureza descentralizada e global, desafia as noções tradicionais de soberania estatal e jurisdição territorial, exigindo abordagens legais e regulatórias para lidar com as complexidades e ameaças que surgem nesse ambiente virtual (SHALHOUB; AL QASIMI, 2010).

Nesse contexto de inovações disruptivas, os Estados enfrentam o desafio de decidir quando, por que e como regular as novas tecnologias digitais. Essa regulação deve promover a inovação e a livre concorrência, além de garantir a segurança do usuário e o respeito às liberdades fundamentais, especialmente em um ambiente jurídico que precisa se adaptar constantemente às mudanças tecnológicas (BAPTISTA; KELLER, 2016).

No entanto, a implementação de uma regulamentação global para a internet enfrenta desafios significativos. A diversidade de valores sociais e culturais ao redor do mundo torna praticamente inviável a criação de uma regulação única que seja amplamente aceita e aplicada por todos os países.

Ademais, a ausência de uma entidade global centralizada com autoridade para *enforcement* eficaz sobre a internet limita consideravelmente a implementação de iniciativas globais de governança. Gibbonst (1997) argumenta que o ciberespaço evoluiu como uma "terra sem lei", no qual as tentativas de *enforcement* são fragmentadas e impulsionadas por normas sociais emergentes.

DeNardis (2012) complementa ao destacar que o controle da internet passou a ser exercido por meio da infraestrutura, com disputas sobre *enforcement* envolvendo tanto entidades privadas quanto governamentais, especialmente em pontos críticos como o Sistema de Nomes de Domínio (DNS).

À medida que a sociedade se torna cada vez mais digitalizada, a segurança cibernética emerge como um dos pilares fundamentais do direito digital, especialmente com a integração de setores críticos, como energia, saúde, transporte e comunicação, a sistemas digitais vulneráveis a uma vasta gama de ameaças. Essas ameaças não se limitam a ataques de *hackers*, mas incluem a manipulação de infraestruturas essenciais e a disseminação de desinformação, frequentemente orquestradas por Estados-Nação e entidades privadas com interesses estratégicos.

Kosseff (2017) destaca que a segurança cibernética deve abranger a confidencialidade, integridade e disponibilidade de sistemas e informações, conhecidas como a tríade CIA. No entanto, ele observa que o sistema legal dos Estados Unidos da América (EUA) carece de uma definição clara de *cybersecurity law*, resultando em uma estrutura ineficaz para proteger adequadamente as redes e sistemas.

Por sua vez, DeNardis (2012) alerta para o controle invisível que ocorre na internet por meio de sua infraestrutura técnica, como o Sistema de Nomes de Domínio (DNS), usada por governos e corporações para exercer poder de forma silenciosa, restringindo o acesso à informação e afetando a liberdade de expressão. Assim, a segurança cibernética é um tema multifacetado que requer tanto o desenvolvimento de um arcabouço legal sólido, como defendido por Kosseff, quanto a consideração das infraestruturas técnicas invisíveis, conforme apontado por DeNardis.

A ausência de uma entidade global com autoridade para *enforcement* e a falta de um *framework* legal coeso limitam a governança digital, que deve ser dinâmica e adaptativa, exigindo cooperação entre jurisdições e a participação ativa de setores público e privado para garantir não apenas a proteção de dados, mas também a estabilidade de sistemas cruciais à sociedade moderna.

O ciberespaço é um ambiente digital que transcende barreiras físicas, facilitando a comunicação, as interações sociais e o compartilhamento de informações por meio de redes como a internet. Esse espaço virtual atua tanto como uma extensão do espaço físico quanto como um domínio autônomo, composto por múltiplos espaços digitais que moldam e são moldados pelas interações sociais e geográficas, reconfigurando as relações espaço-temporais (COHEN, 2007; DODGE; KITCHN, 2003).

No ambiente digital altamente dinâmico e em constante evolução, conhecido como ciberespaço, a autorregulação emerge como uma ferramenta estratégica. Empresas de tecnologia e outras organizações líderes desempenham um papel fundamental na criação e aplicação de códigos de conduta que protejam a segurança e a privacidade dos usuários.

Entretanto, é imperativo reconhecer que a complexidade e a vastidão do ciberespaço exigem mais do que apenas uma regulação interna (COHEN, 2007; DODGE; KITCHN, 2003).

A atuação no ciberespaço requer uma abordagem híbrida que combine a autorregulação com a supervisão pública, integrando normas legais e práticas de responsabilidade digital para fortalecer a confiança e a competitividade das organizações. A participação da sociedade civil na formulação de códigos de conduta é vital para assegurar que as regras sejam percebidas como justas e equilibradas, protegendo a integridade dos direitos dos usuários.

Outrossim, a transparência e a responsabilidade no tratamento de dados reforçam a confiança do mercado, um ativo inestimável em qualquer estratégia de longo prazo. Nesse contexto, o direito digital se consolida como uma ferramenta essencial para os executivos, garantindo que as práticas da organização estejam alinhadas com as melhores práticas de governança e responsabilidade.

No cenário empresarial contemporâneo, o direito digital se consolidou como uma área relevante para a governança corporativa, a gestão de riscos e a conformidade. Uma compreensão profunda dessas áreas é indispensável para os executivos que buscam não apenas garantir a conformidade regulatória, mas também proteger a reputação e a sustentabilidade financeira de suas organizações em um ambiente cada vez mais digitalizado.

Da mesma forma que conselhos e comitês de auditoria tiveram que se adaptar rapidamente às exigências impostas pela Lei Sarbanes-Oxley, revisando códigos de conduta e estabelecendo novos procedimentos de governança, os executivos atuais enfrentam desafios análogos ao navegarem pelo complexo cenário do direito digital. Decisões tomadas no ambiente digital têm implicações jurídicas profundas, capazes de afetar tanto a imagem da empresa quanto a sua viabilidade no mercado (STEINBERG, 2011).

A segurança cibernética, por exemplo, tornou-se uma prioridade máxima. O aumento das ameaças digitais exige que os executivos estejam plenamente cientes das obrigações legais associadas à proteção de dados e sistemas. Implementar medidas robustas de segurança cibernética e responder de forma rápida a incidentes não são apenas boas práticas, mas requisitos críticos para proteger a integridade das operações empresariais e evitar litígios onerosos.

A responsabilidade pela segurança e privacidade dos dados recai diretamente sobre os ombros dos executivos. A falha em compreender e aplicar as diretrizes do direito digital pode expor a empresa a riscos significativos, desde penalidades regulatórias até danos irreparáveis à reputação. A supervisão eficaz das práticas de governança digital, alinhada às melhores práticas de conformidade, não é mais uma opção, mas uma necessidade estratégica para qualquer organização que deseja prosperar no ambiente digital competitivo de hoje.

A transformação digital impacta todas as áreas de negócios, modificando operações, a interação com os clientes e a forma como as empresas competem no mercado. Executivos bem-informados e preparados para aplicar o direito digital de forma eficaz estarão mais bem posicionados para conduzir suas organizações rumo ao sucesso em um cenário marcado por legislações e regulamentações em constante evolução.

– Legislações e regulamentações em direito digital

Com a crescente dependência de tecnologias digitais, os riscos associados ao ciberespaço também aumentam, exigindo que os líderes das organizações estejam atentos às obrigações legais e regulatórias. Entender e aplicar as diretrizes do direito digital e da segurança cibernética é crucial para mitigar riscos, proteger ativos digitais e garantir a conformidade em um ambiente regulatório cada vez mais complexo.

Os executivos que negligenciam essas áreas podem expor suas organizações a multas significativas e litígios, além de perder a confiança de clientes e investidores. Portanto, a segurança cibernética não deve ser vista apenas como uma responsabilidade técnica, mas como uma prioridade estratégica que impacta diretamente a sustentabilidade e o sucesso de longo prazo da organização.

A implementação de normas internacionais de segurança pode abrir portas para novos mercados e oportunidades de negócios, especialmente em setores altamente regulamentados, como o financeiro e o da saúde.

Compreender e aderir às regulamentações de segurança cibernética e proteção de dados é essencial para executivos que buscam garantir a integridade de suas operações em um mercado globalizado. Diversos setores enfrentam desafios únicos ao lidar com essas regulamentações, e a conformidade não é apenas uma questão de legalidade, mas também de sustentabilidade em longo prazo.

No Brasil, a Lei Geral de Proteção de Dados – LGPD, Lei nº 13.709/2018 e a Resolução Bacen nº 4.658/2018 são fundamentais para bancos e instituições financeiras, que devem assegurar a proteção de dados pessoais e adotar políticas rigorosas de segurança cibernética. A aplicação dessas normas é crucial para evitar multas significativas e manter a confiança dos clientes e investidores.

Além das regulamentações brasileiras, instituições financeiras que operam globalmente devem também estar em conformidade com o Regulamento Geral sobre a Proteção de Dados – GDPR da União Europeia e as diretrizes de gestão de riscos financeiros do Basel III. O GDPR impõe requisitos rigorosos sobre a proteção de dados pessoais, exigindo que as empresas implementem medidas técnicas e organizacionais adequadas. Já Basel III, aplicado globalmente, regula a gestão de riscos, incluindo os cibernéticos, e é essencial para manter a estabilidade financeira das instituições. A conformidade com essas normas é um desafio contínuo que demanda uma abordagem proativa e a contratação de consultoria especializada.

Um exemplo é o Banco Santander, com operações na Espanha e no Brasil, com profunda adequação à LGPD e ao GDPR para garantir a proteção dos dados pessoais, além de seguir as diretrizes de Basel III para a gestão de riscos financeiros e cibernéticos. O relatório do Santander Brasil de 2023 destaca a implementação de políticas robustas de segurança cibernética em conformidade com a LGPD, enquanto o relatório do Santander Espanha reforça a necessidade de controles aprimorados para atender ao GDPR, destacando a importância da segurança cibernética como prioridade estratégica. A conformidade com essas normas é essencial para a proteção dos dados dos clientes e a manutenção da confiança em um ambiente bancário global (RELATÓRIO SANTANDER BRASIL, 2023; REPORT SANTANDER ESPANHA, 2023).

Organizações de diversos setores devem observar as regulamentações nacionais e internacionais relacionadas com a proteção de dados, segurança cibernética e privacidade dos usuários, especialmente no setor de telecomunicações, no setor de energia e *utilities*, na indústria de manufatura, no setor de *e-commerce* e no varejo, no setor de seguros e saúde, na indústria da tecnologia da informação, no setor de mídia e entretenimento, no setor educacional.

A seguir é apresentada a Tabela 1, que destaca algumas das principais leis e normas que impactam a avaliação de segurança cibernética.

Tabela 1 – Leis e normas relativas a cibersegurança

(continua)

Legislação	Descrição	Relevância
Legislação brasileira		
Lei Geral de Proteção de Dados (LGPD) – Lei nº 13.709/2018	Regula o tratamento de dados pessoais no Brasil, estabelecendo requisitos rigorosos para a proteção de informações pessoais.	A LGPD exige que as empresas implementem medidas de segurança cibernética para proteger os dados pessoais, tornando essencial a contratação de uma consultoria especializada para garantir a conformidade.
Marco Civil da Internet – Lei nº 12.965/2014	Estabelece princípios, garantias, direitos e deveres para o uso da internet no Brasil, incluindo questões de privacidade e segurança da informação.	O Marco Civil da Internet impõe obrigações sobre o tratamento de dados e a segurança cibernética, necessitando de orientação especializada para garantir o cumprimento legal.
Resolução Bacen nº 4.658/2018	Dispõe sobre a política de segurança cibernética e os requisitos para a contratação de serviços de processamento e armazenamento de dados pelas instituições financeiras.	As instituições financeiras precisam implementar políticas robustas de cibersegurança e uma consultoria pode assegurar que essas políticas estejam em conformidade com as exigências do Bacen.
Lei de Crimes Cibernéticos – Lei nº 12.737/2012 (Lei Carolina Dieckmann)	Tipifica crimes cometidos por meio da internet, como invasão de dispositivos informáticos, e estabelece penas para esses delitos.	As organizações precisam de sistemas robustos de cibersegurança para prevenir esses crimes, e uma consultoria pode auxiliar na implementação de medidas preventivas e reativas.
Decreto nº 10.569/2020	Estabelece a Política Nacional de Segurança Cibernética, direcionada à proteção de infraestruturas críticas e à coordenação de esforços de cibersegurança no Brasil.	Infraestruturas críticas, como energia e telecomunicações, devem adotar práticas de segurança cibernética sofisticadas, o que frequentemente requer a orientação de uma consultoria especializada.

(continua)

Legislação	Descrição	Relevância
Lei de Direitos Autorais – Lei nº 9.610/1998	Regula a proteção dos direitos autorais, incluindo a proteção de obras digitais contra pirataria e usos não autorizados.	Empresas de mídia e entretenimento precisam proteger seus ativos digitais, e uma consultoria pode ajudar a implementar medidas que garantam a segurança desses ativos.
Lei das Sociedades por Ações (Lei nº 6.404/1976)	Regula a governança corporativa e a transparência nas empresas de capital aberto, exigindo a divulgação de riscos, incluindo os cibernéticos.	Empresas de capital aberto precisam demonstrar a adequação de suas práticas de cibersegurança aos investidores, o que pode ser garantido por uma consultoria especializada.
Lei nº 13.787/2018	Regula a digitalização e o uso de sistemas informatizados para a guarda e manuseio de prontuários médicos.	O setor de saúde lida com dados sensíveis que precisam ser protegidos, e uma consultoria pode ajudar a garantir a conformidade com essa legislação.
Norma Brasileira ABNT NBR ISO/IEC 27001	Estabelece requisitos para a criação, implementação, manutenção e melhoria contínua de um Sistema de Gestão de Segurança da Informação (SGSI).	A certificação ISO/IEC 27001 é um padrão internacional de segurança da informação, e uma consultoria pode ajudar as empresas a implementarem as práticas necessárias para obter e manter essa certificação.
Código de Defesa do Consumidor – CDC (Lei nº 8.078/1990)	Protege o consumidor de uma forma ampla, aplicando-se ao comércio eletrônico, sendo que suas disposições se estendem no ambiente virtual.	Alguns direitos do consumidor em compras on-line: arrependimento de compra, devolução e troca, exigir o cumprimento da oferta, acesso às informações da empresa e do produto e segurança no pagamento. Empresas de *marketing* devem fornecer uma opção de descadastramento em todas as comunicações promocionais e expor todas as informações da empresa no site ou loja virtual (CNPJ, endereço, telefone e *e-mail* de contato).
Resolução CNSP nº 382/2020	Regula as práticas de transparência e governança no setor de seguros, incluindo a segurança cibernética.	Empresas de seguros devem adotar práticas de cibersegurança para proteger dados sensíveis e garantir conformidade com essa resolução, com o apoio de uma consultoria especializada.
Legislação internacional		
General Data Protection Regulation – GDPR	Regula a proteção de dados pessoais para cidadãos da União Europeia.	Empresas globais como Alphabet Inc. (Google), Facebook (Meta Platforms, Inc.) e Apple Inc. devem cumprir rigorosamente o GDPR para proteger os dados pessoais e garantir a privacidade dos usuários.
Sarbanes-Oxley Act – SOX	Exige controles internos rigorosos e auditorias financeiras para prevenir fraudes e proteger os acionistas.	Empresas de capital aberto nos EUA, como Microsoft Corporation, Amazon.com, Inc., e Johnson & Johnson, são obrigadas a cumprir essas normas.

(conclusão)

Legislação	Descrição	Relevância
Network and Information Systems Directive – NIS Directive	Estabelece normas de segurança para redes e sistemas de informação para prestadoras de serviços essenciais na União Europeia.	Empresas como Vodafone Group Plc, Siemens AG e Deutsche Telekom AG devem implementar medidas de segurança cibernética robustas para proteger suas redes e sistemas de informação.
Clarifying Lawful Overseas Use of Data Act – CLOUD Act	Regula o acesso governamental a dados armazenados na nuvem sob ordens judiciais dos EUA.	Empresas como Microsoft Corporation, Amazon Web Services (AWS) e IBM Corporation que armazenam dados na nuvem devem conformar-se ao CLOUD Act para evitar litígios e sanções.
California Consumer Privacy Act – CCPA	Estabelece direitos de privacidade para consumidores na Califórnia.	Empresas como Netflix, Salesforce. com e Adobe, que lidam com dados de residentes da Califórnia devem cumprir o normativo, que exige transparência e o direito dos consumidores de controlar suas informações pessoais.
Digital Millennium Copyright Act – DMCA	Protege os direitos autorais de conteúdo digital e combate à pirataria nos Estados Unidos.	Empresas de mídia e entretenimento como Disney, Netflix e Sony Corporation devem proteger os direitos autorais de conteúdo digital.
Health Insurance Portability and Accountability Act – HIPAA	Estabelece normas para proteger a privacidade de informações de saúde protegidas nos Estados Unidos.	Empresas do setor de saúde como Pfizer, UnitedHealth Group Incorporated e CVS Health Corporation devem garantir a conformidade com o normativo para proteger a privacidade dos pacientes e evitar violações de dados.
Payment Card Industry Data Security Standard – PCI DSS	Estabelece padrões de segurança para o processamento de pagamentos com cartão de crédito.	Empresas como Visa, Mastercard e PayPal Holdings que processam pagamentos com cartão de crédito devem aderir ao PCI DSS para proteger os dados de pagamento dos clientes e evitar fraudes.
Basel III – Global	Regula a gestão de riscos financeiros e cibernéticos em instituições financeiras globais.	Empresas como JPMorgan Chase, HSBC Holdings e Barclays Plc devem cumprir as normas de Basel III para gerenciar riscos financeiros e garantir a estabilidade econômica.
Directive on Security of Network and Information Systems – NIS2 Directive	Estabelece requisitos para a segurança de sistemas de rede e informação em infraestruturas críticas na União Europeia.	Empresas de infraestruturas críticas como Enel, TotalEnergies e Siemens devem aderir à NIS2 Directive para garantir a segurança de seus sistemas de rede e informação, evitando interrupções catastróficas.

Em um mundo cada vez mais interconectado, no qual as operações empresariais transcendem fronteiras, a conformidade com as normas de cibersegurança se torna não apenas uma questão de proteção interna, mas também um requisito essencial para garantir a confiança global.

A legislação brasileira, como a LGPD e outras regulamentações setoriais, estabelece um robusto arcabouço para a proteção de dados e a segurança das informações dentro do território nacional. No entanto, para as empresas que operam globalmente, é imperativo alinhar-se também com as regulamentações internacionais, como o GDPR da União Europeia, o HIPAA dos EUA, entre outras.

A correlação entre as normas brasileiras e internacionais exige que as organizações adotem uma abordagem integrada e estratégica de cibersegurança, capaz de atender às exigências de múltiplas jurisdições. A Tabela 2 ilustra como as principais regulamentações brasileiras se alinham e complementam com normas internacionais, destacando a importância de uma postura proativa e global na proteção de dados e na segurança cibernética em diferentes setores.

Tabela 2 – Regulamentação comparada

(continua)

Setor	Regulamentação brasileira	Regulamentação internacional	Relevância
Bancos e instituições financeiras	LGPD – Lei nº 13.709/2018, Resolução Bacen nº 4.658/2018	GDPR (UE), Basel III (Global)	Proteção de dados pessoais e gestão de riscos cibernéticos, manutenção da confiança de clientes e investidores, prevenção de multas significativas.
Telecomunicações	LGT – Lei nº 9.472/1997, Marco Civil da Internet – Lei nº 12.965/2014	NIS Directive (UE), CLOUD Act (EUA)	Garantia da segurança das redes e proteção de dados, conformidade com normas cibernéticas globais, prevenção de sanções e proteção da integridade das operações.
Energia e *utilities*	Decreto nº 10.569/2020	NIS2 Directive (UE)	Proteção de infraestruturas críticas, adoção de medidas de segurança cibernética robustas, conformidade com regulamentações locais e internacionais.

(continua)

Setor	Regulamentação brasileira	Regulamentação internacional	Relevância
Manufatura	LGPD – Lei nº 13.709/2018, Marco Civil da Internet – Lei nº 12.965/2014	GDPR (UE), *CLOUD Act* (EUA)	Proteção de dados pessoais e industriais, segurança em operações digitais, conformidade para evitar interrupções e proteger a propriedade intelectual.
E-commerce e varejo	LGPD – Lei nº 13.709/2018, CDC – Lei nº 8.078/1990	GDPR (UE), CCPA (EUA), PCI DSS (Global)	Proteção da privacidade dos consumidores, segurança em transações financeiras, conformidade para evitar fraudes e manter a confiança dos consumidores.
Seguros	LGPD – Lei nº 13.709/2018, Resolução CNSP nº 382/2020	GDPR (UE), HIPAA (EUA)	Proteção de dados sensíveis, como informações de saúde e financeiras, transparência e conformidade em múltiplas jurisdições, preservação da confiança dos clientes.
Tecnologia da informação e *software*	LGPD – Lei nº 13.709/2018, Lei de *Software* – Lei nº 9.609/1998	GDPR (UE), DMCA (EUA), ISO/IEC 27001 (Global)	Proteção de propriedade intelectual e dados pessoais, segurança da informação, conformidade com normas globais para proteger ativos digitais contra ameaças cibernéticas.
Saúde	LGPD – Lei nº 13.709/2018, Lei nº 13.787/2018	GDPR (UE), HIPAA (EUA)	Proteção de dados sensíveis de pacientes, segurança cibernética, conformidade para garantir a privacidade e proteger informações de saúde.
Mídia e entretenimento	LGPD – Lei nº 13.709/2018, Lei de Direitos Autorais – Lei nº 9.610/1998	GDPR (UE), DMCA (EUA)	Proteção de direitos autorais e dados pessoais, segurança de conteúdo digital, conformidade para evitar pirataria e proteger a privacidade dos consumidores.

(conclusão)

Setor	Regulamentação brasileira	Regulamentação internacional	Relevância
Educação	LGPD – Lei n° 13.709/2018, LDB – Lei n° 9.394/1996	GDPR (UE), FERPA (EUA)	Proteção de dados de estudantes e funcionários, segurança de dados educacionais, conformidade com regulamentações globais de privacidade.

Para os executivos, é fundamental compreender as diferentes legislações e suas implicações. Em um mundo cada vez mais globalizado, as empresas frequentemente operam em múltiplas jurisdições, e a falta de conformidade com as leis locais pode acarretar graves consequências legais e financeiras. Além disso, adotar uma postura ética e transparente no tratamento de dados, na segurança cibernética e no *compliance* cibernético não só previne riscos, mas também pode se tornar um diferencial competitivo, construindo confiança e fidelidade entre os consumidores.

É importante destacar que a conformidade não se limita à adesão às leis e regulamentos. Ela envolve a criação de um ambiente corporativo em que a ética, a transparência e a responsabilidade são valores fundamentais. A segurança cibernética é uma extensão natural dessas responsabilidades, assegurando que as operações corporativas estejam alinhadas não apenas com as exigências legais, mas também com os princípios de integridade e confiança que sustentam o sucesso em longo prazo.

2.2 Práticas de *compliance* em cibersegurança – Suas práticas de *compliance* são suficientes para atender às crescentes demandas de cibersegurança?

Compliance refere-se à adesão e conformidade com regras, leis, normas e políticas estabelecidas, além de implicar um senso de responsabilidade e a obrigação de seguir os códigos de conduta pertinentes. Do ponto de vista legal, o *compliance* corporativo envolve a criação de um sistema interno formal de políticas, procedimentos, controles e ações destinados a detectar e prevenir violações das leis, regulamentos, normas e políticas. A conformidade cibernética pode ser definida como a adesão de uma organização a um conjunto específico de normas, leis, regulamentos e padrões que visam garantir a segurança dos dados e a privacidade dentro do ambiente digital (SINGH; BUSSEN, 2020).

A segurança cibernética tem se tornado uma prioridade crescente para organizações de todos os tamanhos e setores, principalmente devido ao aumento das ameaças digitais e à complexidade das infraestruturas tecnológicas. No cerne dessa preocupação está o conceito de *compliance*, que desempenha um papel crucial na proteção dos ativos digitais e na mitigação de riscos cibernéticos (CALDER; WATKINS, 2015).

O *compliance* cibernético é fundamental para a gestão de riscos e para a manutenção da resiliência organizacional em face das ameaças cibernéticas. As empresas que adotam uma postura proativa e preventiva, alinhada com as melhores práticas de *compliance*, estão mais bem posicionadas para evitar incidentes de segurança e para responder de modo mais efetivo quando ocorrem.

Compliance, em um sentido amplo, significa estar em conformidade com regras, leis, normas e políticas estabelecidas. No contexto cibernético, o *compliance* assume um papel vital, pois envolve a adesão a um conjunto específico de regulamentos que visam proteger os sistemas de informação, os dados pessoais e as infraestruturas tecnológicas de dada organização.

A conformidade em cibersegurança é crucial para garantir a proteção de uma organização não apenas contra ameaças cibernéticas, mas também contra penalidades legais. Adotar uma postura proativa vai além do simples cumprimento de regulamentos, trata-se de integrar a cibersegurança na cultura organizacional. Essa abordagem é essencial para prevenir incidentes cibernéticos que podem resultar em perdas financeiras, danos à reputação e penalidades severas (CISA, 2021).

A importância do *compliance* em cibersegurança se destaca em vários aspectos. Primeiro, ele assegura que as organizações cumpram todas as exigências legais, evitando multas significativas e danos à reputação. A não conformidade pode ter consequências financeiras e legais graves, como evidenciado por inúmeros casos relatados em relatórios anuais. Além disso, a conformidade constrói uma cultura organizacional voltada para a segurança e proteção de dados (U.S. FEDERAL GOVERNMENT, 2021).

A implementação de políticas de *compliance* eficazes constitui um elemento indispensável para a mitigação de riscos cibernéticos, ao mesmo tempo em que minimiza os impactos decorrentes de eventuais violações. Conforme destaca o Instituto Brasileiro de Governança Corporativa (2017), tais políticas devem abranger tanto os aspectos técnicos quanto comportamentais, como o treinamento contínuo dos colaboradores para identificar e evitar ameaças como *phishing* e engenharia social. A adoção dessas medidas preventivas aumenta a resiliência das organizações diante de ataques que exploram vulnerabilidades humanas e tecnológicas.

Ademais, quando alinhadas aos princípios da governança corporativa – transparência, equidade e responsabilidade –, as políticas de *compliance* tornam-se essenciais para mitigar vulnerabilidades, especialmente em um ambiente de ameaças cibernéticas em constante evolução. A adaptação contínua às regulamentações emergentes e ao cenário digital dinâmico revela-se imprescindível para assegurar a integridade e a segurança das informações nas organizações, garantindo, assim, uma governança mais eficaz e preparada para os desafios impostos pela transformação digital (IBGC, 2017).

A legislação exige que as empresas implementem programas de *compliance* robustos, que incluem medidas preventivas de combate à corrupção, como políticas, procedimentos e controles internos. Esses programas ajudam a fortalecer a governança corporativa, garantindo que as empresas operem de acordo com padrões éticos e legais. A lei enfatiza a importância da gestão de riscos relacionados à corrupção. As empresas são incentivadas a identificar, avaliar e mitigar os riscos de corrupção em suas operações, o que contribui para uma gestão mais eficaz e responsável dos negócios (Lei nº 12.846, 2013).

A Controladoria-Geral da União – CGU do Brasil é responsável por relevante parte dos procedimentos como instauração e julgamento dos processos administrativos de responsabilização e celebração dos acordos de leniência no âmbito do poder executivo federal. Isso ocorre porque a nova lei permitiu a figura da responsabilidade objetiva. Empresas podem ser responsabilizadas em casos de corrupção, independentemente da comprovação de culpa. Inovou também com penas mais rígidas, estabelecendo que o valor das multas pode chegar até a 20% do faturamento bruto anual da empresa, ou até 60 milhões de reais, quando não for possível calcular o faturamento bruto. Na esfera judicial, pode ser aplicada até mesmo a dissolução compulsória da pessoa jurídica.

Outra mudança na legislação foi com relação ao acordo de leniência, que estabelece a possibilidade de uma empresa que cooperar com as investigações conseguir uma redução das penalidades. Trata-se de lei abrangente, com alcance além da União, podendo ser aplicada por estados e municípios, com competência sobre empresas brasileiras atuando no país e no exterior (Lei nº 12.846, 2013).

A regulamentação da lei anticorrupção foi fruto do trabalho resultante de oito anos de vigência da lei. Nesse período, foram instaurados um total de 1.154 processos administrativos de responsabilização, resultando na aplicação de um montante de multas financeiras superior a R$270 milhões. No mesmo período, foram celebrados 19 acordos de leniência que implicaram o compromisso de devolução de mais de R$15 bilhões para os cofres públicos (Decreto nº 11.129, 2022).

O regular cumprimento dessa norma pode proteger a reputação e a imagem institucional de uma organização. Corporações que são conhecidas por adotar práticas éticas e transparentes tendem a atrair investidores, clientes e parceiros de negócios, o que pode resultar em vantagens competitivas significativas. Essas empresas adeptas à integridade tendem a ser mais competitivas e sustentáveis no longo prazo. Elas enfrentam menos riscos legais e financeiros associados à corrupção, o que lhes permite concentrar seus esforços em alcançar metas de negócios legítimas e promover o crescimento sustentável.

Importante considerarmos a evolução normativa brasileira nesse tema. A lei anticorrupção desempenha um papel fundamental na promoção da boa governança em organizações públicas e privadas, incentivando a transparência, responsabilidade, ética nos negócios e gestão eficaz de riscos. O cumprimento dessa legislação não apenas ajuda a prevenir práticas corruptas, mas também fortalece a reputação, a competitividade e a sustentabilidade das empresas no mercado (Lei nº 12.846, 2013).

Existem duas importantes referências internacionais nesta temática, que são as normas ISO 37.001 e a ISO 37.301. A norma 37.001 estabelece os requisitos e fornece orientações para um Sistema de Gestão Anticorrupção – SGAC nas organizações. Ela é projetada para ser aplicável a organizações de todos os tamanhos, setores e geografias, independentemente de serem do setor público, privado ou terceiro setor (ISO – ANTISUBORNO, 2017; ISO – GESTÃO DE *COMPLIANCE*, 2021).

Alguns dos principais elementos abordados pela ISO 37.001 estão relacionados ao comprometimento da liderança, pois envolve o estabelecimento do compromisso da alta gestão com a prevenção da corrupção e a implementação de um SGAC eficaz. Define os princípios e valores da organização em relação à corrupção, estabelecendo uma política formal de combate à corrupção. Identifica e avalia os riscos de corrupção que a organização enfrenta, tanto internos quanto externos. Implementa controles e procedimentos para prevenir e detectar casos de corrupção, incluindo *due diligence* em terceiros, controles financeiros e mecanismos de denúncia.

A norma também propõe treinamento e conscientização para funcionários e partes interessadas sobre os riscos de corrupção e as políticas e procedimentos anticorrupção da organização, bem como estabelece um processo para monitorar, revisar e melhorar continuamente o SGAC da organização. A conformidade com a ISO 37.001 pode ajudar as organizações a fortalecerem sua reputação, reduzir riscos legais e financeiros associados à corrupção e promover a confiança das partes interessadas, incluindo clientes, parceiros de negócios e investidores. A ISO 37.301 trata de sistemas de gestão de *compliance*. Foi criada com o propósito de promover a integridade como requisito básico para o sucesso sustentável das organizações privadas e públicas.

A confiança é considerada um ativo valioso, por esse motivo, as empresas estão cada vez mais focadas em adotar práticas de governança para direcionar as ações dos colaboradores e de outras pessoas cujos atos causam impactos de diversas ordens para a organização.

Nesse contexto, a ISO 37.301 é uma norma voltada aos Sistemas de Gestão Antissuborno e ao fortalecimento da integridade empresarial, à prevenção ao suborno e à construção de uma base sólida para a confiança organizacional. Uma organização comprometida com sua integridade de gestão, com o aumento das oportunidades de negócio e com sustentabilidade, com a proteção de sua reputação e melhoria da credibilidade perante o mercado, tem que demonstrar comprometimento para gerenciar seus riscos de *compliance* de forma eficiente e com isso minimizar o risco da ocorrência de uma violação com os custos associados e o dano reputacional.

Embora muitas vezes usados de forma intercambiável, "conformidade legal" e "boas práticas" possuem significados distintos. A conformidade legal refere-se à obrigação de cumprir leis e regulamentos aplicáveis, que podem resultar em penalidades se não seguidos. Exemplos incluem a Lei Sarbanes-Oxley nos EUA e o GDPR na UE, ambos exigindo medidas rigorosas de segurança cibernética para proteger dados (BELO; TADEU, 2019).

No entanto, seguir apenas a conformidade legal pode não garantir uma segurança cibernética robusta. As boas práticas vão além dos requisitos mínimos, fornecendo diretrizes recomendadas para proteger os ativos da empresa de forma mais abrangente. *Frameworks* de segurança são exemplos de boas práticas que, embora não sejam obrigatórios, são essenciais para enfrentar ameaças emergentes. Essas práticas oferecem proteção adicional crucial para a segurança cibernética (CISA, 2021).

Na prática, implementar conformidade legal e boas práticas em cibersegurança pode ser desafiador, especialmente em jurisdições com regulamentos variados. Empresas globais devem cumprir leis como a LGPD no Brasil e o GDPR na União Europeia (UE), o que exige vigilância constante sobre mudanças regulatórias. Esse cenário torna a conformidade uma tarefa complexa, requerendo adaptação constante (RELATÓRIO SANTANDER BRASIL, 2023).

– Impacto da conformidade na reputação da organização

A conformidade em cibersegurança impacta diretamente a reputação de uma corporação e suas relações. Organizações que demonstram um compromisso sólido com a conformidade ganham a confiança de seus clientes, parceiros e investidores, fortalecendo suas relações e assegurando uma reputação positiva. Em contraste, falhas em conformidade podem levar a perdas significativas de confiança e à deterioração das relações. Perera *et al.* (2022) destacam que a exposição pública de incidentes cibernéticos tende a amplificar esses impactos, prejudicando a imagem da organização no mercado.

Além disso, uma rigorosa conformidade ajuda a evitar litígios e penalidades legais, proporcionando um ambiente corporativo mais seguro. A exigência crescente por parte de reguladores por práticas de segurança mais proativas torna a conformidade essencial para manter uma reputação sólida. Organizações que adotam essa abordagem estão mais bem preparadas para responder a novas ameaças cibernéticas e a manter sua projeção positiva.

Com a evolução das ameaças cibernéticas, a conformidade em cibersegurança deve se adaptar a novos desafios. Regulamentações mais rigorosas são esperadas, exigindo que as organizações se adaptem rapidamente a mudanças legislativas. A capacidade de responder a essas mudanças será crucial para manter a conformidade e garantir a segurança dos ativos digitais (U.S. FEDERAL GOVERNMENT, 2021).

A adoção de novas tecnologias está criando áreas de risco que precisam ser geridas por meio de conformidade e boas práticas. Essas tecnologias oferecem novas oportunidades, mas também desafios que requerem uma abordagem inovadora para a conformidade. Com o aumento do trabalho remoto e a digitalização, a conformidade em cibersegurança torna-se ainda mais crítica, exigindo uma abordagem proativa e integrada para enfrentar as ameaças de hoje e as incertezas de amanhã.

Um dos principais desafios é a rápida evolução das ameaças cibernéticas, que requer que as organizações sejam mais ágeis e mais adaptáveis nas abordagens de conformidade e segurança. Como os regulamentos nem sempre acompanham o ritmo das novas ameaças, as empresas devem adotar uma postura proativa, adotando melhores práticas mesmo que estas ainda não sejam obrigatórias por lei (ALAHMARI; DUNCAN, 2020).

Ademais, a conformidade em cibersegurança demanda recursos financeiros e humanos substanciais para a implementação e manutenção de programas robustos. Investimentos em tecnologias de segurança, treinamentos regulares para funcionários e auditorias contínuas são essenciais para garantir que a organização esteja protegida contra riscos cibernéticos. No entanto, a complexidade das regulamentações pode demandar a contratação de consultores especializados para garantir que todos os aspectos legais sejam cobertos. Esses custos, embora elevados, devem ser vistos como investimentos na proteção da empresa contra perdas financeiras muito maiores que podem surgir de incidentes cibernéticos mal geridos (SINGH; BUSSEN, 2020).

A conformidade em cibersegurança não é apenas uma questão de cumprimento de normas, trata-se também de construir uma cultura organizacional que valorize a segurança e a proteção dos dados. Isso inclui garantir que todos os funcionários compreendam a importância das melhores práticas de segurança, o que abrange desde aspectos técnicos, como criptografia e autenticação de dois fatores, até comportamentais, como o reconhecimento de *phishing* e outras formas de engenharia social. A adoção de uma abordagem holística que integra conformidade legal e boas práticas de segurança cibernética é crucial para a proteção dos ativos digitais da organização (WILLIAMS, 2023).

A seguir é apresentada a Tabela 3, que oferece uma visão de alguns incidentes e seus respectivos custos.

Tabela 3 – Incidentes cibernéticos e custos associados

(continua)

Corporação	Ano	Descrição do incidente	Prejuízo
Equifax	2017	Vazamento de dados de 147 milhões de pessoas.	Multas e compensações de aproximadamente $1,38 bilhão.
Yahoo	2013-2014	Exposição de dados de 3 bilhões de contas de usuários.	Redução de $350 milhões no preço de venda para a Verizon.
Target	2013	Comprometimento de dados de 40 milhões de cartões de crédito.	Custos totais estimados em $292 milhões.
Uber	2016	Falha em relatar um vazamento de dados que afetou 57 milhões de usuários.	Multa de $148 milhões.
Marriott	2018	Exposição de dados de 500 milhões de hóspedes.	Multa de £18,4 milhões pelo ICO do Reino Unido.
British Airways	2018	Comprometimento de dados de mais de 400.000 clientes.	Multa de £20 milhões imposta pelo ICO do Reino Unido.

(conclusão)

Corporação	Ano	Descrição do incidente	Prejuízo
Capital One	2019	Exposição de informações pessoais de mais de 100 milhões de clientes.	Multa de $80 milhões e custos adicionais de mitigação.
Sony Pictures	2014	Divulgação de informações confidenciais da empresa após violação de segurança.	Impacto financeiro não especificado, mas significativo.
Desjardins Group	2019	Comprometimento de dados pessoais de 2,9 milhões de membros devido à falha interna.	Gastos de mais de $70 milhões em resposta ao incidente.
Facebook (Cambridge Analytica)	2018	Acesso indevido a dados de 87 milhões de usuários.	Multa de $5 bilhões pela FTC dos EUA.

    A crescente dependência das empresas em sistemas digitais e a vasta quantidade de dados sensíveis que elas coletam e armazenam tornaram a segurança cibernética uma prioridade global. No entanto, junto com essa transformação digital, surgiu a necessidade urgente de uma forte governança e conformidade em cibersegurança, conhecida como *cibercompliance*.

    A falha em cumprir as regulamentações de cibersegurança pode resultar em multas substanciais e penalidades severas, que não apenas impactam financeiramente as organizações, mas também prejudicam sua reputação e confiança perante clientes e parceiros. As leis e regulamentos de proteção de dados, como o Regulamento Geral sobre a GDPR, a LGPD e o CCPA, entre outros, são rigorosos em suas exigências e impõem sanções significativas para qualquer violação.

2.3 O papel do CCO na conformidade e cibersegurança

– Como o *Chief Compliance Officer* (CCO) pode liderar a implementação de uma política eficaz de cibersegurança?

    Para uma implantação corporativa do *compliance* a organização deve designar o *Chief Compliance Officer* (CCO). Também conhecido como Auditor-Chefe ou *Compliance Officer*, o CCO é o profissional responsável por acompanhar as atividades praticadas dentro da organização assegurando que estejam cumprindo os regulamentos e as legislações relacionados às políticas internas e externas.

A principal atribuição do *Chief Compliance Officer* (CCO) é desenvolver e implementar um programa abrangente de *compliance* para a corporação. Isso inclui o mapeamento de riscos, a criação de um código de ética e conduta, o investimento em comunicação interna e a aplicação de treinamentos aos colaboradores, além da implementação de um canal de denúncias.

Segundo Freeman (2007), o CCO deve atuar como um guia, orientando os gestores sobre as medidas necessárias para manter a integridade organizacional, além de garantir que as práticas de *compliance* sejam rigorosamente seguidas para evitar sanções e proteger a reputação da empresa. O papel do CCO é fundamental para criar uma cultura de conformidade que permeie todos os níveis da organização (FREEMAN, 2007).

Além do já citado, o CCO tem outras atribuições importantes, a saber:
- criar estratégias de gerenciamento de riscos;
- conhecer e interpretar as leis e as normas que se aplicam à organização na qual trabalha;
- promover auditorias internas para garantir que todos os colaboradores estejam cumprindo o código de conduta e ética criado anteriormente;
- confeccionar manuais de conduta;
- gerenciar todas as ações do programa de *compliance*;
- analisar as informações e tomar as decisões cabíveis em casos de fraude, assédio e corrupção.

Com a rápida evolução das ameaças de segurança cibernética e o aumento da aplicação de regulamentações globais, é fundamental a solidificação da parceria entre o CISO e o CCO. À medida que o risco corporativo e o risco cibernético continuam a se cruzar, essa parceria permite que as organizações respondam mais rapidamente, minimizem a interrupção e otimizem o gerenciamento em todo o negócio (MCCARTER, 2023).

Os CCOs geralmente são encarregados de gerenciar o programa de risco corporativo e a segurança da informação é certamente um dos riscos mais urgentes que qualquer organização enfrenta. No entanto, muitos ainda classificam o risco cibernético como separado de outros riscos relacionados à conformidade. Uma aliança bem-sucedida entre CISO/CCO para gerenciar o risco cibernético depende do reconhecimento de que ele não é apenas uma preocupação técnica, mas um risco que permeia toda a organização.

O CCO e o CISO devem trabalhar em conjunto para alinhar a estratégia de segurança com as metas mais amplas de conformidade e gerenciamento de risco da corporação. Abordar o risco cibernético e de conformidade juntos ajuda a identificar vulnerabilidades de forma abrangente e a tomar medidas preventivas coletivamente. Quando essas duas funções colaboram, isso cria uma abordagem coesa para tratar o complexo desafio do risco cibernético e como ele se cruza com o risco de conformidade.

Para possibilitar uma colaboração produtiva e harmoniosa, alguns aspectos importantes devem ser observados:

- *objetivos compartilhados*: defina os requisitos de tolerância a riscos e conformidade da sua organização por meio de uma visão compartilhada, facilitando a definição das prioridades e estratégias;
- *comunicação regular*: estabeleça uma estrutura para comunicação regular entre o CISO e o CCO. Reuniões em uma cadência regular, avaliações conjuntas (com uma rubrica de pontuação de risco comum) e mecanismos de relatórios compartilhados são essenciais para se manter informado e alinhado;
- *treinamento cruzado*: incentive o treinamento cruzado para preencher a lacuna entre os lados técnico e de conformidade. Os CCOs se beneficiam da compreensão dos fundamentos da segurança cibernética, e os CISOs podem entender melhor as nuances de conformidade e requisitos legais. Considere a rotação de membros de equipe apropriados entre os dois departamentos para uma compreensão mais profunda de ambos os elementos em toda a equipe;
- *ferramentas colaborativas*: invista em ferramentas colaborativas para facilitar o compartilhamento de informações e avaliações de risco. Implemente soluções integradas de gerenciamento de risco que ofereçam uma visão holística dos riscos de segurança cibernética e de conformidade.

A colaboração proativa do CISO e do CCO, juntamente com uma força de trabalho capacitada, representa uma defesa relevante contra a ameaça em evolução dos riscos cibernéticos e de conformidade. Essa abordagem não apenas protege os ativos digitais da organização, mas também reforça seu comprometimento com a conformidade e a segurança, promovendo a confiança entre as partes interessadas e garantindo o sucesso em longo prazo.

– *Compliance* não é gestão de riscos em cibersegurança

A conformidade normativa, apesar de sua expressiva relevância, não é a mesma coisa que a gestão de riscos de cibersegurança. Conforme veremos em outro capítulo, a governança em segurança cibernética deve ser implantada por meio da gestão de riscos. Prover a gestão de riscos apenas para conformidade para atender a pressões externas, demandas legais ou demanda dos usuários não proporciona o aprimoramento necessário.

Quando feito por esses motivos, há o perigo de o gerenciamento de riscos se tornar um exercício de caixa de seleção. Isso pode levar as organizações a acreditarem que gerenciaram um risco, quando na realidade elas apenas cumpriram um processo que pode ter consequências negativas.

A conformidade com padrões de segurança comuns pode coexistir e mascarar práticas de segurança muito fracas. A gestão de risco realizada por motivos de conformidade às vezes é descrita como "gestão de risco defensiva". A gestão de risco realizada dessa forma pode causar um foco excessivo na proteção da reputação da organização (ou para protegê-la de ser processada, multada ou sujeita a sanções externas semelhantes). A gestão de risco defensiva é sobre ser capaz de mostrar que você não se encontra negligente caso algo ruim aconteça. A ênfase está em provar que algo foi feito (NCSC – RISK MANAGEMENT, 2024).

Isso não é necessariamente algo ruim. Em muitos setores, os requisitos de conformidade são inevitáveis. Mas esteja ciente das limitações das técnicas de gestão de risco que você aplica para apenas estar em conformidade.

Os objetivos de uma equipe focada em conformidade podem ficar desalinhados com os objetivos mais amplos da organização. Quando essa separação ocorre, a equipe focada em conformidade pode desenvolver uma visão equivocada do que o resto da organização faz, levando a decisões ruins.

A conformidade em cibersegurança deve ser vista não apenas como uma obrigação legal, mas como uma estratégia de negócio essencial que protege a empresa contra uma variedade de riscos. O alinhamento entre conformidade legal e boas práticas cria uma base sólida para uma cultura de segurança cibernética que é resiliente, adaptável e capaz de responder eficazmente às ameaças em constante evolução. Implementar *compliance* em cibersegurança pode ser desafiador, mas os benefícios superam os custos.

As corporações que conseguem integrar a conformidade legal e as melhores práticas em suas operações diárias não apenas evitam penalidades legais, mas também ganham uma vantagem competitiva ao construir confiança e credibilidade no mercado. Em última análise, *compliance* em cibersegurança não é apenas uma questão de aderir a regulamentos, mas de adotar uma abordagem proativa para proteger os ativos mais valiosos de uma organização em um mundo cada vez mais digital e interconectado.

CAPÍTULO 3

CONHECENDO A POSTURA DE SEGURANÇA CIBERNÉTICA

Sua organização tem uma postura de segurança proativa ou está apenas reagindo às ameaças à medida que elas surgem?

Neste capítulo abordaremos como verificar a postura de segurança cibernética de uma corporação por meio da realização de uma abrangente avaliação que possibilite a análise do contexto organizacional.

A avaliação corporativa de cibersegurança será detalhada, demonstrando os componentes necessários e ferramentas que podem ser utilizadas para seu embasamento. A gestão de riscos e o mapeamento dos controles de segurança são recursos essenciais para fundamentar tecnicamente a avaliação elaborada, possibilitando a verificação do nível de maturidade de proteção cibernética para o aprimoramento da postura corporativa.

O conteúdo tratado neste capítulo proporciona reflexões e oferta respostas às seguintes perguntas:
- Sua organização tem uma postura proativa ou está apenas reagindo às ameaças à medida que surgem?
- Você sabe como avaliar a postura cibernética da sua organização e identificar os pontos vulneráveis?
- Quais os pontos fortes e fracos de cibersegurança em minha organização?
- Quais os principais achados de auditoria e como minha organização está realizando os tratamentos?
- Qual é o nível de implementação e conscientização quanto aos normativos de cibersegurança?

- Qual *framework* de aprimoramento de maturidade minha organização utiliza?
- As pessoas que lidam com cibersegurança estão definidas?
- Os canais de comunicação estão estabelecidos?
- Existe necessidade de um CISO externo?
- O CISO deverá ter contato direto com a alta gestão?
- Qual é o *roadmap* proposto pelo CISO?
- Quais meus riscos cibernéticos mais críticos?
- Como tratar os principais riscos cibernéticos?
- Como estão meus *Key Performance Indicators* (KPI) em cibersegurança?
- Quais as principais diretrizes de aprimoramento em cibersegurança da minha organização?
- A avaliação da segurança cibernética da sua organização reflete sua atual capacidade de defesa contra ataques?
- Como transformar os resultados da avaliação de segurança cibernética em ações estratégicas?

3.1 Análise da postura cibernética organizacional

Você sabe como avaliar a postura cibernética da sua organização e identificar pontos vulneráveis?

O capítulo anterior evidenciou alguns tipos de ameaças e ataques cibernéticos, como forma de conhecer melhor o inimigo, suas táticas e técnicas. Também foi demonstrada a importância do autoconhecimento corporativo, o conhecer a si mesmo, conhecer não só os aspectos da infraestrutura tecnológica, com suas características, vulnerabilidades e controles de segurança, mas também qual o contexto atual de maturidade da organização, os principais riscos e a capacidade preventiva e reativa às ameaças cibernéticas.

A postura cibernética é o *status* da capacidade de uma organização (pessoas, processos e tecnologia) de se defender de ataques cibernéticos, ou seja, de gerir a defesa da organização e reagir à medida que a situação muda (SECURITY COMPASS, 2024). A análise da postura de segurança cibernética possibilita uma adequada alocação de papéis, responsabilidades e recursos para segurança cibernética, ajustando o programa corporativo com as definições da alta gestão (NATIONAL CYBER DIRECTOR, 2024).

Uma típica avaliação da postura de segurança cibernética normalmente inclui os seguintes itens:
- uma revisão da estratégia de segurança cibernética da organização;
- práticas de gestão de riscos;
- análise da maturidade dos controles de segurança;
- procedimentos de resposta a incidentes;
- programas de treinamento.

O objetivo é identificar os pontos fortes e fracos do programa de segurança cibernética e fazer recomendações para melhorias.

Neste capítulo, apresentaremos uma abordagem ampla e flexível para a avaliação da postura cibernética corporativa por meio da avaliação da cibersegurança da organização.

3.2 Avaliação corporativa de cibersegurança

A avaliação de segurança cibernética da sua empresa reflete sua real capacidade de defesa contra ataques?

Existem alguns *frameworks* que podem ser utilizados na realização da avaliação da postura da segurança cibernética de uma corporação. O CISO deve analisar o ambiente da organização e verificar qual o mais adequado. Com objetivo didático de demonstrar os elementos básicos que devem estar contidos na avaliação, apresentaremos uma abordagem independente de *framework*, sendo que detalharemos o seu uso mais com o foco da análise dos controles de segurança.

Os elementos fundamentais que devem estar contidos na avaliação corporativa de cibersegurança são:
- contexto organizacional;
- auditorias realizadas;
- adequação normativa;
- maturidade em cibersegurança;
- análise dos riscos cibernéticos.

Cada um destes aspectos, juntamente com as ferramentas e metodologias recomendadas para mensurá-los, estão expostos nas seções seguintes.

– Contexto organizacional

O contexto organizacional avalia as características da organização analisada, incluindo sua missão, visão, valores e estratégia corporativa. A organização deve ser analisada no contexto no qual está inserida, abarcando ameaças, fraquezas, pontos fortes e oportunidades. No aspecto interno também é importante uma análise da estrutura orgânica e funcional do corpo de funcionários para desempenhar a segurança cibernética, tanto em nível operacional quanto de gestão.

Conhecer o contexto organizacional interno e externo é um requisito essencial (ISO/IEC 27001, 2022). O contexto interno da organização envolve identificar seus valores, cultura, recursos, gestores *c-levels* e os objetivos estratégicos. Quanto aos recursos, verificam-se os recursos humanos, técnicos, estrutura orgânica e operacional. No contexto externo, verificam-se atores externos, regulamentações legais, setor corporativo no qual está inserido, principais competidores e ameaças.

Compreender tanto o contexto externo quanto o interno da organização permite identificar os riscos e oportunidades que estão presentes no ambiente em que a corporação atua. Esse conhecimento auxilia em ações proativas para tratar ameaças à segurança cibernética e habilita a organização a alinhar os objetivos de segurança cibernética com os valores, metas e objetivos estratégicos da corporação.

A ferramenta que indicamos para facilitar esta atividade é a matriz SWOT. O termo SWOT é um acrônimo de *strengths, weaknesses, opportunities* e *threats*, correspondendo a forças, fraquezas, oportunidades e ameaças. A análise SWOT é um sistema simples para posicionar ou verificar a posição estratégica da organização no ambiente em questão, por meio da análise dos pontos fortes e fracos, servindo para o desenvolvimento de ações de melhorias (CHERMACK, 2007).

A matriz SWOT possibilita ao gestor mapear uma visão da corporação no seu aspecto interno e externo. No aspecto interno são verificadas as principais forças e fraquezas e, no externo, as principais ameaças e oportunidades. Este mapeamento forma uma matriz. Com maior clareza do contexto interno e externo, fica mais fácil a identificação de oportunidades de aprimoramento e de otimização do desempenho (DESS, 2018).

A seguir é apresentada a Figura 1, que ilustra um exemplo de matriz SWOT.

Figura 1 – Exemplo de matriz SWOT

Análise SWOT para Segurança Cibernética

FORÇAS
- Tecnologia e Infraestrutura de Segurança
- Equipe de Segurança Dedicada
- Políticas de Conformidade

FRAQUEZAS
- Dependência de Tecnologia Antiga
- Treinamento Insuficiente
- Falta de Visibilidade Completa

OPORTUNIDADES
- Crescimento da Indústria de Segurança Cibernética
- Aumento da Consciência Executiva
- Expansão para Novos Mercados

AMEAÇAS
- Aumento dos Ciberataques
- Regulamentações Rigorosas
- Escassez de Profissionais Qualificados

Fonte: Ilustração elaborada pelos autores.

O componente "força" analisa os pontos fortes internos da organização, destacando suas vantagens competitivas, recursos valiosos e *expertise* distintiva. Pode abranger aspectos como: engajamento da alta gestão, alto índice de maturidade dos controles de segurança, adequada estrutura orgânica e funcional, profissionais constantemente capacitados e motivados ou um efetivo protocolo de resposta a incidentes. As "fraquezas" abordam aspectos que podem limitar o desempenho da organização e prejudicar sua competitividade. São exemplos destes fatores: baixo investimento financeiro, alto índice de vulnerabilidade nos sistemas e infraestrutura, pouco pessoal qualificado, inexistência de governança baseada em gestão de riscos cibernéticos. Tanto a força quanto a fraqueza se referem ao aspecto interno.

Já o componente "oportunidade" avalia tendências, novos nichos, demandas crescentes ou outros caminhos propícios ao crescimento. Exemplos são a identificação de tecnologias emergentes e controles de cibersegurança que agregarão valor ao serviço prestado.

Por fim, as "ameaças" contemplam os fatores externos que podem impactar a corporação. Isso pode incluir o aumento de determinados tipos de ataques avançados, concorrência intensificada, mudanças regulatórias e qualquer outro elemento que possa afetar adversamente o progresso da corporação.

É importante destacar que a análise do contexto organizacional deve esclarecer os requisitos de cibersegurança que tem reflexo no setor no qual a organização está inserida, as principais ameaças, a estrutura interna (pessoa, processos e tecnologia) e as oportunidades de aprimoramento. Neste momento não são analisados aspectos relativos à análise de determinados riscos, mas sim a visão da organizacional de forma geral, no aspecto interno e externo.

– Análise das auditorias realizadas

A realização do mapeamento e análise das auditorias já realizadas é importante para identificação de elementos-chave da postura cibernética da corporação. A própria existência de auditorias já indica um nível de atenção da organização ou de órgãos reguladores com a temática. No entanto, para avaliar efetivamente a postura corporativa, é imprescindível detectar os achados das auditorias e como a organização buscou saneá-los.

Uma auditoria de segurança cibernética consiste em um conjunto de atividades destinadas a verificar vulnerabilidades e fraquezas em sistemas, infraestrutura computacional ou processos de trabalho que poderiam ser explorados por agentes mal-intencionados (KASSA, 2016).

As auditorias geralmente focam em um escopo bem definido, como: uma conformidade com determinado *framework* recomendado (ISO-27001 ou CIS *Controls*), ou o atendimento a determinada regulamentação (GDPR ou LGPD), ou mesmo a implementação de boas práticas de governança (ISO-31000 – Gestão de Riscos). Elas podem ser realizadas por uma unidade interna ou externa. Quando é interna, pode ser por uma equipe com capacitação para tal ou mesmo por uma unidade de auditoria que a organização possua. A principal vantagem de auditorias internas é que a equipe tem mais conhecimento do negócio, processos de trabalho e cultura organizacional, contudo, deve possuir a autonomia e isonomia necessárias, atuando como uma terceira linha de defesa. Já as auditorias externas são realizadas por organizações contratadas que têm especialidade em determinado ramo de atuação, sendo utilizadas principalmente para aferir a conformidade com determinada exigência regulatória (BLOKDYK, 2021).

Para condução da auditoria, os responsáveis definem claramente o objetivo da atividade, um escopo de ações, identificam as ameaças potenciais, analisam os riscos, avaliam a existência de controles, procedimentos e processos, encaminhando posteriormente as recomendações, com base nos achados identificados. Alguns tipos de corporações têm necessidades regulatórias para realização de auditorias mais frequentes, de 2 a 4 vezes por ano, por exemplo. Contudo, em geral as auditorias ocorrem anualmente, em determinado escopo estrategicamente selecionado (KASSA, 2016).

É essencial distinguir entre uma auditoria de cibersegurança e a avaliação corporativa de segurança cibernética proposta no presente trabalho. Enquanto a auditoria foca em aspectos de conformidade com padrões reconhecidos e regulações aplicadas ao setor, a avaliação corporativa é mais abrangente, englobando uma análise detalhada de toda organização e com a participação ativa da alta gestão. A auditoria geralmente fornece uma visão pontual, enquanto a avaliação corporativa de cibersegurança proporciona um panorama contínuo da postura corporativa de cibersegurança.

Dentro da avaliação corporativa de cibersegurança, torna-se essencial analisar os seguintes aspectos das auditorias realizadas:
- o escopo da atividade;
- a profundidade das análises, se têm autonomia necessária para as averiguações;
- os resultados obtidos, como os achados foram transmitidos para os setores responsáveis;
- o tratamento dado aos achados e o nível de aprimoramento que trouxe à organização;
- os fatores de temporalidade também são importantes, como: periodicidade da auditoria, tempo que levou para desenvolver a atividade e o tempo que a organização levou para implementar os aprimoramentos.

A análise desses elementos permite ao CISO avaliar se a organização possui a prática de auditoria, se são efetivas, se possui estrutura orgânica e funcional que possibilite o tratamento dos achados, o nível de maturidade em cada setor auditado e o engajamento da alta gestão. Analisar esse engajamento é fundamental para determinar se as auditorias contribuíram para aprimorar a visão estratégica de liderança da corporação ou se os resultados ficaram restritos aos setores auditados.

– Conformidade normativa

A segurança cibernética exige um arcabouço normativo que permita a implementação eficaz da estrutura voltada para ações preventivas e para o tratamento de incidentes relacionados com a cibersegurança. Deve existir uma estrutura normativa hierárquica, com normas de mais alto nível e outras mais específicas para cada domínio de segurança. A principal norma de segurança cibernética é a Política de Segurança da Informação, cujo propósito é estabelecer conceitos e diretrizes da segurança da informação, visando proteger a organização, os clientes e o público em geral. Essa política normalmente define o público-alvo, a estrutura de gestão existente, com suas competências e atribuições, além de delinear a organização normativa suplementar, ou seja, normas mais específicas que podem ser criadas para regulamentar áreas específicas.

Dentro da estrutura formalizada pela Política de Segurança da Informação, é importante ter a definição do gestor de segurança da informação e do comitê de segurança da informação. Juntamente com a equipe de tratamento e resposta de incidentes (ETIR), esses são fundamentais para operacionalização das atividades de gestão e operacionalização da segurança cibernética em uma organização.

São exemplos de normativos mais específicos:
- política de gestão de riscos em segurança da informação;
- processo de resposta a incidentes de segurança da informação;
- estrutura da ETIR;
- processo de gestão de cópias de segurança;
- política de uso dos recursos em nuvem;
- política de uso adequado dos recursos de tecnologia da organização;
- processo de gestão de *logs* de auditoria.

Os normativos mencionados são apenas exemplos, pois dependem do tipo de corporação e do nível de maturidade em cibersegurança. A organização pode, ainda, necessitar aderir a outros requisitos, contidos em leis setoriais, regulamentações específicas ou até em contrato com fornecedores.

Como exemplos de legislação, podemos citar a LGPD ou mesmo a GDPR, aplicadas à UE. Ambas tratam da proteção dos dados pessoais e definem algumas adequações que as organizações devem realizar, como a criação de normativo relativo a termos de uso de serviços, além de políticas de privacidade e proteção de dados pessoais (Lei nº 13.709, 2018).

Na avaliação da conformidade normativa, é necessário verificar quais leis, regulamentações e padrões reconhecidos são recomendados para o setor específico da organização. São exemplos de regulamentações (CHAPPLE, 2021):

- *General Data Protection Regulation (GDPR):* regulamentação europeia para os dados pessoais utilizados nos sistemas informatizados;
- *Lei Geral de Proteção de Dados Pessoais (LGPD):* lei brasileira que dispõe sobre o tratamento de dados pessoais, destinada às pessoas de direito público e privado;
- *Payment Card Industry Data Security Standard (PCI DSS):* aplica-se a organizações que administram dados de cartão

de crédito, estabelecendo requisitos robustos de segurança para prevenir vulnerabilidades e acessos não autorizados;
- *Health Insurance Portability and Accountability Act (HIPPA):* lei norte-americana que estabelece padrões para proteger registros médicos e outras informações relacionadas com a saúde dos indivíduos;
- *Federal Information Security Management Act (FISMA):* lei norte-americana que estabelece requisitos de segurança para os sistemas de informação do governo americano;
- *Sarbanes-Oxley Act (SOX):* lei norte-americana que estabelece padrões de segurança para relatórios financeiros e gestão corporativa, focada primariamente no setor financeiro.

Com base neste levantamento, deve-se verificar o nível de adequação normativa já obtido pela organização. Para confirmação do nível de adequação normativa, recomendamos a seguinte verificação:
- a necessidade de normatização em determinada área;
- a existência de minuta da normatização;
- a publicação formal da normatização;
- a conscientização da normatização pelo público-alvo;
- a implementação da norma nos fluxos de trabalho relacionados.

Uma norma publicada oficialmente em uma organização possibilita a conformidade com diversas regulamentações e até com determinadas auditorias. No entanto, para que ocorra o aprimoramento efetivo da segurança cibernética, é crucial que a norma seja efetivamente executada por todo público-alvo a que se destina. É esse o nível de avaliação corporativa que deve ser realizado para mensurar a real necessidade de aprimoramento e personalização das normas para o contexto de cada organização para viabilizar a sua implementação.

– Maturidade em segurança cibernética

A maturidade em segurança cibernética é um indicador de aprimoramento do nível que a organização se encontra (NIST, 2020). Quanto maior o índice, mais hábil a organização estará para se defender das ameaças cibernéticas e prover um efetivo tratamento no caso da ocorrência de incidentes.

Um modelo de avaliação de maturidade em cibersegurança engloba tanto aspectos tecnológicos quanto os relativos a processos e pessoas. Alguns pontos-chave que são verificados são (BLUM, 2020):
- *governança*: analisa a agilidade da organização para ajustar as necessidades do negócio aos desafios das ameaças cibernéticas. É analisado por meio dos normativos, controles, auditorias, gestão de riscos e relacionamento com fornecedores;
- *tecnologia*: verifica como a corporação está capacitada para proteger seus ativos de informação. É mensurado por meio da análise de como está implementada a confidencialidade, integridade e disponibilidade dos recursos;
- *processos*: analisa como são as atividades rotineiras para mitigar os riscos. Verifica como estão os processos de gestão de ativos e gestão de incidentes;
- *pessoas*: verifica como está o nível de conscientização e capacitação das pessoas usuárias e provedoras do suporte dos recursos tecnológicos da organização.

Para avaliar o nível de maturidade cibernética de uma corporação, utiliza-se de um método já validado em importantes setores, que estabelece uma métrica objetiva de conformidade. É muito mais fácil transmitir indicadores em níveis (inicial, intermediário ou aprimorado, por exemplo) ao CEO para expressar a maturidade de determinado aspecto do programa de segurança cibernética.

– *Frameworks* de maturidade cibernética

Existem avançados *frameworks* para realizar a avaliação da maturidade em segurança cibernética de uma organização. Os *frameworks* definem controles de segurança para serem aplicados em áreas de domínio específicas da cibersegurança, não sendo apenas controles técnicos, mas, também: procedimentos alinhados com políticas, processos e boas práticas; controles físicos para proteção de equipamentos e locais reservados e controles pessoais para capacitação, conscientização e determinado do nível de acesso físico e aos sistemas. O CISO geralmente analisa o contexto organizacional para verificar qual o mais adequado a ser utilizado. A seguir citamos os principais, fornecendo uma visão geral de cada um:

- *NIST Cyber Security Framework (NIST-CSF)*

Este *framework* foi elaborado por diversos representantes de empresas de infraestrutura crítica norte-americanas, com objetivo de ser flexível e adaptável por instituições de qualquer setor e tamanho. O objetivo é iniciar e aprimorar o programa de gestão cibernética, utilizando-se de práticas reconhecidamente efetivas. O *framework* é organizado por cinco funções principais: *identificar*, *proteger*, *detectar*, *responder* e *recuperar*. Estas funções, consideradas em conjunto, proporcionam uma visão abrangente do ciclo de vida da gestão do risco de segurança cibernética ao longo do tempo (NIST – CSF, 2024).

- *Center of internet Security – CIS Controls*

O *framework* CIS Controls foi resultante da compilação de conhecimentos e experiências de especialistas autônomos, empresas e governos com objetivo de prover elementos capazes de implementar e avaliar um programa de segurança cibernética para instituições de diversos setores.

As organizações são categorizadas em grupos de implementação (IG – *Implementation Group*), de acordo com a característica de cada uma, indo desde pequenas e médias corporações até organizações de porte internacional. Ele possui um conjunto de 18 controles, sendo que em cada controle ele expõe sua importância e criticidade.

Também define como como deve ser implantado em cada tipo de IG e utilizá-lo para bloquear, identificar ou mitigar ataques, demonstrando também os ataques mais utilizados quando o controle não é utilizado. O *framework* apresenta as ferramentas e processos que facilitam a implementação e automatização do controle.

Exemplos de grupos de controles: inventário de ativos de informação; proteção de dados e configurações seguras; gestão de credenciais, de vulnerabilidades, de *logs* e de infraestrutura; defesas contra *malwares*; recuperação de dados; monitoramento de rede e resposta a incidente; conscientização e capacitação; segurança no desenvolvimento de sistemas; testes de intrusão (CIS – CONTROLS, 2024).

- *ISO/IEC 27001 and 27002*

A norma ISO 27001 define um Sistema de Gestão em Segurança da Informação (SGSI), com objetivo de prover meios para que diversos tipos de instituições possam planejar, implementar, monitorar, analisar e aperfeiçoar seu programa de segurança cibernética.

São estabelecidas responsabilidades e a forma de estabelecer, medir e analisar os objetivos, visando estruturar os alicerces da segurança da informação em uma instituição.

A norma ISO 27002 já traz um detalhamento maior dos diversos controles de segurança da informação, estabelecendo um conjunto de 20 controles que devem ser priorizados para o aprimoramento da postura cibernética (ISO – 27000, 2018).

A escolha do *framework* de segurança cibernética adequado para sua corporação é algo de fundamental importância (GUDIPATI, 2023). Ele não deve ser visto apenas como um *checklist* para conformidade regulatória, mas sim uma estrutura que possibilite que a organização fortaleça efetivamente a sua resiliência cibernética. Cada *framework* foi criado com um propósito e para determinado tipo de organização. Alguns aspectos que devem ser analisados na escolha são:

- *objetivos do negócio e apetite a riscos:* o *framework* deve estar alinhado com os objetivos da organização, o apetite a riscos e o tamanho, escopo e complexidade das operações;
- *requisitos de conformidade regulatória:* o *compliance* depende do tipo de organização e sua localização geográfica que devem ser analisados para garantir qual tem mais convergência;
- *padrões reconhecidos e melhores práticas:* sempre garantir que o modelo e versão do *framework* estão alinhados com as melhores práticas atuais;
- *orçamento e recursos:* verificar o necessário investimento de dinheiro, tempo e recursos humanos;
- *capacidade e especialização interna:* verificar se seus funcionários estão capacitados para implementar e manter o *framework*.

Além destas análises para a escolha do *framework* mais apropriado, para uma adequada implementação de programa de aprimoramento da maturidade existem alguns requisitos fundamentais, que são: planejamento, colaboração e constante monitoramento.

– Análise dos riscos cibernéticos

Este é um dos aspectos de elevada importância na avaliação corporativa da cibersegurança, que é a verificação do nível de maturidade do processo de gestão de riscos e a análise das medidas de tratamento adotadas para os riscos mapeados.

Os principais *frameworks* de cibersegurança consideram imprescindível a existência de um processo de gestão de riscos de segurança da informação. A própria configuração do *framework* de maturidade, de quais serão os controles priorizados, seu nível de implementação e em quais setores, deve ser alinhado com o negócio e os objetivos da corporação, verificando os riscos existentes e priorizando os tratamentos adequados. A gestão de riscos é uma ferramenta de exponencial relevância para governança cibernética de uma corporação. Analisar a maturidade deste processo é um aspecto que traz profunda consistência para avaliação corporativa da cibersegurança.

Exemplos de padrões e *frameworks* que exigem um processo de gestão de riscos são:
- *ISO 27001* – descreve que uma avaliação dos riscos de segurança da informação deve contemplar: estabelecer e manter os critérios que serão aplicados aos riscos; realizar uma avaliação de riscos periódica; identificar os riscos associados à perda de confidencialidade, integridade e disponibilidade; identificar os proprietários dos riscos; analisar os riscos com base nos critérios estabelecidos (ISO/IEC 27001, 2022);
- *CIS Controls* – o padrão prevê a existência de um método de gestão de riscos para análise de alguns controles e disponibiliza seu próprio método CIS RAM (*Risk Assessment Method*) como método de avaliação de riscos (CIS RAM, 2022);
- *PCI DSS* – descreve requisitos para um programa de gestão de vulnerabilidades como parte integrante do gerenciamento de riscos (PCI DSS, 2024).
- *NCSC's 10 medidas para cibersegurança* – o Centro Nacional de Segurança Cibernética do Reino Unido recomenda 10 medidas de cibersegurança para médias e grandes corporações. Como primeira medida está a instituição do gerenciamento de riscos cibernéticos (NCSC – CYBER RISKS, 2024).

O processo de gestão de riscos cibernéticos envolve identificação, análise, tratamento, monitoramento e revisão dos riscos, compondo uma atividade cíclica que deve ser realizada periodicamente com objetivo de minimizar os riscos e auxiliar a organização a proteger seus ativos e negócios. Conhecer as ameaças, bem como o impacto que elas podem ter sobre a confidencialidade, integridade e disponibilidade da informação de uma organização, é fundamental para a adequada identificação dos riscos.

O gerenciamento de riscos busca mitigar estas ameaças por meio de estratégias e ferramentas adequadas. Este processo deve ser adaptado às necessidades da organização, considerando os fatores como tamanho, natureza dos negócios, tipo de informação tratada e o apetite a riscos. O principal objetivo é proteger os ativos, a reputação e as operações da corporação contra ameaças cibernéticas. Ao realizar o gerenciamento de riscos de forma sistematizada, as organizações visam garantir a continuidade dos negócios, protegendo dados confidenciais e mantendo a confiança do cliente. A abordagem proativa ajuda a minimizar a probabilidade e o impacto de incidentes cibernéticos, melhorando a sua resiliência (HODSON, 2019).

Existem algumas metodologias de gestão de riscos, como o NIST RMF (*Risk Management Framework*), mas o fundamental é a corporação possuir a sua própria, de forma personalizada às suas necessidades, e o CISO utilizar o método oficialmente aceito e reconhecido (NIST RMF, 2024). Um típico processo de gerenciamento de riscos envolve as seguintes fases:

- *identificação*: envolve a identificação dos riscos que podem atingir a confidencialidade, integridade ou disponibilidade de um ativo, processo ou negócio da corporação. Ele deve ser identificado juntamente com suas causas e consequências.
- *análise*: consiste na avaliação da severidade do risco, analisando a sua probabilidade de ocorrência e o impacto caso se materialize. Com a combinação da probabilidade e impacto chega-se ao nível de severidade do risco. O nível de severidade tem forte influência na priorização do risco para tratamento;
- *tratamento*: consiste na resposta que será dada a determinado risco, podendo ser das seguintes formas:
  - *mitigar*: geralmente por meio da implementação de controles adicionais ocorre a redução da probabilidade de ocorrência do risco;
  - *tolerar*: consiste em a alta gestão aceitar o risco como ele é, sem medidas adicionais. Quanto maior o apetite a riscos, maior a chance de tolerar um volume maior de eventos;

- *eliminar*: eliminar completamente o risco por meio da finalização dos elementos causadores dele;
- *transferir*: compartilhar o risco com outra parte ou utilizar um tipo de seguro.
- *revisão*: periodicamente os riscos devem ser reavaliados e monitorados com objetivo de atualizar seus elementos constituintes, ou seja, causas, consequências, nível de severidade e ações de tratamento.

Na avaliação do processo de gestão de riscos cibernéticos de uma corporação, alguns elementos estratégicos devem ser analisados para verificar a postura corporativa de cibersegurança:

- *engajamento da alta gestão*: verificar se o *Board* e CEO são envolvidos no processo, se têm ciência dos principais riscos e se participam das priorizações e definições para o tratamento dos riscos;
- *autonomia do CISO*: se o gestor de segurança possui uma estrutura orgânica e funcional que permita que ele identifique os riscos com a participação das áreas envolvidas e comunique à alta gestão;
- *representatividade dos setores*: se responsáveis pelos setores que administram os ativos participaram ativamente do processo, bem como funcionários que lidam diretamente com os ativos analisados;
- *formalização do processo*: se existe um processo formal de gestão de riscos em geral e gestão de riscos de segurança da informação em particular.

A análise desses elementos possibilita a verificação do nível de abrangência do gerenciamento de riscos na corporação, o que é um fator essencial para a governança e a definição da postura corporativa de cibersegurança.

Além de examinar o processo de gestão de riscos cibernéticos, é igualmente importante a realização de uma análise dos riscos já mapeados, sua abrangência, forma de tratamento e periodicidade da revisão.

Em uma corporação com um processo ativo de governança baseado em riscos cibernéticos, a análise do inventário dos riscos traz um panorama bem específico da maturidade e da postura corporativa da cibersegurança. Algumas verificações fundamentais são:

- os processos críticos de negócio têm seus riscos mapeados?
- os ativos críticos têm os riscos mapeados?
- os setores responsáveis participaram ativamente deste processo?
- a alta gestão utiliza estes elementos para o programa corporativo de cibersegurança e a definição dos objetivos estratégicos?
- as ações de tratamento implementadas estão sendo eficazes?

A análise destes elementos possibilita um detalhamento abrangente no nível de implantação da gestão de riscos cibernéticos na estrutura de governança da organização.

3.3 Consolidação e interpretação dos resultados da avaliação

Como transformar os resultados da avaliação de segurança cibernética em ações estratégicas?

Uma avaliação corporativa de cibersegurança é uma atividade extensa, especialmente em corporações de médio e grande porte. Um escopo e nível de profundidade deve ser definido para possibilitar a realização da análise de forma mais efetiva e eficaz, sem se perder na profundidade de detalhes. Os elementos típicos constituintes na avaliação que apresentamos foram:

- *contexto organizacional*, por meio dos resultados obtidos pela matriz SWOT;
- *auditorias realizadas*, com o escopo, achados e tratamentos realizados;
- *conformidade normativa*, com a análise das normas e seu nível de implantação;
- *maturidade cibersegurança*, com o uso de um *framework* e a análise do índice obtido;
- *gestão de riscos de cibersegurança*, como o principal método de governança da segurança cibernética.

Dentro destes resultados, deve ser realizada uma análise especial no processo de resposta a incidentes e nas ações de capacitação e conscientização, que são estruturantes para uma segurança cibernética sólida. Os principais *frameworks* de análise de maturidade cibernética abordam estes itens. Em uma organização que ainda não possua análise de riscos, geralmente tem um resultado positivo realizar uma avaliação de riscos de um processo ou sistema crítico, atividade esta que revela importantes subsídios para compor a avaliação corporativa. Existem outros cenários em que *c-levels* podem ter uma relevante autoconfiança nos controles existentes ou achar que as ameaças são fictícias. Neste cenário, recomendamos a realização de um teste de intrusão, por uma equipe interna ou externa confiável. Esta ação gera resultados efetivos, demonstrando a superfície de ataque e, por vezes, até explorando efetivamente vulnerabilidades em sistemas críticos.

Recomendamos a elaboração de um relatório conciso, com a produção de indicadores-chave (KPI), para sinalizar os aspectos essenciais da avaliação corporativa de cibersegurança, sendo que o detalhamento dos achados deve ficar registrado em relatório técnico anexo.

No próximo capítulo, serão tratados itens relativos à forma de comunicação com a alta gestão, pois é fundamental que os elementos essenciais sejam destacados para possibilitar que a comunicação flua de forma eficiente. Quando o CISO sobrecarrega com informações extensas, técnicas e pessimistas, causa mais impacto negativo que engajamento para auxiliar na resolução. Os riscos devem ser apresentados, mas de forma a possibilitar a compreensão e a visualização das ações de tratamento e aprimoramento da postura corporativa de segurança cibernética.

A participação do CEO e do *Board* na análise dos resultados da avaliação corporativa da cibersegurança é fundamental para propiciar a futura implantação de uma ação contínua e gradual de aprimoramento, com apoio da alta gestão, que chamamos de programa corporativo de cibersegurança. Uma avaliação corporativa, representativa e bem embasada consolida a conscientização da alta gestão.

CAPÍTULO 4

GESTÃO ESTRATÉGICA E POSTURA DE CIBERSEGURANÇA

De que maneira uma postura cibernética sólida pode ser integrada à estratégia corporativa de longo prazo?

Partimos da premissa de que a maioria dos altos gestores não possui um conhecimento profundo em segurança da informação. Essa lacuna fragiliza sua capacidade de tomada de decisões informadas sobre segurança cibernética e os torna dependentes do conhecimento de um colaborador ou de uma unidade especializada, que está diretamente interessada nos resultados de desempenho e proteção do ativo digital, sem contar a fragilização do controle da integridade da organização.

A dificuldade dos altos gestores em compreender e valorizar questões relativas à segurança cibernética é um desafio comum enfrentado por muitas corporações. A segurança cibernética é um campo altamente técnico e em constante evolução. Os altos gestores, na maioria das vezes, carecem de formação técnica específica e podem ter dificuldade em compreender as complexidades das ameaças e das soluções disponíveis.

Sobrecarregados de prioridades e responsabilidades, esses gestores estão sujeitos a negligenciar a importância da segurança cibernética, concentrando-se em objetivos de curto prazo, como lucratividade e crescimento, em detrimento do ativo informacional, que se traduz em preocupação em longo prazo. Muitos subestimam os riscos associados à temática e não percebem o quão prejudicial um ataque cibernético pode ser para a reputação, operações e resultados financeiros de uma organização. Isso pode levar a uma complacência em relação à segurança cibernética.

Implementar medidas robustas de segurança cibernética pode exigir investimento significativo e inibir os *c-levels* e conselheiros a destinar recursos significativos em algo que consideram "custo" em vez de um investimento. No entanto, muitas vezes não percebem que o custo de lidar com as consequências de um ataque cibernético pode ser muito maior do que um investimento preventivo bem direcionado.

Essa visão limitada geralmente decorre da comunicação ineficaz entre o CIO, o CISO e os tomadores de decisão, provavelmente devido a uma linguagem excessivamente técnica ou à falta de contextualização dos riscos em termos de impacto nos objetivos e na reputação da empresa. Superar essas dificuldades requer um esforço conjunto de especialistas em segurança cibernética e altos gestores. Isso pode envolver a educação dos altos gestores sobre os riscos e impactos da segurança cibernética, a implementação de processos de comunicação mais eficazes e a integração da segurança cibernética nas práticas e cultura organizacional.

Partindo de outra premissa de que esse gestor não terá tempo hábil em sua formação profissional para adquirir esse conhecimento específico a ponto de, individualmente, realizar análise de integridade de TI em contratos, acordos, planos de proteção de redes e sistemas, estamos diante de uma situação sensível e, infelizmente, corriqueira nos dias de hoje. O gestor precisa confiar em sua equipe de TI, contratar consultoria/auditoria externa ou aguardar uma auditoria externa pública, como a realizada pelo Tribunal de Contas da União (TCU) ou Controladoria-Geral da União (CGU), ou até a ocorrência de um escândalo ou desfalque danoso à saúde financeira e de imagem da organização.

Propomos, portanto, uma terceira via. Trata-se de uma solução híbrida, que conta com profissional de alta especialização em segurança da informação, sem vinculação com a gestão da TI da instituição, sem vinculação com consultoria/auditoria terceirizada, subordinado diretamente à mais alta cúpula, com autonomia de acesso aos sistemas, processos, contratos, que conte com liberdade de acesso e credibilidade do alto gestor. Ou seja, o CISO ligado à alta gestão.

Esse cenário nos coloca diante de um outro relevante desafio. Considerando que a maioria dos especialistas nessa área não conta com conhecimento e experiência na alta gestão estratégica e de governança, a ponto de transitar no meio político e das grandes corporações com desenvoltura suficiente para ser ouvido e desenvolver relevância, surge, então, a questão: como pode ocorrer a integração dessas especialidades para garantir a integridade cibernética de uma corporação?

Fica evidente a necessidade de prover a alta gestão da visão em segurança cibernética, de poder conhecer o que é e como consiste sua postura corporativa em cibersegurança. O instrumento que propomos para isso é a avaliação corporativa de segurança cibernética que apresentamos no capítulo anterior, como uma forma abrangente e consistente de verificar as principais características e a maturidade em cibersegurança da organização.

A mera elaboração da avaliação não é suficiente, é necessário que exista uma comunicação clara, tempestiva e contextualizada para possibilitar que a avaliação seja compreendida pelos altos gestores. Com a compreensão, vem a visão da postura cibernética.

A alta gestão só pode definir com segurança uma direção de aprimoramento, de acordo com os objetivos estratégicos, tendo uma visão atualizada da postura corporativa de cibersegurança e do que é necessário para o aprimoramento, conforme os riscos identificados.

Este capítulo apresenta os recursos fundamentais para possibilitar que a alta gestão possa vislumbrar adequadamente o que ocorre na segurança cibernética de sua corporação. Demonstra-se aqui como a correta aplicação da avaliação corporativa cibernética pode alinhar a postura de segurança vigente com os objetivos do aprimoramento. São destacados os principais fatores que favorecem uma comunicação fluida entre os *c-levels* (com destaque para CEO, CISO e CIO), demonstrando a importância da existência e valorização do comitê de segurança da informação.

A análise do conteúdo deste capítulo possibilita reflexões e respostas aos seguintes questionamentos:
- De que maneira uma postura cibernética sólida pode ser integrada à estratégica corporativa de longo prazo?
- O *Board* conhece a postura corporativa de cibersegurança?
- O *Board* conhece os impactos da cibersegurança nos negócios?
- Sua comunicação interna reflete o compromisso com uma cultura de segurança cibernética?

- O CISO possui canal de comunicação para apresentar a postura cibernética ao *Board*?
- Qual a importância da avaliação corporativa de cibersegurança para o CISO e para alta gestão?
- Como posso interpretar os resultados da avaliação corporativa de cibersegurança?
- Você sabe como comunicar os resultados da sua avaliação de segurança cibernética para impulsionar as decisões estratégicas?
- Como a visão de cibersegurança pode ser um diferencial competitivo ao seu setor?
- Você está investindo o suficiente em cibersegurança para evitar perdas financeiras e danos à reputação?

4.1 Comunicação dos resultados da avaliação na prática corporativa

Você sabe como comunicar os resultados da sua avaliação de segurança cibernética para impulsionar decisões estratégicas?

A avaliação corporativa da postura em cibersegurança é uma ferramenta consistente para fornecer à alta gestão uma visão clara das ameaças cibernéticas e da capacidade de governança para prevenir e aprimorar os controles de forma a mitigar os riscos identificados.

Contudo, geralmente é um relatório extenso, rico em detalhes, por mais que tenha um escopo bem definido. Isso torna necessário o desenvolvimento de uma estratégia para que as informações possam ser transmitidas para serem bem compreendidas pelos altos gestores e possibilitar a visão da postura corporativa em cibersegurança. Com a real compreensão vem a visão, o entendimento e o engajamento.

Uma abordagem recomendada é que a avaliação realizada passe por uma revisão minuciosa do Comitê de Segurança da Informação – CSI. O CSI deve ser um órgão colegiado multidisciplinar e deliberativo. A natureza multidisciplinar possibilita que existam gestores de áreas estratégicas para análise de diferentes aspectos da avaliação, do programa de cibersegurança e demais aspectos estratégicos da estrutura de segurança cibernética da corporação. O caráter deliberativo possibilita que as ações sobre sua alçada possam ser deliberadas de forma multidisciplinar sem onerar sempre a alta gestão. Contudo, fatores que têm um reflexo em toda corporação, após o alinhamento com o CSI, devem passar pelo CEO e outros *c-levels* para um alinhamento e propiciar a visão necessária ao engajamento da alta gestão nas diretrizes da cibersegurança.

O ideal é que a avaliação da postura de cibersegurança seja apresentada pelo CISO ao CSI para o alinhamento, especialmente das proposições de priorização e tratamento dos riscos, bem como outros aspectos da estrutura da corporação. A análise prévia permite identificar os elementos-chave para uma apresentação mais objetiva com a alta gestão. Quando o CSI valida os resultados da avaliação, ela adquire um caráter corporativo mais robusto, tornando-se um consistente instrumento balizador das ações junto à alta gestão.

Entretanto, nem sempre o CISO tem assento no CSI, no *Board* e até com o CEO, como é o ideal em uma corporação com mais maturidade em cibersegurança. Nestes cenários, o CISO deve se reportar de forma que seu superior compreenda bem a necessidade e faça a interface de comunicação com a alta gestão, exercendo uma função de assessoramento. Contudo, nesta configuração, a tendência de enfraquecimento da exposição do contexto, da conscientização e até da autonomia para atividade, que é fundamental, fica evidenciada, dificultando a transmissão das necessidades e a visão da alta gestão da realidade da postura corporativa de cibersegurança.

Por isso, destacamos a forte necessidade de o CISO ter presença no *Board* e uma relação direta com o CEO para garantir o aprimoramento da resiliência cibernética (ISTARI-OXFORD, 2024).

Além do alinhamento prévio com o CSI, para o refinamento da avaliação e a definição do escopo dos pontos a serem deliberados com a alta gestão (CEO e outros *c-levels*), dependendo da quantidade de itens a serem deliberados, é necessário que ocorra de forma gradual, dos mais prioritários para os secundários, de forma a não causar uma sobrecarga de assuntos complexos. Uma comunicação fluida entre o CISO com a alta gestão é necessária para verificar o volume de assuntos que podem ser tratados e deliberados em cada oportunidade.

Na próxima seção, detalharemos aspectos essenciais para promover uma comunicação mais efetiva entre o CISO e os *c-levels*.

4.2 Comunicação institucional e postura de cibersegurança

Sua comunicação interna reflete o compromisso com uma cultura de segurança cibernética?

Como líder de cibersegurança, o CISO geralmente tem uma janela de tempo para uma apresentação com o *Board* ou mesmo com o CEO. Neste curto intervalo, é necessário comunicar os riscos-chave e as principais táticas principais de mitigação, explicar os objetivos traçados e responder qualquer pergunta, com toda audiência não técnica.

Os desafios são imensos, pois por um lado existe um profissional com profunda vivência na área técnica, em ameaças cibernéticas avançadas, em governança de cibersegurança e com um abrangente e embasado material a ser apresentado fruto da avaliação corporativa de postura em cibersegurança. Por outro lado, um público na maioria das vezes não tão técnico, com profundo conhecimento dos negócios da organização, com prioridades financeiras e corporativas diversas, e com um curto tempo disponível para um assunto mais técnico, como é a cibersegurança.

Como informações essenciais que o CISO precisa passar, especialmente nas primeiras reuniões, são:
- quais são os riscos do nosso negócio?
- como está a nossa performance para gerir estes riscos?
- estes riscos estão nos custando dinheiro ou reputação?

Sempre que o CISO consegue traduzir os riscos cibernéticos para a linguagem dos negócios, utilizando exemplos reais e concretos, facilita muito a comunicação e o entendimento. Pois nem sempre a conexão entre os riscos cibernéticos e os corporativos é clara para o gestor não técnico, e esta linguagem oferta a facilidade. É fundamental que o CISO elabore um relatório ilustrativo e conciso, disponível em formato digital e impresso. Consequentemente, quando um alto gestor recebe um relatório de alta qualidade visual para acompanhar, o engajamento na apresentação aumenta significativamente.

Com a prévia produção da avaliação da postura corporativa de cibersegurança, o CISO já tem a vantagem de ter um material com

respaldo e chancela para apresentação. O desafio é traduzi-lo numa linguagem corporativa, concisa e informativa. Alguns objetivos essenciais a serem focados na apresentação, usando a linguagem do negócio da corporação sempre que possível, são:
- identificar os principais riscos da organização;
- mostrar como o programa de cibersegurança está alinhado com o apetite a riscos e os objetivos estratégicos;
- apresentar métricas-chave que são essenciais ao *Board*;
- demonstrar o *Return of Investiment* (ROI) de iniciativas e ferramentas de cibersegurança;
- conscientizar o *Board* das principais ameaças atuais e como elas impactam o negócio.

Uma comunicação assertiva, clara e bem fundamentada com o *Board* possibilita um alinhamento profundo sobre os riscos de cibersegurança, as estratégias de mitigação, traduzindo as complexas questões de cibersegurança e proporcionando o engajamento da alta gestão que é fundamental para o aprimoramento constante das ações da segurança cibernética.

Com um nível de engajamento já estabelecido, é possível aprofundar nos achados contidos na avaliação corporativa de segurança cibernética, de forma a ganhar e a manter a confiança do *Board* de que a governança de cibersegurança está em boas mãos. Para possibilitar apresentações que aprofundem a abordagem do assunto, inclua elementos como (CISO DIARIES, 2024):
- *resumo do último encontro*: expor um breve resumo dos temas tratados no encontro anterior e atualizar sobre um ponto que merece revisão como a estrutura de cibersegurança;
- *apresentação do painel de riscos*: atualizar o *Board* sobre o cenário geral de risco, incluindo eventos relevantes no período, destacando riscos de ação imediata. Apresentar estratégias de mitigação que o *Board* pode ajudar;
- *programa de cibersegurança*: revise o andamento do programa corporativo de segurança cibernética, conforme será exposto posteriormente, com foco em ações de relevância ao *Board*;
- *apresente um tópico especial*: pode ser algum assunto que esteja fora da pauta e ocorrendo na atualidade com impacto nos negócios da corporação.

A formatação da apresentação sempre depende do perfil do *Board* e o tempo disponível, mas manter uma estrutura similar à exposta acima facilita um gradual aprofundamento dos assuntos. Dentro do escopo de tópicos da avaliação corporativa da postura de cibersegurança, o *Board* necessita estar familiarizado com os seguintes assuntos:
- quais são as prioridades do negócio e como a segurança cibernética as suporta?
- qual é o apetite ao risco e como ele se alinha com a estratégia de gerenciamento de riscos?
- como garantir que os funcionários estejam cientes de suas responsabilidades de cibersegurança?
- qual é o orçamento de cibersegurança e ele é suficiente para proteger os ativos críticos?
- temos funcionários capacitados e motivados para desempenhar as funções de provimento da resiliência cibernética?
- como monitoramos a postura de cibersegurança e a eficácia dos controles?
- qual é o nosso plano de resposta a incidentes, nós o testamos?
- estamos em conformidade com os padrões regulatórios e quais medidas adotadas para sua manutenção?
- como estamos lidando com as ameaças emergentes de cibersegurança, como *ransomware* e ataques de *phishing*?
- como estamos fazendo parcerias com fornecedores para manter um alto nível de cibersegurança?
- quais investimentos em inovação são realizados e como utilizá-los para aprimorar a postura em cibersegurança?

Por mais experiente e capacitado que um CISO seja, podem ocorrer erros comuns de comunicação que devem ser evitados. A seguir é apresentada a Figura 1, que contém um resumo dos erros comuns e as boas práticas saneadoras.

Figura 1 – Boas práticas na comunicação com o *Board*

BOAS PRÁTICAS DE COMUNICAÇÃO COM O *BOARD*

✓

1 - **Usar termos e linguagem de negócios comuns**
Use uma linguagem clara e simples, sem jargão técnico, para que os executivos compreendam facilmente.

2 - **Mostrar como a segurança apoia as metas de negócios**
Conecte as iniciativas de segurança às metas estratégicas da empresa, destacando o valor para o negócio.

3 - **Fornecer soluções para problemas com roteiros realistas e estratégias de mitigação**
Ofereça soluções práticas e planos de ação claros para resolver ameaças de segurança.

4 - **Compartilhar dados financeiros, regulatórios e reputacionais relacionados à cibersegurança**
Apresente dados que mostrem o impacto da cibersegurança nas áreas financeira, regulatória e de reputação da empresa.

5 - **Acompanhar métricas de segurança que estejam relacionadas às metas da empresa**
Use métricas que se alinhem com os objetivos de negócios, mostrando como a segurança apoia esses resultados.

✗

1 - **Usar acrônimos e jargão técnico**
Evite o uso de termos técnicos complicados que o conselho pode não entender.

2 - **Compartilhar planos táticos que focam em como a segurança funciona**
Não se prenda a detalhes técnicos de como as tecnologias de segurança operam; foque em resultados e impactos.

3 - **Discutir problemas sem apresentar soluções**
Não apenas apresente problemas, sempre traga soluções ou planos de mitigação.

4 - **Compartilhar dados de cibersegurança que não estejam ligados aos objetivos de negócios**
Evite dados irrelevantes que não demonstrem claramente como a segurança afeta as metas da empresa.

5 - **Acompanhar métricas com pouco impacto no resultado final**
Não perca tempo com métricas que não influenciam significativamente os resultados financeiros ou estratégicos.

Fonte: Ilustração elaborada pelos autores.

Além disto, tenha cuidado no uso de métricas, elas devem estar contextualizadas com os negócios corporativos para ter uma representatividade quanto à postura da cibersegurança. Apenas citar o volume de ataques, de vulnerabilidades e incidentes descontextualizados não tem um impacto positivo.

Expomos alguns exemplos de métricas relevantes:
- preventivas:
  - estratégias defensivas que estão em alinhamento com uma postura proativa;
  - atualizações regulares de segurança em sistemas e dispositivos;
  - aprimoramento dos mecanismos de monitoramento;
  - programas regulares de emulação de ameaças.
- reativas:
  - quantidade de incidentes remediados em virtude da ação de ferramentas, como: proteção de *endpoint*, detecção de intrusão e inteligência cibernética;
  - número de incidentes detectados e resolvidos no último bimestre/semestre/ano;
  - métrica do tempo médio que os serviços ficaram indisponíveis por tipo de incidente;
  - testes e atualizações periódicas no plano de resposta para mantê-lo atualizado.
- custo por incidente:
  - horas-extras de funcionários;
  - redução da produtividade;
  - suspensão de atividades regulares;
  - perda de comunicação com usuários e clientes e de vendas;
  - custo da investigação do ataque.
- tempo de detecção e mitigação:
  - tempo médio de detecção;
  - tempo médio de resolução;
  - tempo médio de contenção.

Este ponto da comunicação é fundamental para o sucesso das atividades de governança de cibersegurança, para poder comunicar sobre a avaliação da postura corporativa de cibersegurança e implantar um programa de segurança cibernética na organização. Os elementos essenciais a serem observados são (LEVINE, 2022):

- *conheça o Board*: com o conhecimento das pessoas, suas funções corporativas e experiências, ou seja, do seu público, ficará mais fácil adaptar a mensagem e a comunicação com cada um;
- *compreenda as prioridades do Board*: o *Board* se interessa pelo desempenho de sua organização e o quão bem-posicionadas estão em relação a outras similares. A realização de *benchmarking* é sempre útil para medir os planos e desempenho de uma organização;
- *comunique informações alinhadas*: sempre que for comunicar ao *Board* ou ao CEO, realize um alinhamento com sua chefia superior e forneça dados consistentes para evitar ruídos desnecessários;
- *evite tecnicismos*: responda às perguntas corretas para demonstrar o que é mais interessante ao CEO ou *Board*, como os riscos do negócio;
- *foque nas métricas corretas*: considere o custo por incidente, o tempo que leva para tratá-lo e os impactos financeiros e de reputação;
- *transmita o contexto das ameaças*: transmita não apenas os perigos de um *ransomware*, mas o que isso significa financeiramente para um negócio;
- *vá preparado com soluções*: o relatório apresentado deve ir com propostas resolutivas, não apenas expor problemas;
- *comprove o ROI da cibersegurança*: receita, despesa e danos à reputação são as linguagens da alta gestão. Busque demonstrar como a cibersegurança proporciona o aprimoramento de cada um.

4.3 A visão estratégica da postura como ferramenta de gestão

Como a visão estratégica de cibersegurança pode ser um diferencial competitivo no seu setor?

Conforme exposto neste capítulo, a alta gestão precisa ter uma clara visão de sua postura corporativa de cibersegurança para que possa atuar de forma ativa nas decisões estratégicas para organização.

Vimos que, para esta visão se tornar real, existem alguns desafios. O primeiro é saneado com a realização de uma avaliação corporativa da cibersegurança, na qual são verificados de forma abrangente a estrutura da organização, os principais riscos, seu nível de maturidade e a atual capacidade para responder às ameaças e aprimorar sua resiliência.

Outro desafio importante é o da comunicação. É imprescindível que exista uma estrutura orgânica e funcional que possibilite a transmissão desse conhecimento técnico de forma que possa ser compreendido pela alta gestão. Com a compreensão vem a visão e com a visão o engajamento necessário ao aprimoramento.

No ambiente corporativo, desafios como conflito de interesses entre o CIO e o CISO são comuns, conforme exposto no Capítulo 1 – Introdução à segurança cibernética no contexto corporativo. Enquanto o CIO está mais focado em prover soluções com qualidade, de forma a contemplar as necessidades da organização, o CISO tem um foco maior na conformidade e no risco para evitar as ameaças institucionais. Enquanto o CIO é responsável por prover a manter a tecnologia, o CISO busca estabelecer as melhores práticas de gestão de riscos, resposta a incidentes e privacidade de dados. Ou seja, o CIO busca prover tecnologia e o CISO, mantê-la segura. Com isso, é fundamental que as ações do CIO e CISO sejam alinhadas entre si e com o CEO para que ocorra gerando o maior benefício corporativo.

Quando o CISO não tem uma comunicação direta com o CEO ou o *Board*, muitas vezes os problemas inerentes à estrutura da organização não são expostos à alta gestão e isso impossibilita a visão da postura corporativa de cibersegurança, tornando enviesado o próprio resultado da avaliação e consequente programa de cibersegurança. A capacidade de visualizar com clareza os problemas é fundamental para o aprimoramento e a análise das alternativas de resolução. Por isso, enfatizamos a forte necessidade de o CISO ter uma comunicação com o CEO e *Board* sempre que possível e que possa trabalhar com sinergia junto ao CIO para prover as melhores alternativas ao negócio. Existem cenários em que o CEO confia cegamente em relatórios técnicos apresentados e apenas chancelam decisões sobre as quais não têm nenhuma gestão, conhecimento ou visão.

Uma liderança consistente em cibersegurança deve começar no topo, com o CEO desempenhando um papel central na condução da postura de segurança da organização. O CEO não é um observador passivo, ele é um ator vital para garantir a proteção dos ativos críticos. Ao se envolver ativamente em iniciativas de segurança cibernética, o CEO define o tom para toda a corporação, sinalizando que essa é uma prioridade máxima. Esse envolvimento promove uma cultura de vigilância e responsabilidade e viabiliza o processo de melhoria contínua, permeando todos os níveis da organização.

Uma postura de segurança cibernética robusta fornece grandes benefícios, incluindo a proteção da reputação da marca, além de garantir a confiança dos clientes e usuários. Ao priorizar a segurança cibernética, os CEOs podem proteger suas organizações dos danos decorrentes por sérios incidentes de cibernéticos.

Uma boa liderança entende que não pode fazer tudo sozinha, é essencial ter pessoas de confiança ao seu lado, e é por isso que o CEO também deve se envolver ativamente com especialistas em segurança cibernética dentro e fora de sua organização. Eles podem buscar orientação de seu CISO ou envolver consultores externos de segurança cibernética para obter a visão sobre o cenário atual de ameaças, avaliar a postura de segurança da organização e desenvolver estratégias eficazes.

É fundamental que o CEO reconheça que a segurança cibernética não é exclusiva dos profissionais de TI, mas um imperativo estratégico que requer seu envolvimento direto. Com uma adequada visão da postura corporativa de segurança cibernética, o CEO pode proteger efetivamente suas organizações de ameaças cibernéticas, como também fomentar uma cultura de segurança e impulsionar o sucesso da organização. O instrumento que propomos para assegurar a participação ativa do CEO nas ações de aprimoramento é por meio da implementação de um programa corporativo de cibersegurança, conforme detalharemos no capítulo seguinte.

Outro aspecto de relevante importância para alta gestão é ter uma compreensão precisa de como os investimentos são realizados no setor de cibersegurança e como são os retornos decorrentes. Na próxima seção, exploraremos esse tema em maior profundidade.

4.4 Investimentos em cibersegurança

Você está investindo o suficiente em segurança cibernética para evitar perdas financeiras e danos à reputação?

Investir em cibersegurança não é apenas uma medida defensiva contra ameaças cibernéticas, mas também uma estratégia essencial para garantir a continuidade dos negócios e a confiança na organização, além de evitar graves consequências financeiras e reputacionais. A pesquisa indica que, embora o apoio da alta gestão seja forte, especialmente no setor privado, o desafio reside na alocação eficiente de recursos, contratação de profissionais qualificados e na adaptação aos *frameworks* de risco e *compliance* que evoluem constantemente (MOORE et al., 2016).

Diante da crescente incerteza sobre os custos de ataques cibernéticos, torna-se crucial que as empresas adotem uma abordagem analítica e baseada em *frameworks* para gerenciar seus investimentos em cibersegurança. Isso inclui a consideração de incertezas e a utilização de opções reais para determinar o momento ideal para implementar melhorias de segurança (CHRONOPOULOS et al., 2017).

Embora as empresas estejam cada vez mais cientes da importância da cibersegurança, há uma tendência preocupante de foco excessivo em processos em vez de resultados concretos. A alta gestão e os CISOs precisam ajustar suas estratégias para garantir que as medidas de segurança implementadas realmente protejam contra ameaças, em vez de apenas cumprir requisitos de conformidade. Essa mudança de foco é fundamental para evitar o subinvestimento ou o investimento excessivo em segurança, que pode levar a uma proteção inadequada ou ao desperdício de recursos (MOORE et al., 2016).

Decisões de investimento em cibersegurança devem ser baseadas em uma análise contínua do desempenho da segurança cibernética, considerando custos de violação e a origem da detecção como fatores cruciais. Isso garante que os investimentos sejam eficazes e proporcionais aos riscos, fortalecendo a resiliência da empresa contra ameaças digitais emergentes, e evitando ineficiências e vulnerabilidades significativas (SHAIKH; SIPONEN, 2024).

Investir em cibersegurança é vital para as empresas protegerem seus ativos digitais, garantir a continuidade operacional e cumprir regulamentações cada vez mais rigorosas. Conforme destacado no *2024 Report on the Cybersecurity Posture of the United States*, as ameaças cibernéticas, como *ransomware* e violações de dados, continuam a crescer, exigindo que as organizações adotem práticas robustas de segurança para mitigar riscos significativos. Esse investimento não é apenas uma medida defensiva, mas uma estratégia essencial para garantir a resiliência e a sustentabilidade no ambiente de negócios moderno (NATIONAL CYBER DIRECTOR, 2024).

A cibersegurança não deve ser vista apenas como uma questão técnica, ela precisa ser integrada à estratégia de negócios e contar com o engajamento dos executivos de alto nível. Além disso, os funcionários são frequentemente considerados o elo mais fraco na defesa cibernética. Programas de conscientização e educação em segurança cibernética são tão importantes quanto o investimento em tecnologia (CISCO, 2024; KAPLAN *et al.*, 2011).

A capacitação contínua dos funcionários para reconhecer e responder adequadamente a ameaças cibernéticas, como ataques de *phishing* e engenharia social, é essencial para reforçar a postura de segurança da organização. Isso reflete a necessidade de abordar não apenas as vulnerabilidades tecnológicas, mas também as falhas humanas, que podem abrir portas para ataques devastadores (CISCO, 2024).

Embora o investimento inicial em cibersegurança possa parecer elevado, ele frequentemente resulta em economias significativas em longo prazo, tanto em termos financeiros quanto em competitividade. Estudos indicam que as organizações que tratam a cibersegurança como um fator estratégico, e não apenas técnico, conseguem criar uma vantagem competitiva sustentável. Além dos custos diretos de uma falha de segurança, como multas regulatórias, honorários legais e pagamentos de *ransomware*, os custos indiretos, como perda de receita, danos à reputação e perda de clientes, podem ser ainda mais devastadores para a organização (KOSUTIC; PIGNI, 2022; ROWE; GALLAHER, 2006).

Ao investir de forma proativa em cibersegurança, as empresas não apenas reduzem a probabilidade de sofrer violações, mas também fortalecer sua posição de mercado ao se tornarem "ciber-resistentes" e capazes de inovar com maior segurança, assegurando que suas inovações serão protegidas contra a concorrência. Além disso, ao demonstrar um compromisso sério com a cibersegurança, as empresas podem negociar melhores condições com seguradoras, resultando em prêmios de seguro cibernético mais baixos e criando um ciclo virtuoso de segurança e competitividade (KOSUTIC; PIGNI, 2022).

Falhas em segurança cibernética podem acarretar perdas financeiras diretas substanciais e comprometer a reputação de uma empresa de maneira duradoura. O caso da violação de dados da Equifax em 2017, em que informações pessoais de mais de 147 milhões de pessoas foram comprometidas, exemplifica as consequências catastróficas que essas falhas podem gerar (ZOU et al., 2018).

A empresa enfrentou uma multa de US$700 milhões, além de inúmeros processos judiciais, o que ilustra a magnitude dos custos diretos associados a uma falha em segurança cibernética (ZOU et al., 2018). Além desses custos, existem os custos indiretos, como a perda de confiança dos clientes, danos à reputação e a possível fuga de clientes, fatores que podem ser ainda mais devastadores (DRENICK, 2017).

Estudos sobre as percepções dos consumidores após a violação da Equifax revelam que muitos não tomaram medidas protetivas imediatas. Isso ocorreu porque subestimaram os riscos ou acreditaram que o impacto seria limitado, fenômeno conhecido como viés de otimismo. Esse cenário sublinha a importância de uma abordagem proativa em cibersegurança, que não apenas se concentre na prevenção de ataques, mas também na mitigação dos efeitos comportamentais que levam à inação diante de riscos claros (ZOU et al., 2018).

Além das perdas financeiras diretas, falhas em segurança cibernética podem causar danos irreparáveis à reputação de uma empresa. A confiança, um ativo intangível, porém extremamente valioso, pode ser profundamente abalada por uma violação de dados. Estudos indicam que, embora algumas empresas possam não sofrer impactos financeiros imediatos, as consequências para a reputação podem ser substanciais, especialmente em organizações voltadas para o consumidor, nas quais a confiança é fundamental (MAKRIDIS, 2021).

Uma violação significativa pode resultar em queda nas vendas, aumento da rotatividade de clientes e dificuldade para atrair novos negócios, devido à perda de confiança por parte de consumidores, parceiros de negócios e investidores. A recuperação dessa confiança tende a ser lenta e, em muitos casos, pode jamais ser plenamente alcançada, resultando em taxas de *churn* elevadas, com clientes migrando para concorrentes percebidos como mais seguros (AHMED; ABRAHAM, 2021; MAKRIDIS, 2021).

Outra consequência significativa de falhas em segurança cibernética é a possibilidade de ações legais. Clientes e parceiros cujos dados foram comprometidos podem processar a empresa por negligência, buscando compensação pelos danos sofridos. Além disso, as autoridades reguladoras podem impor multas pesadas por não conformidade com as leis de proteção de dados.

No contexto da Indústria 4.0, no qual sistemas industriais são interconectados por redes complexas, a indisponibilidade desses sistemas pode ter consequências devastadoras. Isso afeta não apenas a continuidade dos processos produtivos, mas também a integridade dos produtos e a segurança dos trabalhadores. Perdas financeiras associadas à interrupção dos negócios, como perda de receita e aumento de custos operacionais, podem ser significativas (CORALLO *et al.*, 2020).

Organizações incapazes de cumprir prazos ou entregar serviços devido a problemas de segurança cibernética correm o risco de perder sua posição de liderança e sofrer danos irreparáveis à sua marca. Além de expor a corporação a perdas financeiras, falhas em segurança cibernética podem impactar negativamente a moral dos funcionários, fator crítico para o sucesso organizacional. Um ataque cibernético pode gerar sentimento de culpa ou insegurança entre os funcionários quanto ao futuro da organização, especialmente se acreditarem que as questões de segurança não foram adequadamente tratadas pela liderança (CORALLO *et al.*, 2020).

Esse cenário pode resultar em aumento da carga de trabalho e pressão adicional para lidar com as consequências da violação, levando ao esgotamento, insatisfação no trabalho e até saída de talentos qualificados. Ademais, a quebra de confiança na liderança pode reduzir a produtividade e aumentar a rotatividade de funcionários, dificultando a atração de novos talentos. A cultura organizacional pode ser seriamente comprometida por essas falhas, prejudicando o desempenho em longo prazo e a resiliência da empresa (FURNELL, 2021).

O relatório do governo dos EUA ressalta que o investimento contínuo em tecnologias de monitoramento e análise em tempo real é crucial para detectar e responder rapidamente a incidentes de segurança, minimizando o impacto de violações e garantindo a continuidade dos negócios (U.S. FEDERAL GOVERNMENT, 2021).

– O ROI em cibersegurança

A história da economia cibernética remonta aos primórdios da computação, quando a segurança estava predominantemente focada no controle de acesso físico. Com o avanço da tecnologia digital e a interconectividade global, as abordagens para proteger ativos evoluíram significativamente. Eventos-chave, como a expansão da internet, o crescimento do comércio eletrônico e a integração de infraestruturas críticas, forçaram as organizações a adaptarem princípios econômicos ao mundo digital (ROWE; GALLAHER, 2006).

O desenvolvimento dessas tecnologias trouxe a cibersegurança para o centro das atenções, exigindo um equilíbrio entre os custos de proteção e as possíveis perdas financeiras decorrentes de falhas de segurança. Assim, métodos de análise de custo-benefício tornaram-se fundamentais para decisões estratégicas e alocação de recursos. Análises de casos de ataques cibernéticos revelam o relevante impacto econômico que essas violações podem causar, enfatizando a importância de defesas robustas (BRIGHAM; EHRHARDT, 2013; DELOITTE, 2024; IBM CORPORATION, 2024).

À medida que as empresas buscam proteger seus ativos digitais em um mundo cada vez mais interconectado, a análise de custo-benefício dos investimentos em cibersegurança torna-se essencial. Avaliar os custos potenciais e os benefícios esperados das diferentes medidas de cibersegurança permite que as organizações aloquem recursos de maneira eficaz, otimizando o retorno sobre o investimento (ROI – *Return of Investment*).

Uma análise de custo-benefício completa deve considerar tanto as despesas diretas quanto os impactos indiretos. As despesas diretas incluem investimentos iniciais em tecnologias de segurança, treinamento e manutenção contínua, enquanto os impactos indiretos abrangem perdas financeiras devido a violações de dados, danos à reputação, multas regulatórias e interrupções operacionais (BRIGHAM; EHRHARDT, 2013; ROWE; GALLAHER, 2006).

No contexto digital interconectado, as forças de mercado desempenham um papel essencial na condução dos gastos com cibersegurança. O aumento da sofisticação e da frequência das ameaças cibernéticas, juntamente com a crescente transformação digital, forçam as empresas a investir substancialmente em segurança digital. A pressão regulatória, o aumento das expectativas dos *stakeholders* e a conscientização dos riscos cibernéticos também impulsionam esses investimentos (ROWE; GALLAHER, 2006).

A cibersegurança tornou-se um componente essencial das operações empresariais modernas, exigindo investimentos consideráveis. Compreender o ROI desses investimentos é fundamental, considerando tanto os benefícios tangíveis quanto os intangíveis. Determinar o ROI em cibersegurança envolve quantificar o valor dos ativos digitais e as possíveis perdas em caso de violação de segurança, incluindo impacto na reputação, interrupções nas operações e responsabilidades legais (BRIGHAM; EHRHARDT, 2013; ROWE; GALLAHER, 2006).

Além dos impactos financeiros diretos, devem-se considerar os benefícios intangíveis no cálculo do ROI, como a confiança do cliente e a vantagem competitiva, que são essenciais para a resiliência e sustentabilidade organizacional. Ao integrar essas considerações, as organizações podem adotar uma perspectiva mais holística e estratégica ao avaliar o valor de seus investimentos em cibersegurança.

A avaliação do ROI deve também considerar a natureza dinâmica das ameaças cibernéticas, exigindo que os investimentos sejam continuamente ajustados para garantir a eficácia em longo prazo. Calcular o ROI em cibersegurança também envolve prever e mitigar riscos futuros, alinhando os investimentos com as tendências de mercado e as inovações tecnológicas (BRIGHAM; EHRHARDT, 2013; IBM CORPORATION, 2024).

Isso reforça a necessidade de uma abordagem preventiva e orientada para o futuro, garantindo que as estratégias de cibersegurança não apenas protejam os ativos atuais, mas também posicionem a empresa para enfrentar desafios emergentes no ambiente digital.

Ao planejar investimentos em cibersegurança, é essencial entender os diferentes tipos de investimentos disponíveis no mercado. Esses investimentos variam desde soluções tradicionais de segurança até tecnologias inovadoras que abordam ameaças emergentes (BRIGHAM; EHRHARDT, 2013; IBM CORPORATION, 2024).

Além do ROI, a avaliação do Custo Total de Propriedade – TCO é fundamental, pois abrange não apenas os custos iniciais das tecnologias, mas também os custos contínuos relacionados à manutenção, atualizações e pessoal. Compreender o TCO permite que os investidores avaliem com precisão as implicações financeiras de longo prazo dos investimentos em cibersegurança. Outra métrica importante é o Retorno Ajustado ao Risco sobre o Capital – RAROC, que oferece uma visão abrangente dos retornos potenciais associados aos investimentos em cibersegurança, considerando os riscos inerentes. Essa métrica auxilia na tomada de decisões informadas, equilibrando os ganhos esperados com os níveis de risco envolvidos (DELOITTE, 2024; ROWE; GALLAHER, 2006).

O gerenciamento eficaz de riscos cibernéticos é uma função essencial para as organizações na era digital. Diversas teorias econômicas sustentam as estratégias e princípios aplicados a esse gerenciamento, fornecendo uma base sólida para a tomada de decisões informadas. Entre essas teorias, o conceito de aversão ao risco desempenha um papel significativo. Segundo a teoria da utilidade esperada, a aversão ao risco surge da concavidade da função utilidade em relação à riqueza, o que implica que indivíduos e organizações preferem a certeza à incerteza e estão dispostos a pagar um prêmio para evitar ou mitigar possíveis perdas.

No contexto da segurança cibernética, isso significa que as organizações devem avaliar cuidadosamente os custos e as consequências potenciais das ameaças cibernéticas, almejando determinar seu nível de aversão ao risco e sua disposição para investir em medidas de proteção (RABIN, 2013).

O princípio do risco moral na economia tem implicações diretas para o gerenciamento de riscos cibernéticos. Este conceito refere-se à possibilidade de que o seguro contra um risco possa incentivar comportamentos mais arriscados. Quando a cobertura de seguro influencia as decisões dos segurados, isso pode levar a uma alocação de recursos subótima. No contexto da segurança cibernética, isso implica que as organizações precisam considerar como o seguro cibernético pode afetar sua postura geral em relação ao risco. A adoção de seguros pode, inadvertidamente, levar a uma redução na vigilância e nas práticas de segurança, sob a falsa sensação de que todos os riscos estão cobertos (ARROW, 1968).

A economia comportamental oferece *insights* para a tomada de decisões em segurança cibernética, destacando como vieses cognitivos e heurísticas podem influenciar significativamente esses processos. A maioria dos riscos cibernéticos é exacerbada por fatores humanos, como erros cometidos devido à falta de percepção dos riscos ou falhas na aplicação de comportamentos defensivos, como o uso adequado de controles de segurança. Isso reforça a necessidade de as organizações compreenderem esses vieses para abordar lacunas na percepção de risco, incentivando decisões de investimento mais informadas e pragmáticas (ALSHARIDA *et al.*, 2023).

A integração de fatores comportamentais na cibersegurança permite o desenvolvimento de estratégias mais eficazes, que promovem comportamentos proativos de gerenciamento de riscos entre funcionários e partes interessadas. Ao aplicar os princípios da economia comportamental, as organizações podem projetar intervenções e incentivos que não só melhoram a conscientização sobre a segurança, mas também minimizam o impacto dos vieses cognitivos nas decisões críticas de segurança (LAHCEN *et al.*, 2020).

A cibersegurança nas organizações é um campo que exige tanto uma compreensão técnica quanto um profundo conhecimento sobre o comportamento humano e suas implicações financeiras. A literatura em finanças comportamentais mostra que os vieses cognitivos, como o excesso de confiança e a aversão a perdas, afetam significativamente a tomada de decisões em ambientes de alta pressão, como os encontrados nas corporações (RITTER, 2003; SEWELL, 2007).

Esses vieses podem levar a subestimações de risco, especialmente em situações em que a incerteza é alta. Além disso, a teoria do prospecto revela que as decisões são muitas vezes influenciadas por como os problemas são enquadrados, levando a inconsistências que podem ser exploradas por agentes mal-intencionados no ciberespaço (CAMERER; LOEWENSTEIN, 2000; THALER, 1999).

A complexidade das finanças corporativas demonstra que as organizações tendem a reagir de forma desproporcional a ameaças percebidas, enquanto subestimam ameaças menos evidentes, criando lacunas críticas na segurança cibernética. A ineficiência dos mercados, exacerbada por essas respostas emocionais, também pode ser observada na gestão de riscos cibernéticos. Assim, é imperativo que as empresas adotem uma abordagem integrada, que considere não apenas as soluções tecnológicas, mas também a dinâmica comportamental dos tomadores de decisão. Incorporar treinamentos específicos que abordem esses vieses e a criação de sistemas automatizados que mitiguem os impactos dos erros cognitivos são passos essenciais para fortalecer a resiliência cibernética das organizações (BARBERIS; THALER, 2003; KAHNEMAN; TVERSKY, 1979).

Outra teoria econômica crítica no gerenciamento de riscos cibernéticos é a teoria dos jogos, que oferece uma abordagem sofisticada para analisar as interações estratégicas entre tomadores de decisão racionais em cenários de segurança cibernética. A Abordagem Teórica dos Jogos (*Game Theory Approach* – GTA) é uma técnica proeminente no gerenciamento de riscos cibernéticos, que envolve o uso de recursos, controles internos, compartilhamento de informações, melhorias técnicas, escalas comportamentais ou organizacionais e seguro cibernético para mitigar riscos. Essa abordagem permite que as organizações avaliem as implicações de suas estratégias ofensivas e defensivas de maneira mais precisa, considerando como diferentes ações podem impactar sua exposição ao risco cibernético (AKINWUMI *et al.*, 2017).

Embora os modelos baseados na teoria dos jogos estejam em constante evolução e ainda necessitem de melhorias significativas, eles fornecem uma estrutura valiosa para gerenciar as complexas ameaças de segurança cibernética que as organizações enfrentam hoje.

A cibersegurança deve ser vista como um investimento estratégico e não apenas como uma despesa operacional. As teorias econômicas e comportamentais abordadas, como a aversão ao risco, o risco moral e a teoria dos jogos, fornecem uma base sólida para a tomada de decisões informadas no gerenciamento de riscos cibernéticos. Executivos precisam estar atentos não apenas aos aspectos técnicos da cibersegurança, mas também às dinâmicas comportamentais que podem influenciar a eficácia dessas estratégias.

Ao aplicar essas teorias no contexto empresarial, é essencial desenvolver uma abordagem integrada que combine soluções tecnológicas avançadas com a conscientização e treinamento contínuos dos funcionários. Isso inclui não apenas a implementação de ferramentas de segurança robustas, mas também a criação de uma cultura organizacional que valorize a proatividade na identificação e mitigação de ameaças.

A compreensão profunda do ROI, TCO e outros indicadores-chave torna-se elemento imprescindível para justificar e priorizar os investimentos em cibersegurança. Esses investimentos devem ser continuamente ajustados e alinhados com as tendências de mercado e as inovações tecnológicas, garantindo a resiliência organizacional em um ambiente de ameaças em constante evolução.

– Cálculo de ROI: um exemplo de aplicação

Neste tópico será exposto um exemplo de um caso hipotético de uso de cálculo de ROI.

Um hospital de grande porte, que lida com uma vasta quantidade de dados sensíveis de pacientes, está enfrentando dificuldades para cumprir as exigências regulatórias de segurança de dados, como a HIPAA (*Health Insurance Portability and Accountability Act*). O risco de não conformidade poderia resultar em multas milionárias e danos irreparáveis à reputação do hospital.

Para enfrentar esses desafios, o hospital investe 3 milhões de dólares em um sistema de Gerenciamento de Identidade e Acesso (*Identity and Access Management* – IAM), complementado por um programa de auditoria contínua e controles de segurança apropriados para todos os dados em trânsito e em repouso.

Nos 18 meses seguintes, o hospital passa por várias auditorias regulatórias sem incidentes, graças ao investimento feito em cibersegurança. Os sistemas IAM reduzem significativamente o risco de acesso não autorizado a dados dos pacientes, melhorando a confiança e cumprindo as exigências legais. A HIPAA prevê multas que variam de $100,00 a $50.000,00 por violação, com um teto anual de $1,5 milhão para violações idênticas, dependendo do grau de negligência.

Com base neste caso, o ROI seria de cerca de 200%, considerando as multas evitadas, a redução nos custos de auditoria e a melhora na eficiência operacional. Além disso, o hospital poderia aumentar sua base de pacientes ao demonstrar um compromisso com a segurança dos dados.

A abordagem básica para calcular o ROI em segurança cibernética envolve a média do custo de um incidente multiplicado pelo número de incidentes que uma empresa pode experimentar em determinado período. Com uma estimativa de despesas potenciais, as empresas podem avaliar se o preço da solução e a redução de incidentes que ela proporciona justificam o investimento.

A seguir é apresentada uma equação do cômputo do ROI:

$$ROI = (\text{Custo médio por incidente}) \times (\text{Número de incidentes}) - \text{Custo da solução}$$

No entanto, calcular o ROI em segurança cibernética é notoriamente desafiador, pois a equação deve representar questões além de cifras, incluindo possíveis perdas de propriedade intelectual, danos à reputação e interrupção nos negócios. Existem várias fórmulas para calcular o ROI em segurança cibernética, dependendo do cenário organizacional e do tipo de evento cibernético.

Calcular o ROI em segurança cibernética desempenha um papel essencial no convencimento e obtenção de orçamento. Frequentemente, os profissionais de segurança enfrentam o desafio de comunicar a necessidade de investimentos em cibersegurança ao *Board* e às lideranças. Ao apresentar cálculos de ROI, os responsáveis pela segurança podem articular de forma mais eficaz o impacto financeiro direto que a implementação de protocolos de segurança pode ter na organização.

Ao ressaltar o aumento projetado nos custos de ciberataques, as organizações podem compreender a urgência de alocar recursos adequados para salvaguardar seus ativos digitais. Além disso, o investimento em medidas preventivas e uma cultura sólida de cibersegurança não apenas protege contra ameaças imediatas, mas também estabelece as bases para uma postura defensiva proativa. Isso não apenas reduz o risco de incidentes, mas também promove a confiança e a reputação da corporação.

Ao apresentar os benefícios tangíveis e intangíveis, o cálculo do ROI em segurança cibernética não apenas justifica o investimento, mas também se torna uma ferramenta persuasiva para os líderes empresariais.

Para obter o suporte do conselho e garantir recursos adequados, os CISOs precisam alinhar a segurança cibernética com a estratégia global do negócio. Calcular o ROI permite que os CISOs demonstrem como o orçamento de segurança cibernética contribui para o aumento da eficiência da organização na proteção de dados, prevenção de ciberataques e conformidade com as últimas regulamentações. Esse alinhamento melhora a compreensão do conselho sobre a segurança cibernética como parte integrante dos objetivos estratégicos da organização.

CAPÍTULO 5

DESENVOLVIMENTO DO PROGRAMA CORPORATIVO DE CIBERSEGURANÇA

Sua organização possui um programa de cibersegurança robusto e adaptável às ameaças emergentes?

O desenvolvimento de atividades, ações ou projetos para aprimorar a cibersegurança de uma organização pode ocorrer de diversas formas, frequentemente por meio de iniciativas isoladas ou descontextualizadas dos objetivos estratégicos da corporação e sem o engajamento da alta gestão.

Neste capítulo é apresentado não apenas um recurso para ações de aprimoramento da maturidade, mas sim uma estrutura corporativa que possibilite a governança e o fortalecimento da resiliência cibernética de acordo com as prioridades estabelecidas pela alta gestão.

O programa corporativo de cibersegurança é o recurso que apresentamos como instrumento da alta gestão e da governança cibernética, destinado a desenvolver medidas contínuas para implantação estruturada de ações de manutenção e aprimoramento da cibersegurança da organização. Este programa resulta da avaliação da postura corporativa em cibersegurança aliada às ações de comunicação que viabilizam a visão da alta gestão para a implantação deste recurso institucional.

Neste capítulo abordamos o programa corporativo de cibersegurança, detalhando seus elementos constitutivos e a forma de governança associada.

O conteúdo desenvolvido neste capítulo possibilita a resposta e reflexões quanto às seguintes perguntas:
- Sua organização possui um programa de cibersegurança robusto e adaptável às ameaças emergentes?

- Qual o conjunto de ações de aprimoramento da postura corporativa em cibersegurança?
- Os recursos de investimentos são suficientes?
- Existe a necessidade de atualização orgânica e funcional na área de cibersegurança?
- A comunicação entre o CIO, CISO, CEO, *Board* e CSI ocorre de forma adequada?
- O CISO tem uma boa comunicação com a ETIR?
- O CISO tem autonomia para realização de suas funções?
- O processo de gestão de riscos funciona de forma adequada?
- Quais riscos devem ser prioritariamente reavaliados?
- Quais riscos serão priorizados para tratamento?
- Os controles de maturidade estão alinhados com os riscos corporativos?
- Qual meu nível atual de maturidade cibernética?
- O escopo de aprimoramento dos controles está alinhado com os riscos?
- Qual controle necessita de maior apoio da alta gestão para sua implantação?
- Como um programa de cibersegurança bem estruturado pode transformar sua organização em um exemplo no setor?
- Quais os componentes essenciais de um programa de cibersegurança que pode proteger a sua organização contra ameaças globais?
- Como garantir que seu programa de cibersegurança permaneça sustentável e alinhado com as melhores práticas de governança?
- Qual a efetividade da política de retenção e valorização dos servidores da área de cibersegurança?
- As ações preventivas e de resposta estão adequadas para as atuais ameaças cibernéticas?
- Quais os incidentes mais críticos e como eles foram tratados?
- O processo de gestão de incidentes está funcionando de forma adequada?
- A ETIR tem os recursos necessários para atender à demanda apresentada?
- Existe a necessidade de criação e atualização de normas?
- Existe a necessidade de implantação das normas existentes?

- As normas de cibersegurança estão alinhadas com os riscos e objetivos estratégicos?
- As auditorias realizadas encontraram muitos achados?
- Como está a forma de tratamento dos achados identificados?
- As ações de capacitação e conscientização estão adequadas?
- Quais os aprimoramentos necessários ao programa corporativo de cibersegurança?
- Como está a execução do programa corporativo? O *roadmap* está atualizado? Precisa de apoio adicional da alta gestão?

5.1 Definição e estruturação do programa corporativo

Como um programa de cibersegurança bem estruturado pode transformar sua organização em um exemplo de segurança no setor?

A visão da alta gestão compreendendo os diversos aspectos constituintes da postura corporativa de cibersegurança possibilita a realização de uma ação inserida na estrutura funcional da própria organização para um ciclo virtuoso e contínuo de fortalecimento da segurança cibernética e, consequentemente, da própria segurança da corporação quanto à sua imagem e desempenho.

Um *plano de ação* é como uma agenda de tarefas que devem ser feitas. Ele permite que todas as decisões sejam tomadas antes mesmo de serem colocadas em prática, garantindo mais assertividade e correção prévia de eventuais problemas. É mais indicado para alcançar soluções em curto prazo. Como todo planejamento, o plano de ação também deve ser elaborado, desenvolvido e encerrado. Geralmente é estruturado por meio de uma planilha que implementa a metodologia 5W2H (o que, quando, onde, quem, porque, como e quanto).

O *projeto* é um esforço temporário, com início e fim definidos, cujo objetivo é criar produtos, serviços ou resultados exclusivos, por meio de atividades planejadas, executadas e controladas, utilizando recursos humanos, materiais e financeiros específicos.

Já um *programa* é formado por um grupo de projetos e atividades relacionados, gerenciados de modo coordenado, visando à obtenção de benefícios que não estariam disponíveis se eles fossem gerenciados individualmente. Um projeto pode ou não ser parte de um programa, mas um programa sempre terá projetos. Verifica-se que um programa é uma ação organizacional de natureza contínua, no qual a ação é encerrada apenas se houver um direcionamento para tal. Esse tipo de ação traduz as políticas de atuação de um órgão e é muito utilizado no governo (ISACA GLOSSARY, 2024).

Para cumprir o objetivo de ser um conjunto de ações com o direcionamento corporativo da alta gestão, o programa mostra-se como o instrumento mais adequado, que pode conter um conjunto de projetos com ações específicas para a implantação e manutenção da segurança cibernética na organização.

Com base na análise dos elementos constituintes da avaliação da postura corporativa de segurança cibernética, elabora-se o programa para que sejam priorizadas as ações adequadas para a atual necessidade da organização. Este programa deve ser elaborado com metas, prazos e apoio corporativo. Para o apoio corporativo recomenda-se apresentá-lo e ter a chancela do Comitê de Segurança da Informação (CSI) para posteriormente realizar o alinhamento com o CEO e *Board*.

O programa tem o mister de ser perene, mas é uma atividade cíclica. As metas devem ser estabelecidas com um prazo claro e o plano deve ser avaliado e atualizado periodicamente. Geralmente cada ciclo dura de dois a quatro anos, com reavaliações anuais.

Para elaboração do programa corporativo de cibersegurança, alguns aspectos da avaliação da postura de segurança cibernética da organização devem ser analisados, como:

- Aspectos estruturais:
  - existe a necessidade de atualização orgânica e funcional na área de cibersegurança?
  - a comunicação entre o CIO, CISO, CEO, *Board* e CSI ocorre de forma adequada?
  - o CISO tem uma boa comunicação com a ETIR?
  - o CISO tem autonomia para realização de suas funções?
- Riscos corporativos:
  - o processo de gestão de riscos funciona de forma adequada?
  - quais riscos devem ser prioritariamente reavaliados?
  - quais riscos serão priorizados para tratamento?
  - os controles de maturidade estão alinhados com os riscos corporativos?

- Maturidade cibernética:
  - qual o nível atual de maturidade cibernética?
  - o escopo de aprimoramento dos controles será alinhado com os riscos?
  - qual controle necessita de maior apoio da alta gestão para sua implantação?
  - qual a efetividade da política de retenção e valorização dos servidores da área de cibersegurança?
  - as ações preventivas e de resposta estão adequadas para as atuais ameaças cibernéticas?
- Conformidade normativa:
  - existe a necessidade de criação e atualização de normas?
  - existe a necessidade de implantação de normas existentes?
  - as normas existentes estão alinhadas com os riscos e objetivos estratégicos?
- Auditorias:
  - as auditorias realizadas identificam muitos achados?
  - como está a forma de tratamento dos achados identificados?

Esta é apenas uma listagem exemplificativa de aspectos que devem ser analisados da avaliação da postura corporativa realizada. Com base nesta análise, os subsídios para elaboração do programa ficarão mais claros e possibilitarão a proposição de uma versão para validação inicial pelo CSI.

5.2 Componentes essenciais de um programa efetivo

Quais são os componentes essenciais de um programa de cibersegurança que pode proteger sua organização contra ameaças globais?

O programa corporativo de cibersegurança deve ser elaborado com um objetivo claro e metas concretas, com prazo de execução de forma a serem mensuráveis e com possível realização. Ele deve ser ajustado para cada contexto organizacional de acordo com a postura de cibersegurança atual e com base nas diretrizes que a alta gestão considerar prioritária.

Alguns elementos essenciais são: objetivo, responsável, unidades envolvidas, escopo e metas. A forma de organização e formatação depende de cada organização, contudo é fundamental ter claramente definido o objetivo a ser atingido com a realização do programa. Ter a definição formal do responsável também auxilia na governança do projeto, sendo geralmente o CISO que desempenha esta função. A designação das unidades envolvidas também facilita a formalização do apoio que for necessário em determinada ação ou projeto. O escopo e as metas são o conteúdo em si do programa, com os itens a serem trabalhados no período, de forma bem delimitada e mensurável com metas para realização.

Dependendo da ação a ser realizada, ela pode ser estruturada no formato de um plano de ação ou de um projeto, mas todos dentro do programa corporativo de cibersegurança, com escopo, responsável e metas.

Propomos a estruturação de um programa com o seguinte escopo:

Figura 1 – Programa de cibersegurança

PROGRAMA DE CIBERSEGURANÇA

01 Gestão e Estruturação
02 Riscos de Cibersegurança
03 Conformidade Normativa
04 Aprimoramento de Maturidade
05 Capacitação e Conscientização
06 Gestão de Incidentes
07 Avaliação do Programa

Fonte: Ilustração elaborada pelos autores.

O Programa Corporativo de Cibersegurança é cíclico, sendo estruturado em componentes que podem ser executados em paralelo conforme a capacidade de gestão e operacional da organização, sendo que cada um é organizado conforme a avaliação realizada, com as diretrizes e priorização da alta gestão.

– Gestão e estruturação

Esta fase deve ser organizada buscando estruturar os elementos para possibilitar a governança do programa de cibersegurança e aprimorar as necessidades de estruturação da área na organização.

Quanto aos aspectos de governança, é importante definir claramente o objetivo do programa para o período, seu prazo de execução, recursos necessários, tanto humanos quanto financeiros e os benefícios que proporcionarão com a obtenção das metas traçadas.

A definição clara do responsável pelo programa e de cada meta definida é necessária, além das unidades que estarão envolvidas, com objetivo de formalizar o engajamento de cada uma. A vinculação com os objetivos estratégicos da organização é fundamental, de forma a vincular o programa como uma ação para materialização dos objetivos corporativos.

O estabelecimento de uma agenda de reuniões para homologação do programa e apresentação periódica dos resultados facilita a participação do CEO, do *Board* com a oportunidade de fortalecer o apoio da alta gestão.

No aspecto estrutural, quando é visualizada a necessidade de atualização no organograma da corporação, com a criação de cargos ou atualização de atribuições, isso deve ser registrado no programa, com possível custo financeiro caso necessário. A definição da estrutura de gestão da segurança da informação é imprescindível para governança corporativa em cibersegurança. É sempre importante observar os detalhes do contexto organizacional para que esta atualização seja de possível realização em curto e médio prazos, geralmente mudanças relevantes são mais fáceis de ocorrer de forma gradativa.

A atualização orgânica e funcional deve ser realizada buscando criar os meios corporativos para materializar a estrutura de gestão da cibersegurança, sendo imprescindível a existência do CISO, do

CSI e da ETIR, ao menos funcionalmente. Se não for possível a função ser exercida de forma autônoma por uma pessoa física ou jurídica, ou mesmo uma equipe, ela pode ser exercida de forma cumulativa com outras funções que determinado funcionário desempenhe. Mas é importante o estabelecimento formal das funções e responsabilidades. Em corporações de médio e grande porte é imprescindível este estabelecimento da forma mais ampla possível.

As ações de estruturação também devem buscar solucionar problemas de comunicação detectados na avaliação, entre o CEO, CISO, CIO e *Board*, seja por ajustes estruturais, como a vinculação com a alta gestão, seja por atualização na composição de comitês ou a maior participação em reuniões, para propiciar o fluxo necessário na boa comunicação.

A autonomia do CISO é de basilar importância para o desempenho de suas funções. A avaliação da postura corporativa de cibersegurança e o respectivo estabelecimento do programa ficam comprometidos sem uma adequada autonomia do CISO para que possa ter um trânsito entre as unidades da corporação e uma comunicação adequada com a alta gestão. Sempre destacando que a comunicação deve estar alinhada com a estrutura hierárquica definida para fluir de forma harmônica.

A estruturação corporativa deve visar à materialização desta estrutura, de acordo com o contexto organizacional e de forma estratégica para obtenção dos melhores resultados.

– Riscos de cibersegurança

Os riscos devem ser os elementos norteadores da estratégia do programa corporativo em cibersegurança, definindo os prioritários, o apetite a riscos e a proposição de tratamento de cada um. A gestão em cibersegurança deve ser baseada na avaliação dos riscos cibernéticos. Os riscos refletindo as prioridades do negócio proporcionarão um programa mais alinhado com os objetivos estratégicos da corporação e um engajamento mais adequado da alta gestão.

Deve ser escolhida a metodologia de gestão de riscos em segurança da informação que será utilizada. Caso já exista uma metodologia homologada na organização ela deve ser utilizada, caso ainda não exista deve ser selecionado um padrão reconhecido, como o *Risk Management Framework* (NIST RMF) ou outra personalizada, como a metodologia recomendada pela agência de cibersegurança do Reino Unido (NCSC – RISK MANAGEMENT, 2024).

Algumas vezes a organização já possui uma metodologia de gestão de riscos corporativos, neste caso ela deve ser adaptada para gerir os riscos de segurança da informação, de forma a possibilitar a gestão corporativa dos riscos em segurança da informação.

O componente de gestão de riscos do programa é um importantíssimo meio de engajamento com a alta gestão. É por meio dele que cria a conexão dos riscos de cibersegurança com os riscos da organização, vinculando o negócio corporativo e os objetivos estratégicos da organização com a adequada gestão dos riscos cibernéticos.

A gestão de riscos também possibilita uma rica oportunidade de engajamento da alta gestão, viabilizando a visão mais apropriada dos desafios a serem tratados e que ela participe ativamente da priorização e definição das diretrizes das ações de tratamento. Isso gera um engajamento que fortalece o programa corporativo e possibilita sua implantação de forma transversal na organização.

Em uma organização de médio e grande porte, a quantidade de riscos, normativos e controles necessários é expressiva. A priorização dos riscos deve ocorrer de forma estratégica para possibilitar o gradual aprimoramento dos controles por meio das ações de tratamento graduais. Uma forma de facilitar esta atividade é por meio da proposição prévia de alguns cenários de tratamento que o CISO pode apresentar, com as consequências e resultados de cada um.

Os demais componentes do programa de cibersegurança não devem ser estruturados de forma independente dos riscos e sim vinculados de forma a compor um programa integrado de ações interconectadas para a obtenção de um objetivo comum, com a priorização estabelecida pela alta gestão.

É necessário destacar que dentro da priorização dos riscos a serem tratados deve estar embutida a listagem dos riscos a serem reavaliados no período, pois a gestão de riscos é um processo cíclico com reavaliação periódica e sistemática dos riscos priorizados de forma a refletir de forma mais aproximada possível a situação da organização.

A análise das auditorias realizadas também fornece um subsídio para a gestão de riscos, verificando o volume de achados, se foram adequadamente tratados e a possibilidade de auditorias similares futuramente. O volume de achado da auditoria revela claramente as áreas que necessitam de um maior aprimoramento. A forma de tratamento possibilita mensurar a capacidade da força de trabalho para sanar os problemas e o engajamento institucional aplicado. Além disso, algumas auditorias têm periodicidades definidas, e esse conhecimento possibilita investimentos preventivos em setores que serão auditados no futuro.

– Conformidade normativa

Este é o momento, na metodologia, para incluir as ações de *compliance*. Dada a importância do tema para segurança corporativa e cibernética, ele é tratado com mais detalhes em capítulo próprio. Contudo, abordaremos aqui os aspectos fundamentais que devem ser observados ao estruturar o programa de cibersegurança.

Um aspecto essencial é o CISO ter uma visão clara das leis, regulamentações e melhores práticas que se aplicam ao setor no qual a organização está inserida. Ele pode atuar em parceria com o *Chief Compliance Office* (CCO) da organização para a realização desta atividade.

Com esta perspectiva normativa, identificam-se quais políticas e procedimentos devem ser criados ou atualizados na corporação, priorizando os mais importantes e os que podem expor a organização a sanções por não conformidade. No plano devem constar as atividades necessárias para esta adequação normativa, seja por meio de um plano de ação, seja por um projeto.

Em organizações que possuem equipes capacitadas na área jurídica e de conformidade, deve-se verificar se estão aptas para auxiliar na temática do normativo específico. Caso seja necessário apoio externo, isso deve constar no plano, com as respectivas opções de contratação.

Apenas ter as normas criadas e atualizadas não é suficiente para a materialização da conformidade. As normas devem estar implantadas. Ter a visão do nível de implantação de cada norma é fundamental. Em certos momentos isso deve constituir um projeto específico, a verificação do nível de conformidade com as normas já existentes.

Com a visão do nível de implantação das normas, desenham-se os cenários que possibilitem a evolução da implantação das normas ainda não totalmente implantadas. Dependendo do normativo é necessário o uso de ferramentas, redesenho de processo e ações de treinamento e conscientização. Estas ações devem estar estruturadas em um plano de ação ou projeto específico dentro do programa corporativo de cibersegurança.

Caso o investimento necessário para a implantação das normas seja alto ou maior que a capacidade operacional da organização, deve haver uma priorização para a implantação gradual. Esta priorização deve estar alinhada com os riscos priorizados e os objetivos estratégicos. Por exemplo, caso a alta gestão definida uma priorização para ações de resiliência cibernética, de resposta aos incidentes, a priorização em normativo de cópias de segurança com testes de restauração entram na fila de priorização.

– Aprimoramento da maturidade

A fase de aprimoramento da maturidade refere-se ao aspecto técnico da implantação dos controles de segurança cibernética estabelecidos no *framework* selecionado.

Todo componente do programa corporativo de cibersegurança proporciona um aprimoramento da maturidade cibernética em determinado aspecto. No entanto, esta fase é um espaço que deixa claros os controles específicos do *framework* utilizado. Dependendo do *framework* escolhido, diferentes controles estarão disponíveis. Por isso, é fundamental que o CISO selecione o *framework* que melhor se adeque ao seu contexto organizacional.

Os controles do *framework* não são apenas *técnicos*, mas também: *procedimentos* alinhados com políticas, processos e boas práticas; controles *físicos* para proteção de equipamentos e locais reservados e controles *pessoais* para capacitação, conscientização e determinado do nível de acesso físico e aos sistemas.

Destacamos que toda estratégia de escolha dos controles deve estar alinhada com os riscos cibernéticos priorizados para o período.

Cada *framework* possibilita a mensuração do nível de maturidade da organização. Com a escolha do *framework* devem ser desenvolvidas atividades para a aferição do atual nível de maturidade corporativo. Se houver uma equipe interna habilitada para isso ela deve ser acionada, caso contrário, será necessária uma seleção de fornecedor para realizar a mensuração.

Com o estabelecimento do nível de maturidade, a diretriz dos riscos priorizados e a mensuração dos recursos financeiros e humanos necessários, fica mais consistente a elaboração concreta do plano de aprimoramento dos controles. O plano deve conter a listagem dos controles, a meta de implantação, os prazos e os recursos necessários.

Determinados controles exigem um apoio maior de alta gestão, seja no aspecto financeiro ou de gestão junto aos gestores para o engajamento necessário à implantação.

Como exposto anteriormente, nem todos os controles são técnicos, muitos estão relacionados com procedimentos, políticas, processos e pessoas. Contudo, existe uma gama de recursos técnicos que são implementados em diversos tipos de ferramentas. O volume de ferramentas disponíveis dificulta a compreensão do público que não é da área técnica e mesmo técnicos que atuam em setores diversos.

Atualmente existem inúmeros fornecedores de soluções de cibersegurança, com vasta gama de ferramentas para cada área tecnológica ou setor da corporação. Com objetivo de estabelecer uma estratégia de uso de ferramentas de cibersegurança em uma organização, muitas instituições elaboram uma arquitetura de cibersegurança, organizando por áreas específicas determinado conjunto de ferramentas. Os controles técnicos de cibersegurança fazem parte da arquitetura de cibersegurança da organização. Na seção seguinte descreveremos melhor este conceito.

– Arquitetura de cibersegurança

Arquitetura de segurança se refere ao *design* geral e à estrutura dos sistemas de segurança interna e tecnologias de uma organização. Ela inclui a infraestrutura essencial na implementação de controles de segurança para proteger ativos de informação. Isso inclui *firewalls*, sistemas de detecção de intrusão, controles de acesso, criptografia e mecanismos de autenticação, que são alavancados para fornecer uma camada abrangente de proteção contra todas as ameaças identificadas.

O gestor de segurança da informação precisa estar bem atualizado com as tecnologias que compõem uma arquitetura de cibersegurança, mas os altos gestores não necessitam desse amplo conhecimento. Contudo, a familiarização dos aspectos essenciais da arquitetura e tecnologias amplia a visão e traz maior facilidade para o estabelecimento de diretrizes e prioridades. A figura seguinte contém um esboço conceitual de componentes de uma arquitetura de cibersegurança, com termos que são comumente utilizados.

Figura 2 – Arquitetura de cibersegurança

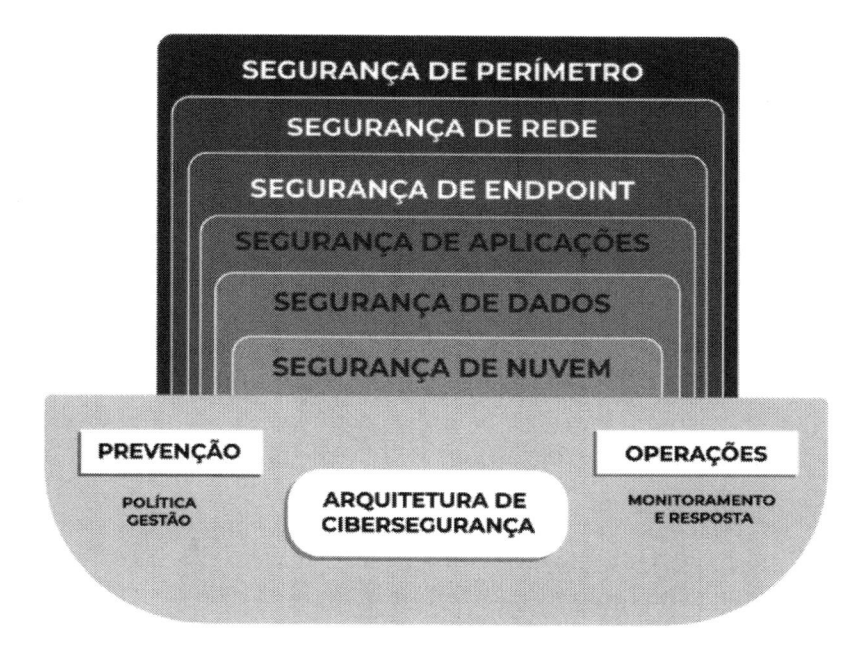

Fonte: Ilustração elaborada pelos autores.

A figura acima contém conceitos lógicos que serão descritos a seguir:
- *segurança de perímetro*: conjunto de controles de segurança que fornecem proteção contra atividade remota, utilizados

para proteger os sistemas e a rede interna das corporações. Buscam reduzir a superfície de ataque, prevenir e bloquear ameaças externas e ataques perpetrados;

- *segurança de rede*: realiza o particionamento da rede em segmentos delimitados dentro de uma unidade maior. Os segmentos incorporam seus controles de acesso individuais e mecanismos de proteção. Também implementam ferramentas para detectar comportamentos suspeitos na rede, contendo ataques e evitando que danos trafeguem de um segmento a outro, por meio de políticas de acesso específicas;
- *segurança de endpoint*: controles de proteção de segurança que residem diretamente nos dispositivos dos usuários, como: computadores, *laptops*, dispositivos móveis, *tablets*. Estes controles possibilitam uma gestão na forma de acesso destes equipamentos com a rede e os sistemas da organização;
- *segurança de aplicações*: controles de segurança que são incorporados dentro dos aplicativos que residem na rede, segmentos e dispositivos *endpoint* para proteção dos aplicativos que disponibilizam serviços;
- *segurança de dados*: camada de segurança que protege os dados na organização, independentemente do estado dos dados, ou seja, se estão em movimento, em repouso ou em uso;
- *segurança de nuvem*: controles com objetivo de implementar o modelo de responsabilidade compartilhada com os recursos de segurança da nuvem;
- *prevenção*: tecnologias para gerir e implantar políticas, procedimentos, modelagem de ameaças, avaliação de risco, testes de penetração e todas as outras atividades de sustentação;
- *operações*: ferramentas de monitoramento de segurança, da infraestrutura tecnológica e de resposta a incidentes.

Observe que a arquitetura de cibersegurança é implementada em camadas, cada uma com uma especialização e função específica. Diversos são os controles que podem estar inseridos em uma camada ou em outra, dependendo da modelagem específica da arquitetura. Os controles-chave contidos na maioria dos desenhos de arquitetura e *frameworks* estão representados na figura seguinte.

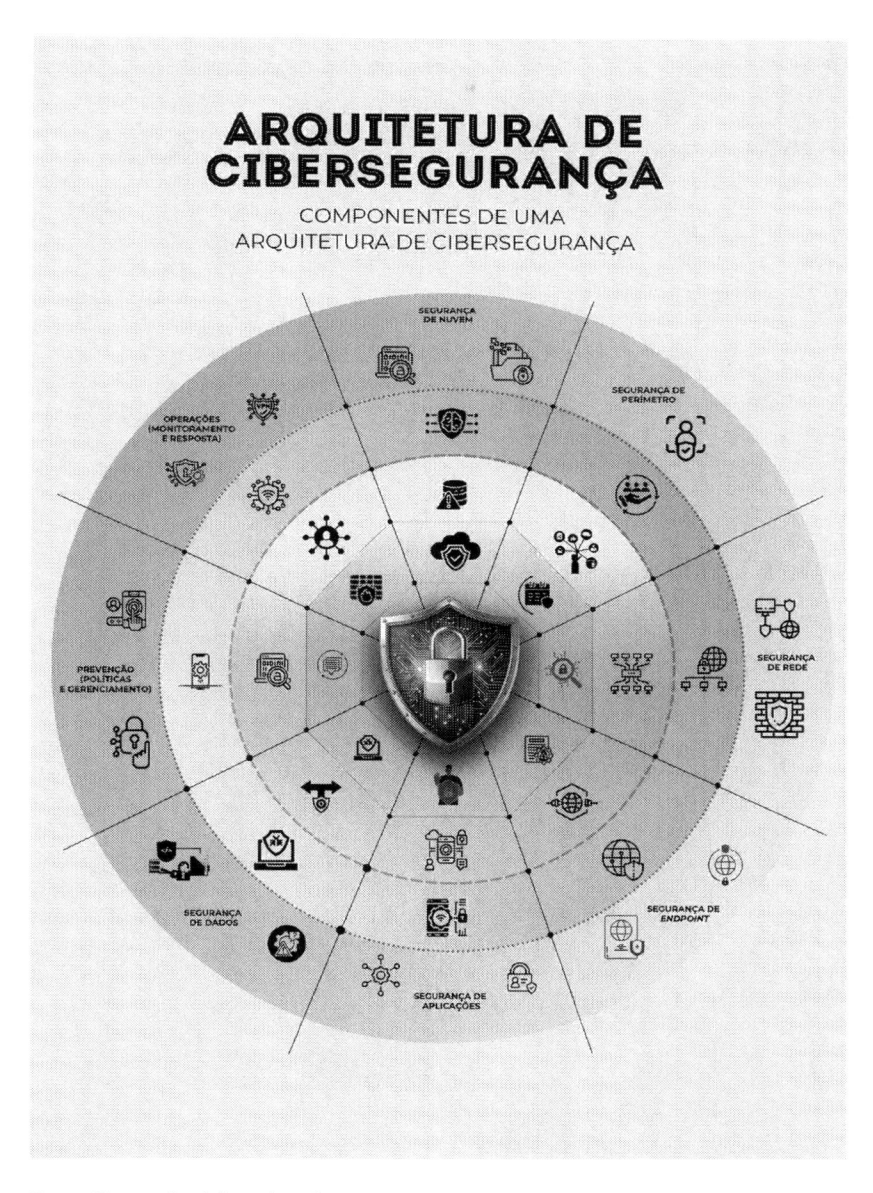

Figura 3 – Componentes de uma arquitetura de cibersegurança

Fonte: Ilustração elaborada pelos autores.

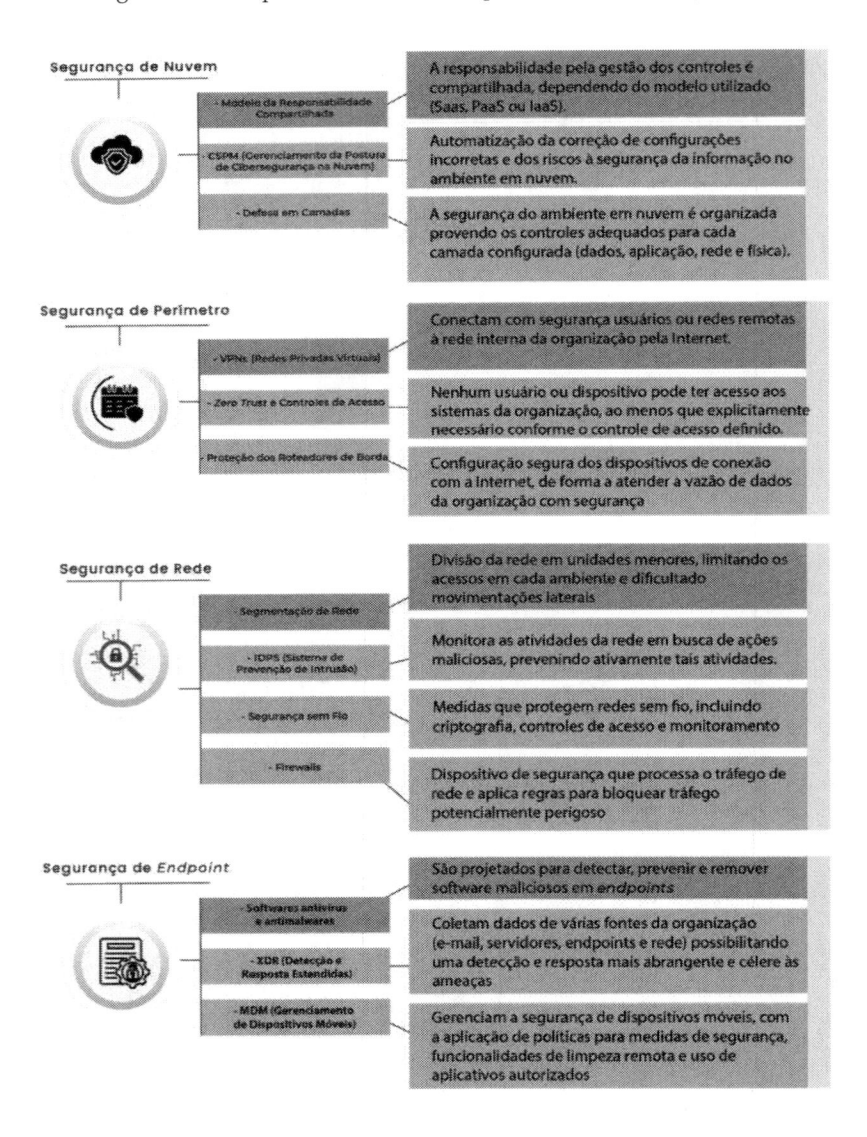

Figura 4 – Componentes de uma arquitetura de cibersegurança

Segurança de Nuvem
- Modelo da Responsabilidade Compartilhada: A responsabilidade pela gestão dos controles é compartilhada, dependendo do modelo utilizado (SaaS, PaaS ou IaaS).
- CSPM (Gerenciamento da Postura de Cibersegurança na Nuvem): Automatização da correção de configurações incorretas e dos riscos à segurança da informação no ambiente em nuvem.
- Defesa em Camadas: A segurança do ambiente em nuvem é organizada provendo os controles adequados para cada camada configurada (dados, aplicação, rede e física).

Segurança de Perímetro
- VPNs (Redes Privadas Virtuais): Conectam com segurança usuários ou redes remotas à rede interna da organização pela Internet.
- Zero Trust e Controles de Acesso: Nenhum usuário ou dispositivo pode ter acesso aos sistemas da organização, ao menos que explicitamente necessário conforme o controle de acesso definido.
- Proteção dos Roteadores de Borda: Configuração segura dos dispositivos de conexão com a Internet, de forma a atender a vazão de dados da organização com segurança.

Segurança de Rede
- Segmentação de Rede: Divisão da rede em unidades menores, limitando os acessos em cada ambiente e dificultando movimentações laterais.
- IDPS (Sistema de Prevenção de Intrusão): Monitora as atividades da rede em busca de ações maliciosas, prevenindo ativamente tais atividades.
- Segurança sem Fio: Medidas que protegem redes sem fio, incluindo criptografia, controles de acesso e monitoramento.
- Firewalls: Dispositivo de segurança que processa o tráfego de rede e aplica regras para bloquear tráfego potencialmente perigoso.

Segurança de *Endpoint*
- Softwares antivírus e antimalwares: São projetados para detectar, prevenir e remover software maliciosos em *endpoints*.
- XDR (Detecção e Resposta Estendidas): Coletam dados de várias fontes da organização (e-mail, servidores, endpoints e rede) possibilitando uma detecção e resposta mais abrangente e célere às ameaças.
- MDM (Gerenciamento de Dispositivos Móveis): Gerenciam a segurança de dispositivos móveis, com a aplicação de políticas para medidas de segurança, funcionalidades de limpeza remota e uso de aplicativos autorizados.

Fonte: Ilustração elaborada pelos autores.

Figura 5 – Componentes de uma arquitetura de cibersegurança

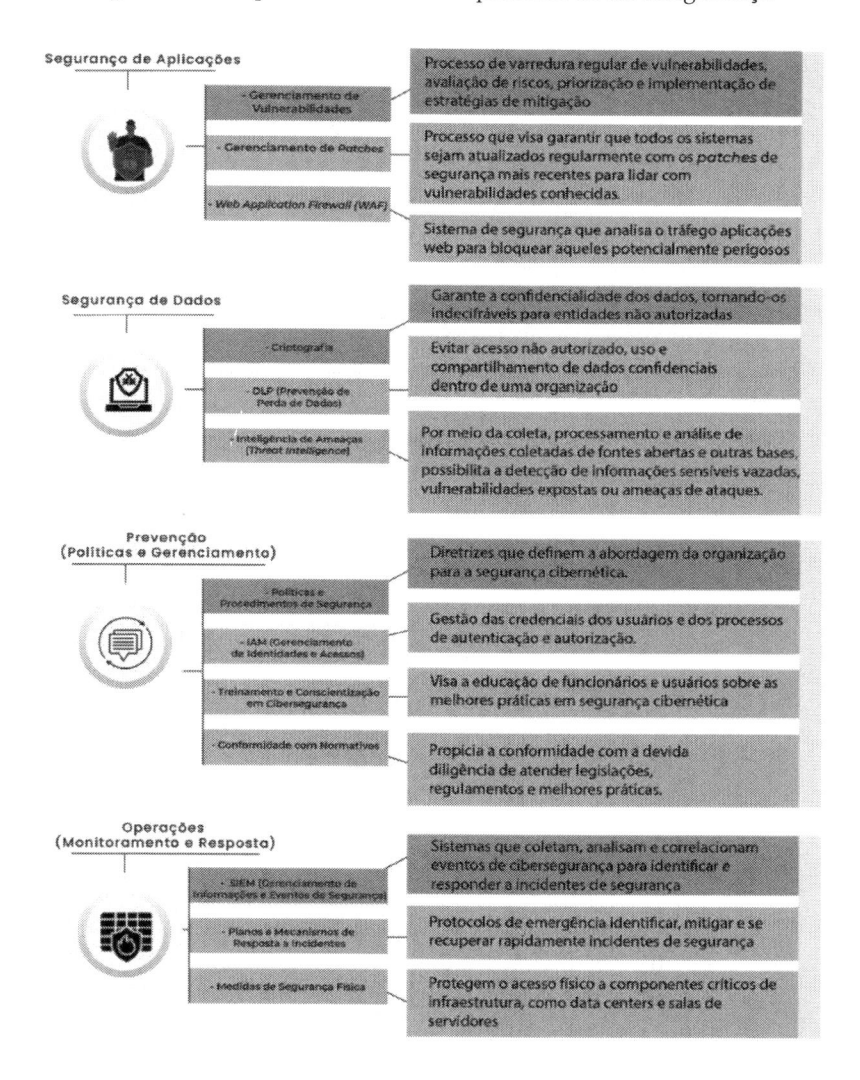

Segurança de Aplicações
- Gerenciamento de Vulnerabilidades — Processo de varredura regular de vulnerabilidades, avaliação de riscos, priorização e implementação de estratégias de mitigação
- Gerenciamento de Patches — Processo que visa garantir que todos os sistemas sejam atualizados regularmente com os *patches* de segurança mais recentes para lidar com vulnerabilidades conhecidas.
- Web Application Firewall (WAF) — Sistema de segurança que analisa o tráfego aplicações web para bloquear aqueles potencialmente perigosos

Segurança de Dados
- Criptografia — Garante a confidencialidade dos dados, tornando-os indecifráveis para entidades não autorizadas
- DLP (Prevenção de Perda de Dados) — Evitar acesso não autorizado, uso e compartilhamento de dados confidenciais dentro de uma organização
- Inteligência de Ameaças (Threat Intelligence) — Por meio da coleta, processamento e análise de informações coletadas de fontes abertas e outras bases, possibilita a detecção de informações sensíveis vazadas, vulnerabilidades expostas ou ameaças de ataques.

Prevenção (Políticas e Gerenciamento)
- Políticas e Procedimentos de Segurança — Diretrizes que definem a abordagem da organização para a segurança cibernética.
- IAM (Gerenciamento de Identidades e Acessos) — Gestão das credenciais dos usuários e dos processos de autenticação e autorização.
- Treinamento e Conscientização em Cibersegurança — Visa a educação de funcionários e usuários sobre as melhores práticas em segurança cibernética
- Conformidade com Normativos — Propicia a conformidade com a devida diligência de atender legislações, regulamentos e melhores práticas.

Operações (Monitoramento e Resposta)
- SIEM (Gerenciamento de Informações e Eventos de Segurança) — Sistemas que coletam, analisam e correlacionam eventos de cibersegurança para identificar e responder a incidentes de segurança
- Planos e Mecanismos de Resposta a Incidentes — Protocolos de emergência identificar, mitigar e se recuperar rapidamente incidentes de segurança
- Medidas de Segurança Física — Protegem o acesso físico a componentes críticos de infraestrutura, como data centers e salas de servidores

Fonte: Ilustração elaborada pelos autores.

A seguir estes controles são listados com sua respectiva finalidade:
- *modelo de responsabilidade compartilhada*: corresponde à forma como os controles de segurança são gerenciados no ambiente de nuvem, de quem é a responsabilidade por prover o controle de cada recurso. De forma geral o provedor de serviço de nuvem é responsável pela segurança da infraestrutura (*hardware*, *software* e rede) e os usuários e clientes pelos dados e outros ativos, mas o modelo tem algumas variações, como: *Software as a Service* – Saas, *Platform as a Service* – PaaS e *Infrastructure as a Service* – IaaS. Estas variações definem o escopo de recursos que a segurança ficará a cargo do usuário e o escopo que ficará a cargo do provedor de nuvem. No SaaS (*DropBox, Microsoft 365* ou *Google Workspace*), o provedor é responsável pela segurança da aplicação, sistema operacional e rede, sendo os dados com responsabilidade compartilhada com o cliente. No PaaS (*Microsoft Azure App Service, AWS Elastic Beanstalk*), a responsabilidade da aplicação é compartilhada também com o cliente. E no IaaS (*Amazon Web Service* – AWS, *Google Compute Engine* – GCE), até a responsabilidade da infraestrutura é compartilhada com o cliente;
- *CSPM (gerenciamento de postura de segurança na nuvem)*: controle automatizado que permite o gerenciamento da gestão de riscos do ambiente de nuvem, verificando a conformidade dos controles, provendo visibilidade do ambiente e propiciando a gestão dos controles de forma abrangente, facilitando as respostas a incidentes e automatização de funções críticas;
- *defesa em camadas*: é uma abordagem multicamadas, na qual os controles de segurança são estrategicamente organizados em cada camada da arquitetura em rede, propiciando níveis de defesa para camada de dados, aplicação, computação, rede, identidade e acesso e física;
- *redes privadas virtuais (VPNs)*: conectam com segurança usuários ou redes remotas à rede interna da organização pela internet, garantindo a comunicação criptografada e o controle de acesso à rede interna da organização;
- *controles de acesso*: determinam quem pode entrar, acessar ou modificar recursos específicos. São estruturados

em credenciais para autenticar os usuários e serviços, autorizando os acessos de acordo com os parâmetros do *zero trust*;
- *zero trust*: neste modelo, nenhum usuário ou dispositivo é confiável para acessar um recurso, até que sua identidade e autorização sejam verificados. No modelo tradicional, após uma verificação inicial, o usuário já ultrapassava o primeiro perímetro de rede, com esta abordagem o conceito do perímetro de rede fica mais flexível, abrangendo o raio de atuação do usuário autenticado e autorizado;
- *proteção dos roteadores de borda*: os roteadores de borda são dispositivos que conectam a rede interna com a internet, como são uma porta de entrada devem ter políticas de segurança atualizadas, gerenciar o tráfego de dados e possuir suas configurações sempre atualizadas;
- *segmentação de rede*: envolve dividir uma rede em segmentos menores para limitar o impacto de uma violação de segurança e evitar o movimento lateral de invasores;
- *sistemas de prevenção de intrusão (IDPS)*: atuam na camada de segurança da rede. Desempenham um papel crucial na identificação e resposta a ameaças potenciais. Monitora as atividades da rede ou do sistema em busca de ações maliciosas ou violações de políticas de segurança, prevenindo ou bloqueando ativamente tais atividades;
- *segurança sem fio*: controles dedicados à implementação de medidas que protegem redes sem fio, incluindo criptografia, controles de acesso e monitoramento. Isso envolve configurar pontos de acesso com protocolos de criptografia fortes para proteger dados em trânsito, restringir conexões a dispositivos autorizados por meio de mecanismos de autenticação robustos. Dada a suscetibilidade das redes sem fio ao acesso não autorizado, medidas robustas de segurança sem fio são essenciais no ambiente interconectado atual;
- *firewalls*: é um dispositivo de segurança que processa o tráfego de rede e aplica regras para bloquear tráfego potencialmente perigoso. O *Next Generation Firewall* (NGFW) é dispositivo mais moderno capaz de inspecionar pacotes, dados de aplicações e comunicação VPN;

- *software antivírus e antimalware*: atuam da camada de segurança de *endpoints*, sendo projetados para detectar, prevenir e remover *software* malicioso, incluindo vírus, *worms* e outros tipos de *malware*;
- *XDR (Detecção e Resposta Estendidas)*: são uma evolução das soluções antivírus que coletam e correlacionam automaticamente os dados de diversos componentes (*e-mail*, servidores, *endpoints* e rede), proporcionando uma maior visibilidade do ambiente de tecnologia de uma organização. Isso permite que as equipes de segurança detectem, investiguem e respondam às ameaças virtuais de forma rápida e eficaz;
- *gerenciamento de dispositivos móveis (MDM)*: se concentram em garantir a segurança de dispositivos móveis, incluindo *smartphones* e *tablets*, usados dentro da organização. Os recursos do MDM incluem registro de dispositivos, aplicação de políticas para medidas de segurança, como requisitos de senha e criptografia, funcionalidades de limpeza remota para dispositivos perdidos ou roubados e controle sobre a instalação e o uso de aplicativos. O MDM ajuda as organizações a conservar a conformidade com as políticas de segurança, reduzindo o risco de violações de dados e acesso não autorizado por meio de dispositivos móveis;
- *gerenciamento de vulnerabilidades*: é uma estratégia proativa focada em identificar, avaliar e priorizar vulnerabilidades nos sistemas e redes de uma organização. O processo envolve varredura regular de vulnerabilidades, avaliação de riscos para avaliar impactos potenciais e probabilidade de exploração, priorização com base em riscos avaliados e implementação de estratégias de mitigação. Essa abordagem de ciclo de vida garante que a organização se adapte às ameaças e mudanças em evolução em seu cenário de TI, mantendo uma defesa robusta contra possíveis violações de segurança;
- *gerenciamento de patches*: é uma abordagem sistemática para manter a segurança do *software*, sistemas operacionais e aplicativos de uma organização. O objetivo principal é garantir que todos os sistemas sejam atualizados regularmente com os *patches* de segurança mais recentes para lidar com vulnerabilidades conhecidas. Isso envolve um proces-

so abrangente, incluindo avaliações de vulnerabilidade, testes de *patches* em ambientes controlados e a implantação oportuna de *patches* para eliminar potenciais pontos de entrada para ameaças cibernéticas. O gerenciamento eficaz de *patches* é essencial para evitar a exploração de vulnerabilidades conhecidas, reduzir a superfície de ataque e aprimorar a postura geral de segurança da organização;
- *web application firewall (WAF)*: de forma similar ao um *firewall* de rede, o WAF é um *firewall* de aplicação *web* que analisa o tráfego e filtra ações maliciosas. Ele é especializado em analisar ataques específicos em aplicações *web*, como *cross-site scripting* (XSS), injeção de SQL, envenenamento de *cookies*; evitando que os aplicativos sejam comprometidos e prevenindo contra a exfiltração de dados;
- *criptografia*: garante a confidencialidade dos dados, tornando-os indecifráveis para entidades não autorizadas. Mesmo que um intruso obtenha acesso a dados criptografados, ele não conseguirá compreender seu significado sem a chave de descriptografia adequada. Pode proteger dados em trânsito e em repouso. Durante a transmissão por redes, protocolos como SSL/TLS criptografam dados, evitando espionagem. Em repouso, os dados armazenados permanecem seguros, protegendo contra acesso não autorizado ou roubo. Muitos setores estão sujeitos a regulamentações rigorosas de proteção de dados. Os protocolos de criptografia não apenas fortalecem a segurança cibernética, mas também contribuem para a conformidade regulatória;
- *prevenção de perda de dados (DLP)*: abrange tecnologias e estratégias projetadas para evitar acesso não autorizado, uso e compartilhamento de dados confidenciais dentro de uma organização. Os componentes do DLP incluem descoberta de conteúdo para identificar dados confidenciais, monitoramento em tempo real e aplicação de políticas para evitar vazamento de dados, criptografia de informações confidenciais e educação do usuário sobre como lidar com dados confidenciais de forma responsável. O DLP é essencial para manter a confidencialidade dos dados, cumprir com

os regulamentos de privacidade e evitar violações de dados que podem levar a consequências financeiras e de reputação significativas;
- *inteligência de ameaças (threat intelligence)*: envolve a coleta, o processamento e a análise de dados para discernir os motivos, comportamentos e alvos de ameaças, fortalecendo as ações preventivas de combate aos ataques cibernéticos. Especialmente quanto à proteção de dados, é de grande valia de detecção preventiva de credenciais e outros dados sensíveis vazados, possibilitando ações mitigatórias;
- *políticas e procedimentos de segurança*: essas diretrizes e regras documentadas definem a abordagem da organização para a segurança cibernética, incluindo políticas de uso aceitável, planos de resposta a incidentes e políticas de proteção de dados;
- *gerenciamento de identidade e acesso (IAM)*: soluções para gestão e proteção de identidades de usuários, e os processos de autenticação e autorização;
- *treinamento de conscientização*: é um componente crucial da segurança cibernética que visa educar funcionários e usuários sobre as melhores práticas em segurança cibernética, riscos potenciais e a importância de aderir às políticas de segurança estabelecidas;
- *conformidade com normativos*: a conformidade com regulamentações, padrões e estruturas de segurança cibernética específicas do setor é um aspecto fundamental para manter um nível básico de segurança e adesão regulatória. Aderir a esses padrões ajuda as organizações a demonstrarem seu comprometimento com a segurança, construir confiança com os clientes e evitar consequências legais e financeiras associadas à não conformidade;
- *gerenciamento de informações e eventos de segurança (SIEM)*: esses sistemas coletam, analisam e correlacionam dados de *log* e eventos de várias fontes na infraestrutura de TI de uma organização para identificar e responder a incidentes de segurança;
- *planos e mecanismos de resposta a incidentes*: são os protocolos de emergência incorporados à arquitetura de segurança

cibernética para identificar, mitigar e se recuperar rapidamente de incidentes de segurança;
- *medidas de segurança física*: são implementadas para proteger o acesso físico a componentes críticos de infraestrutura, como *data centers* e salas de servidores, protegendo contra acesso não autorizado.

Conforme exposto, a infinidade de controles, camadas e demais recursos que devem existir em uma arquitetura de segurança cibernética são consideráveis. Para o aprimoramento da cibersegurança de uma organização é fundamental que o desenho da arquitetura, ou seja, a seleção dos controles utilizados, esteja alinhado com os riscos cibernéticos priorizados pela alta gestão.

Para o adequado desempenho desta tarefa, é imprescindível a existência de profissionais de cibersegurança capacitados para cada atividade específica. Não basta ter as ferramentas e não basta apenas instalá-las, é necessário configurá-las adequadamente. Muitas vezes é necessário alto grau de especialização para uma configuração específica em um ambiente crítico. Tudo isso só pode ser realizado por profissionais altamente capacitados, sendo um dos outros componentes do programa, que é a previsão de ações de capacitação e conscientização.

– Capacitação e conscientização

O elemento humano deve ter um lugar de destaque em todo programa de cibersegurança, abrangendo tanto os usuários dos serviços da corporação, quanto os funcionários e especialistas de tecnologia. Para esses profissionais deve existir um programa de capacitação contínua, capaz de enfrentar os crescentes desafios para implantação da resiliência cibernética da corporação.

– Gestão de incidentes

Todo *framework* de controles de cibersegurança possuem um destaque para a área de gestão de incidentes. O objetivo das ações preventivas é evitar a ocorrência de incidentes, contudo, enquanto o gestor de segurança precisa tratar dezenas de vulnerabilidades, basta a exploração de uma para ocasionar o incidente. Desta forma, para a organização manter a resiliência cibernética, não basta apenas prevenir, tem que estar preparada para uma célere e efetiva resposta a incidente.

É fundamental que o programa corporativo de cibersegurança tenha um conjunto de atividades de aprimoramento quanto à gestão de incidentes cibernéticos. Os componentes da avaliação de cibersegurança servem de fortes subsídios para a programação destas atividades.

A equipe de prevenção, tratamento e resposta a incidentes (ETIR – CSIRT, *Computer Incident Response Team*) tem um papel fundamental, devendo ter um planejamento contínuo de capacitação e aprimoramento de sua capacidade de atuação.

Torna-se importante a definição do nível de maturidade de um CSIRT. Por mais que possa existir um corpo técnico qualificado e experiente, o CSIRT deve ser avaliado no aspecto de sua estrutura, funcionalidade e recursos. A seguir é apresentada uma listagem de *frameworks* que podem ser utilizados nesta avaliação:

- SIM 3 Model (Open CSIRT, 2023): a sigla deriva de *Security Incident Management Maturity Model*, sendo um *framework* de avaliação de maturidade de um CSIRT criado pela OCF (*Open CSIRT Foundation*). A metodologia é baseada em 45 indicadores construídos a partir de 4 quadrantes principais: organização, fator humano, ferramentas e processos. São 8 indicadores sobre a organização, 7 sobre os aspectos humanos, 10 sobre as ferramentas e 17 indicadores sobre os processos estabelecidos para o CSIRT. A metodologia utiliza a técnica da autoavaliação e, para isso, disponibiliza uma ferramenta para fazer a avaliação de maturidade, descrevendo detalhes de cada indicador;
- CSIRT Maturity Framework (ENISA – CSIRT Maturity, 2022): a metodologia foi baseada no SIM 3, constituindo-se em um *framework* com 3 pilares: o padrão SIM3 bem estabelecido, a abordagem de maturidade em três níveis e a metodologia de avaliação ENISA com a autoavaliação e revisões por pares.

A definição do nível de maturidade do CSIRT evidencia as áreas necessárias para aprimoramento e possibilita a elaboração de uma estratégia bem balizada para o desenvolvimento da equipe, conforme o resultado da avaliação da postura corporativa de cibersegurança.

Também deve estar definido e ativo um processo de gestão de incidentes de segurança cibernética. Este processo corresponde a um conjunto de medidas que são aplicadas, de forma cíclica, possibilitando a resolução de incidentes, minimizando o impacto por meio da contenção até a recuperação do ativo comprometido, acompanhado de monitoramento e comunicação com as partes envolvidas. O processo deve conter, ao menos, os seguintes itens:
- definição das atribuições dos atores que participam do processo;
- estabelecimento dos níveis de criticidade dos incidentes;
- listagem dos serviços que o CSIRT está habilitado a realizar para os tratamentos em cada nível de criticidade;
- previsão de um repositório com o histórico dos incidentes e respectivas ações de tratamento, para servir como base de conhecimento;
- estabelecimento de procedimentos para o monitoramento e comunicação com as partes envolvidas.

O histórico dos incidentes pode servir como fundamento para ações que podem ser realizadas no ciclo do programa corporativo de cibersegurança, como a previsão de treinamentos específicos e a aquisição de ferramentas apropriadas.

– Avaliação do programa

A fase de avaliação do programa serve para mensurar o resultado obtido em cada projeto realizado e a efetividade do aprimoramento da maturidade cibernética. Esta avaliação serve de subsídio para a análise dos ajustes necessários para uma nova edição do programa, que ocorre de forma cíclica.

A análise dos indicadores ocorre com a avaliação das metas obtidas no decorrer do programa, com o desenvolvimento das atividades dos projetos e planos de ação. A avaliação deve ocorrer de forma contínua durante o desenvolvimento das atividades do programa, não apenas no prazo final, servindo para avaliar o cumprimento das metas e realizando ajustes quando necessário.

Para aferir a efetividade dos resultados obtidos com o programa de cibersegurança, podem-se utilizar recursos como testes de intrusão em determinado setor ou mesmo varreduras de superfícies de ataque e vulnerabilidades.

Um teste de intrusão é um ataque simulado autorizado realizado em um sistema para avaliar sua segurança. Os testadores usam as mesmas ferramentas, técnicas e processos que os invasores para encontrar e demonstrar os impactos comerciais das fraquezas em um sistema. Os testes geralmente simulam uma variedade de ataques que podem ameaçar um negócio. Eles podem examinar se um sistema é robusto o suficiente para suportar ataques de posições autenticadas e não autenticadas, bem como uma variedade de funções do sistema. Com o escopo certo, um teste de intrusão pode mergulhar em qualquer aspecto de um sistema (SYNOPSYS, 2024).

Um teste de intrusão fornece *insights* sobre o quão bem a segurança do sistema ou da rede está implementada, podendo ajudar uma organização a encontrar fraquezas de sistemas, determinar a robustez dos controles e dar suporte à conformidade com regulamentações de privacidade e segurança de dados.

Já uma superfície de ataque refere-se a todos os possíveis pontos, também chamados de vetores de ataque, nos quais cibercriminosos podem acessar um sistema e roubar dados. Quando uma superfície de ataque é pequena, é mais fácil gerenciar e proteger, sendo essencial reduzir ao máximo a superfície de ataque. A varredura da superfície de ataque consiste no procedimento manual ou automatizado de verificar as brechas existentes na infraestrutura tecnológica e de sistemas de uma organização.

Tanto a realização dos testes de instrução quanto a varredura da superfície de ataque são importantes métricas que auxiliam a aferir a qualidade dos resultados do programa corporativo de cibersegurança, fornecendo elementos adicionais para seu aprimoramento.

5.3 Governança e sustentabilidade do programa

Como garantir que seu programa de cibersegurança permaneça sustentável e alinhado com as melhores práticas de governança?

Um programa corporativo deve ter uma governança adequada para que seja adotado de forma institucional. Uma vez que o CISO tenha elaborado a proposta do programa ele deve ser submetido ao Comitê de Segurança da Informação (CSI) para ser avaliado e homologado. Com a homologação do CSI, o programa ganha uma forte chancela corporativa.

Após a chancela do CSI, o programa deve ser submetido ao CEO e *Board* para que possa realmente estar inserido como uma ação corporativa, abrindo uma oportunidade para que os altos gestores possam imprimir a direção da organização dentro da estratégia de cibersegurança. Esse é um resultado do trabalho de visão da alta gestão, permitindo que eles participem ativamente da definição das diretrizes corporativas de aprimoramento da cibersegurança.

Uma vez que o programa está implantado, as metas devem ser acompanhadas pelo CISO ao menos mensalmente para possível ajuste de rotas durante a sua execução. Recomenda-se que a execução do programa seja compartilhada, pelo menos, trimestralmente com o CSI e nas reuniões com o CEO e *Board* para acompanhamento dos avanços.

A governança do programa de cibersegurança determina como a organização controla e direciona as abordagens do setor. Quando bem realizada, possibilita uma coordenação efetiva das atividades, mas quando não está bem estruturada resulta em resultados ineficazes. A boa governança necessita de um fluxo de comunicação e de decisão bem definido para que os efeitos reflitam em toda corporação. Assim como a segurança, todos na organização têm sua parcela de responsabilidade na governança; o CISO deve distribuir as responsabilidades com sua equipe, específicas para a competência de cada um. Uma boa governança deve investir em gerenciamento de riscos com uma avaliação de confiabilidade e tomadores de decisão com visão das necessidades de segurança e do negócio para equilibrar as diretrizes de aprimoramento da cibersegurança (NCSC – RISK MANAGEMENT, 2024).

Quando determinado marco do programa é atingido, como uma meta estratégica realizada, é importante que este fato também seja informado com objetivo de demonstrar, de forma concreta, os avanços dos aprimoramentos realizados. O fluxo de comunicação efetiva e a boa governança possibilitam que o CEO e *Board* possam ter uma participação ativa na compreensão dos riscos de cibersegurança, refinar a abrangência do nível de criticidade, alinhar com os objetivos do negócio, apoiar a alocação dos recursos necessários, estar mais preparados para o tratamento de crises, gerir com mais consciência as parcerias estratégicas e com fornecedores, gerenciando, assim, a preservação da marca, da imagem e das finanças.

A alta gestão tem um papel significativo a desempenhar para garantir que a organização adote uma postura de segurança elevada. Em quase todas as organizações, as melhorias de segurança são ponderadas em relação aos custos e riscos operacionais para o negócio. Neste ambiente de ameaças elevadas, a alta gestão deve capacitar os CISOs, incluindo-os no processo de tomada de decisão sobre riscos para a corporação, e garantir que toda a organização entenda que os investimentos em segurança são uma prioridade máxima no curto prazo.

Os planos de resposta a incidentes cibernéticos devem incluir não apenas as equipes de segurança e TI, mas também membros da alta gestão e gerentes. Participar de um exercício de mesa (*tabletop exercise*) é uma ótima forma de garantir a familiaridade com o método como sua organização gerenciará um relevante incidente cibernético. Reconhecendo recursos finitos, os investimentos em segurança e resiliência devem ser focados nos sistemas que dão suporte a funções comerciais críticas. A alta gestão deve garantir que tais sistemas tenham sido identificados e que testes de continuidade tenham sido conduzidos para garantir que funções comerciais críticas possam permanecer disponíveis após uma intrusão cibernética (CISA, 2024).

CAPÍTULO 6

MONITORAMENTO, CAPACITAÇÃO E INOVAÇÃO EM CIBERSEGURANÇA

Sua organização está preparada para monitorar e responder a ameaças cibernéticas em tempo real?

Este capítulo explora setores de grande relevância para o aprimoramento da cibersegurança, abordando o monitoramento, o fator humano, parcerias estratégicas e inovações tecnológicas.

A visualização dos eventos, passados e em andamento, na infraestrutura computacional, depende diretamente dos recursos de monitoramento. Com o crescente aumento da velocidade das conexões, a expansão da infraestrutura e diversificação dos tipos de ataques, percebe-se o considerável desafio para poder disponibilizar uma visibilidade dos eventos para adotar medidas preventivas e reativas. A resiliência cibernética só pode ser obtida por meio de mecanismos de monitoramento adequados. Para isso, é imprescindível que os registros desses eventos, chamados de *logs*, sigam um padrão de qualidade que garanta seu arquivamento, consulta e integridade.

Por mais automatizada que seja uma solução de monitoramento, ela não opera de forma autônoma. É necessário contar com profissionais capacitados para configurá-la de maneira personalizada e operá-la eficientemente. O fator humano – tanto os usuários e funcionários quanto os especialistas pela implementação dos controles de segurança – analisado sob uma perspectiva estratégica, é fundamental. A organização deve estar ciente dessa importância e investir continuamente na capacitação e valorização de sua equipe.

As parcerias estratégicas são ações que buscam ampliar a força de atuação da organização nos desafios da cibersegurança, como uma força operacional adicional aos recursos existentes. Os serviços gerenciados também desempenham o mesmo papel, consistindo em uma forma flexível de contratação de serviços.

No campo da cibersegurança, a inovação tecnológica demanda uma atenção redobrada, pois os riscos e as oportunidades associados a essas novas tecnologias devem ser analisados com maior acuidade em comparação às tecnologias já consolidadas.

Novas tecnologias, embora promissoras, costumam apresentar um alto volume de vulnerabilidades desconhecidas, que podem ser facilmente exploradas pelos atacantes com expertise no assunto. Neste capítulo, exploraremos a aplicação da inteligência artificial (IA) e da inteligência cibernética no campo da cibersegurança, analisando tanto as ameaças, quanto as oportunidades de fortalecer os controles preventivos.

Os assuntos abordados neste capítulo trazem elementos necessários para reflexões e respostas às seguintes perguntas:

- Sua organização está preparada para monitorar ameaças cibernéticas em tempo real e responder a elas?
- Como o monitoramento contínuo pode prevenir ataques e aumentar a resiliência da sua organização?
- Seus colaboradores estão preparados para lidar com ameaças cibernéticas no dia a dia?
- Como estabelecer um programa de capacitação e conscientização efetivo para a realidade da minha organização?
- Quais os recursos necessários para valorizar e reter os talentos de cibersegurança da minha organização?
- Quais ferramentas a sua organização possui para antecipar e proteger seus ativos?
- Você está aproveitando o potencial das parcerias estratégicas para reforçar sua defesa cibernética?
- Como utilizar de forma efetiva serviços gerenciados de cibersegurança?
- Como desenvolver um programa de inteligência em ameaças cibernéticas?
- Como a IA pode ser sua aliada na cibersegurança e quais são os riscos envolvidos?

6.1 Monitoramento contínuo e gestão de eventos de segurança

Como o monitoramento contínuo pode prevenir ataques e aumentar a resiliência da sua organização?

Para uma governança efetiva em cibersegurança, é imprescindível o acompanhamento contínuo dos eventos de segurança cibernética. A organização não pode se proteger de ameaças que não consegue identificar, desta forma, é fundamental que os eventos sejam devidamente armazenados, analisados e monitorados, com a periodicidade adequada para cada processo.

Um evento, nesse contexto, é qualquer ocorrência observável. Para os efeitos do monitoramento discutido, os eventos relevantes são aqueles que afetam os sistemas e a infraestrutura computacional, sendo registrados pelas ferramentas implantadas pela arquitetura de cibersegurança. Esses eventos devem ser adequadamente registrados, analisados com rigor e comunicados aos atores que participam do processo de governança cibernética, conforme a atribuição de cada um.

O monitoramento de segurança cibernética envolve a observação em tempo real de eventos e atividades relevantes. Esse processo permite que as organizações assegurem que os controles de segurança responsáveis por proteger a integridade, confidencialidade e disponibilidade de seus ativos de dados não sejam comprometidos, bem como detectem e tratem de quaisquer ameaças ou vulnerabilidades antes que se transformem em um incidente de segurança cibernética.

O monitoramento de ameaças cibernéticas é um processo dinâmico, as organizações precisam gerenciá-lo ativamente para acompanhar um cenário de risco cibernético em rápida evolução, por um lado, e com mudanças constantes em sua própria arquitetura corporativa e ambiente operacional, por outro (NIST – ISCM, 2011). O monitoramento contínuo é um componente essencial das estruturas de gerenciamento de risco e exige a implementação de uma estratégia abrangente de monitoramento contínuo de segurança da informação (*Information Security Continuous Monitoring* – ISCM).

O monitoramento de segurança cibernética é crucial para proteger os dados confidenciais da sua organização e prevenir ataques cibernéticos. Sem o monitoramento adequado, os criminosos cibernéticos podem facilmente obter acesso aos seus sistemas e roubar informações valiosas, causando danos financeiros e de reputação significativos. Ao implementar o monitoramento de segurança cibernética, pode-se detectar e responder a ameaças em tempo hábil, minimizando o impacto de um ataque potencial e protegendo os ativos da sua organização.

O monitoramento contínuo apresenta sérios desafios, como (CISCO, 2016):
- crescente número de ataques cibernéticos sofisticados;
- exponencial aumento do volume de informações recebidas e disponibilizadas no ambiente corporativo;
- dificuldade de visualização de todos os recursos de interesse, em cenário de uso de nuvem, rede local e dispositivos remotamente conectados por funcionários e parceiros.

Estes desafios ressaltam a importância de um planejamento estruturado para garantir um monitoramento que possa agregar valor à postura de cibersegurança da organização, não apenas um repositório de dados, mas um artefato de imprescindível importância.

Para elaboração deste planejamento, recomendamos o uso de protocolos bem estabelecidos, como o contido no NIST 800-137 (ISCM) e listado a seguir (NIST – ISCM, 2011):
- elabore um programa que estabeleça métricas, frequências de monitoramento de *status* e frequências de avaliação de controle, bem como uma arquitetura técnica, incluindo ferramentas, tecnologias e metodologias, manuais ou automatizadas;
- reúna as informações relacionadas à segurança necessária para métricas, avaliações e relatórios predefinidos de pessoas, processos, tecnologias, bem como quaisquer relatórios de avaliação de controle de segurança relevantes existentes;
- analise os dados coletados e relate as descobertas ao pessoal relevante para que ele possa tomar decisões informadas sobre como lidar com riscos potenciais; pode ser necessário reunir informações adicionais para esclarecer ou complementar os dados de monitoramento existentes;

- responda às descobertas em todos os níveis de acordo com a tolerância a riscos da sua organização; as respostas podem incluir mitigação de riscos, aceitação de riscos, prevenção ou rejeição de riscos ou compartilhamento ou a sua transferência;
- revise e atualize regularmente o programa ISCM para manter a visibilidade dos ativos e vulnerabilidades e aumentar a resiliência organizacional.

Um sistema de monitoramento contínuo de cibersegurança requer um conjunto de ferramentas capazes de capturar, registrar e disponibilizar os eventos cibernéticos. Estas ferramentas fazem parte do núcleo da arquitetura de cibersegurança de uma organização e as principais para o monitoramento são:

- *XDR (ferramentas de detecção e resposta de endpoint)*: atuam mais especificamente nos *endpoints* da rede, como *notebooks*, dispositivos móveis, servidores ou cargas de trabalho na nuvem, coletando dados e procurando indicadores de comprometimento, como endereços IP suspeitos a URLs;
- *IDS (sistemas de detecção de intrusão)*: monitoram continuamente o tráfego de rede em busca de sinais de atividade maliciosa ou violações de política. Eles alertam os administradores de sistema sobre eventos suspeitos, permitindo intervenção oportuna para evitar possíveis violações;
- *ferramentas de avaliação de vulnerabilidade*: são essenciais para identificar, quantificar e priorizar vulnerabilidades nos sistemas de uma organização. Ao escanear regularmente buscando por fraquezas, as empresas podem abordar proativamente ameaças potenciais antes que elas possam ser exploradas;
- *ferramentas de teste de penetração*: são usadas para executar exercícios de *hacking* ético nos quais um ataque cibernético é simulado em um sistema de computador. Dessa forma, as organizações podem detectar configurações incorretas de segurança e vulnerabilidades e melhorar sua postura geral de segurança.

Ao analisar o tráfego de rede e o comportamento do sistema, as ferramentas de detecção de ameaças à segurança cibernética podem identificar anomalias que indicam possíveis ataques. Exemplos incluem endereços IP suspeitos, tentativas de *login* incomuns ou acesso a arquivos restritos. Eles geralmente são acoplados a recursos de automação, permitindo ação rápida contra ameaças identificadas, potencialmente interrompendo uma violação em seu caminho (TRESORIT TEAM, 2024).

A efetividade desses mecanismos depende, em grande parte, da robustez do seu plano de monitoramento de segurança. Este plano deve definir como as ferramentas de automação de detecção de ameaças à segurança cibernética encontram e respondem a ameaças, incluindo quais comportamentos e atividades monitorar, quais limites devem disparar um alerta e quais ações tomar quando um ataque potencial for detectado.

Dada a importância do SIEM (*Security Information and Event Management*) em um sistema contínuo de monitoramento em cibersegurança, descreveremos a seguir os detalhes deste recurso.

– SIEM (*Security Information and Event Management*)

A ferramenta de Gestão de Informações e Eventos de Segurança (SIEM) tem como principal função agregar dados relevantes de várias fontes, identificar desvios da norma e tomar as medidas adequadas. Quando um potencial problema é detectado, um SIEM, por exemplo, pode registrar informações adicionais, gerar um alerta e instruir outros controles de segurança a interromper o progresso da atividade.

A ferramenta trabalha tanto com regras estatísticas para fazer conexões entre entradas de *logs* de eventos, quanto, nas versões mais avançadas, inclui análise de comportamento de usuários e entidades, bem como orquestração de segurança, automação e resposta.

Para realizar essa função, os sistemas SIEM empregam agentes de coleta que reúnem eventos relacionados à segurança de dispositivos de usuário final, servidores, equipamentos de rede, bem como ferramentas especializadas de segurança como *firewalls* e sistemas de prevenção de intrusão. Os coletores encaminham eventos para um console de gerenciamento centralizado, em que analistas de segurança analisam o ruído, conectando os pontos e priorizando incidentes de segurança.

Os dados coletados são organizados por categorias, como autenticações bem-sucedidas e malsucedidas, atividades de *malwares* e outras ameaças conhecidas. O sistema emite alertas ao detectar possíveis problemas. Com base em um conjunto de regras predefinidas, as organizações podem classificar esses alertas como de baixa ou alta prioridade.

O SIEM otimiza o gerenciamento de segurança ao filtrar grandes volumes de dados e priorizar os alertas mais relevantes. Essa ferramenta permite a detecção de incidentes que, de outra forma, passariam desapercebidos. O *software* analisa os registros de *logs* para identificar sinais de atividade maliciosa. Além disso, como ele reúne dados de diversas fontes, é capaz também de recriar uma linha do tempo do ataque, permitindo que a equipe técnica determine a natureza do ataque e seu efeito nos negócios.

O sistema também auxilia a organização na obtenção de requisitos de conformidade, gerando automaticamente relatórios que incluem todos os eventos de interesse, que, de outra forma, deveriam ser obtidos manualmente. Um exemplo de um relatório de conformidade deste estilo é obter os usuários que manipularam dados pessoais de determinado sistema.

A tecnologia SIEM existe desde meados dos anos 2000, sendo uma evolução das ferramentas de gerenciamento de *logs* que administravam a geração, transmissão, análise, armazenamento e descarte de grandes volumes de dados de *log* criados pelos sistemas de informações e consolidando com os *logs* dos ativos de rede.

A tecnologia introduziu análise de armazenamento de longo prazo e relatórios sobre dados de *log*, integrando posteriormente com inteligência de ameaças. Com a necessidade de análise em tempo real, foram incorporados recursos de correlação de eventos e resposta a incidentes.

Atualmente o SIEM é uma ferramenta abrangente e avançada, que continua a evoluir com a integração de tecnologias emergentes, como aprendizado de máquina e IA para ajudar os sistemas a sinalizar anomalias com precisão.

Os principais benefícios de um SIEM são:
- redução significativa do tempo para detectar ameaças;
- visão holística do ambiente de cibersegurança de uma organização, facilitando a coleta e análise de informações para

manter os sistemas seguros. Todos os dados relevantes vão para um repositório centralizado, em que são armazenados e facilmente acessíveis;
- podem ser utilizados em uma variedade de casos de usos que giram em torno de dados ou *logs*, incluindo programas de segurança, relatórios de auditoria e conformidade, atendimento ao usuário e solução de problemas de rede;
- suportam grandes quantidades de dados para que as organizações possam continuar a expandir e adicionar mais dados;
- fornecem detecção de ameaças e alertas de segurança;
- executam certas análises forenses no caso de violações de segurança.

A implantação do SIEM deve ocorrer de forma planejada e metódica, garantindo que a escolha da ferramenta esteja em conformidade com o cenário de ameaças potenciais identificadas. As regras de correlação dos dados devem ser implementadas nos sistemas, dispositivos de rede e implantações em nuvem, permitindo a rápida identificação dos problemas. Os requisitos de conformidade devem ser listados para facilitar a futura auditoria e o atendimento aos padrões regulatórios. Além disso, o administrador da ferramenta deve ser devidamente capacitado para conduzir a implementação, integrando-a com o plano de resposta a incidentes e fluxos de trabalhos já estabelecidos.

O CISO desempenha um papel fundamental no sucesso da implantação de uma ferramenta SIEM proficiente, dado que é necessário personalizá-la de acordo com os riscos e os casos de uso mais relevantes da organização. Por meio da visibilidade que o SIEM proporciona, o CISO pode conduzir de forma mais consistente o gerenciamento do nível dos riscos, possibilitando à alta gestão a tomada de decisões mais embasadas (CROWDSTRIKE, 2024).

– SOC (*Security Operations Center*)

Apenas dispor de ferramentas de monitoramento avançadas não é suficiente, independentemente da sua sofisticação. É essencial contar com uma equipe capacitada para operar as ferramentas em regime especial de trabalho, permitindo o monitoramento em tempo real ou quase real.

Uma das formas mais eficientes de operacionalizar esta atividade é por meio de um centro de operações de segurança (SOC), composto por uma equipe de especialistas em cibersegurança que protege a organização ao monitorar, detectar, analisar e investigar ameaças cibernéticas. A equipe do SOC é responsável por analisar os alertas gerados por diversas ferramentas, como o SIEM, ajustar as regras estabelecidas, identificar exceções, aprimorar as respostas e manter-se atenta a novas vulnerabilidades.

Como os sistemas de tecnologia geralmente operam 24 horas por dia, 7 dias por semana, os SOCs geralmente seguem esse mesmo padrão, organizando-se em turnos, para garantir uma resposta ágil a ameaças emergentes. A implantação de um SOC deve estar alinhada ao programa corporativo de cibersegurança, em sincronia com a arquitetura técnica estabelecida e aos objetivos corporativos. Muitas grandes organizações possuem um SOC interno, enquanto outras preferem terceirizar essa função para um provedor de serviços gerenciados de segurança.

O SOC atua em sintonia e de forma complementar à Equipe de Prevenção, Tratamento de Respostas a Incidentes (ETIR). Enquanto o SOC atua em regime especial de trabalho, monitorando os alertas, realizando a triagem baseado na severidade e até tratando os mais simples, a ETIR é acionada para uma resposta mais específica e avançada a um incidente cibernético. Após confirmação de um incidente confirmado pelo SOC, a ETIR assume a investigação detalhada, analisando a causa e o impacto do incidente, e prossegue com as etapas de contenção, remediação, restauração dos serviços e lições aprendidas.

Como observado, é imprescindível que a atuação do SOC esteja alinhada com o processo de gestão de incidentes cibernéticos. Neste contexto, o CISO desempenha um importante papel, ao alinhar processos, normativas e tecnologias, garantindo a fluidez das ações do SOC e da ETIR, com a devida visibilidade da alta gestão quando necessário. Um SOC bem administrado é fundamental para um programa resolutivo de cibersegurança. Vale destacar que um SOC não precisa necessariamente ser interno para ser produtivo. Um SOC parcial ou totalmente terceirizado, administrado por um provedor experiente, pode atender plenamente às necessidades de segurança cibernética de uma organização. Em qualquer formato, o SOC é essencial para garantir uma resposta rápida a invasões e incidentes, protegendo as organizações e integridade dos seus sistemas.

6.2 Conscientização, capacitação e engajamento da força de trabalho

Seus colaboradores estão preparados para lidar com ameaças cibernéticas no dia a dia?

O programa corporativo de cibersegurança deve ser estruturado com base em três pilares: processos, tecnologias e pessoas da organização. Entre esses componentes, o fator humano é um dos mais desafiadores, devido a sua amplitude e complexidade. A amplitude refere-se ao desenvolvimento de todos, desde os clientes e os usuários dos serviços corporativos, até os funcionários e a alta gestão. Já a complexidade está relacionada ao nível de especialização exigido do corpo técnico e à necessidade de treinamento adequado para os demais usuários.

Uma organização deve contar com um programa estruturado de conscientização e capacitação em cibersegurança. A conscientização ajuda a prevenir e mitigar os riscos humanos, buscando elementos para possibilitar que os usuários entendam o papel que desempenham no combate a violações de segurança. Um treinamento potente de conscientização sobre segurança ensina higiene cibernética, destaca os principais riscos de segurança e instrui como identificar ataques cibernéticos entregues por *e-mail* e navegação na *web*.

Por outro lado, um programa de capacitação em cibersegurança tem como foco instruir quem vai gerir e operacionalizar a segurança cibernética, abrangendo áreas como: governança e gestão de segurança cibernética, tratamento de incidentes, segurança no desenvolvimento de *software*, segurança de redes e infraestrutura, segurança em computação em nuvem, segurança em aplicações móveis, forense computacional, inteligência e investigação em crimes cibernéticos, gestão de continuidade de negócios, segurança ofensiva, além do conhecimento na configuração e operação das ferramentas da arquitetura de cibersegurança.

– Programa de conscientização em cibersegurança

Pesquisas indicam que o erro humano está presente em mais de 90% das violações de segurança (CROWDSTRIKE, 2024). O treinamento de conscientização de segurança é uma ferramenta que ajuda a minimizar esses riscos, prevenindo a perda de informações pessoais, de dinheiro ou até mesmo danos à reputação da marca. Um programa de treinamento de conscientização bem estruturado aborda os erros mais comuns de segurança cibernética que os funcionários podem cometer ao usar *e-mail*, a *web* e no mundo físico, como descarte inadequado de documentos.

Muitos programas de treinamento de conscientização sobre segurança falham ao desconsiderar as melhores práticas educacionais, oferecendo sessões únicas que sobrecarregam os usuários com informações, ou, pior, são facilmente esquecidas. Para que o treinamento seja duradouro, ele precisa ser contínuo, oferecido regularmente em pequenas doses para se adequar às agendas ocupadas dos funcionários. Mais importante ainda, o reforço positivo e o humor têm melhor desempenho do que mensagens baseadas em medo ou chatas para melhorar a retenção de tópicos críticos de segurança.

Um programa de conscientização deve contemplar um conjunto de tópicos que sejam ajustados ao contexto organizacional e os riscos corporativos identificados. A seguir é apresentada uma listagem exemplificativas de tópicos comuns:

- *phishing/engenharia social*: ensinar os funcionários a identificar e lidar com possíveis *e-mail*s de *phishing* ou outros ataques de engenharia social;
- *uso seguro da internet*: instruir sobre práticas de navegação segura em *sites* e redes sociais;
- *segurança de senha*: incluir instruções sobre como usar senhas fortes, armazená-las de forma segura e utilizar múltiplo fator de autenticação (MFA);
- *problemas de privacidade*: ensinar como proteger dados confidenciais de clientes, parceiros, outros funcionários e da organização;
- *conformidade*: abordar a conformidade com LGPD, HIPAA, PCI e GDPR;

- *ameaças internas*: instruir os funcionários a reconhecer ameaças que podem vir de dentro da organização;
- *fraude de c-level:* mostrar aos funcionários como os invasores podem se passar por um executivo *c-level* para fraudar a organização;
- *dados em movimento*: conscientizar sobre a vulnerabilidade dos dados em movimento e como eles podem protegê-los;
- *higiene digital*: orientar sobre as melhores práticas para proteger papéis, mesas, telas e edifícios;
- *trabalho remoto*: ensinar práticas de segurança importantes no desempenho de trabalho de forma remota.

Atualmente existem métodos e ferramentas inovadores que auxiliam significativamente programas de conscientização corporativa, como o *Computer Based Training* (CBT). O treinamento baseado em computador para conscientização em cibersegurança possibilita o uso de módulos interativos para personalização dos tópicos e uso em diversos locais e dispositivos.

Além disso, existem técnicas de conscientização, como palestras e ataques simulados. O aprendizado em sala de aula, embora útil, tende a ser genérico e abrange muitos tópicos de uma só vez, sendo mais útil para atender a uma conformidade normativa do que efetivamente impulsionar uma cultura em cibersegurança. Os ataques simulados são úteis, mas se os usuários forem levados a sentir que falharam em um teste em vez de praticar o conhecimento, eles podem sentir um golpe moral e uma desconfiança associada em seu programa de segurança.

Para promover mudanças significativas na conscientização sobre cibersegurança, considere o uso do ACE *Framework* (*Assess, Change and Evaluate*) como um modelo útil. Ele é baseado em três pilares fundamentais, conforme descrito a seguir (PROOFPOINT, 2021):

- *avaliar*: estabelecer uma linha-base precisa do conhecimento e conscientização atuais sobre cibersegurança (ataques simulados são úteis aqui);
- *mudar comportamento*: impulsionar mudanças com abordagens de aprendizagem adaptáveis, incluindo sequências de aprendizagens mais curtas, módulos específicos para cada função e diferentes métodos de comunicação, por meio de uma abordagem de treinamento contínua;

- *mensurar*: realizar a mensuração da eficácia do programa analisando as principais métricas e KPIs.

O treinamento baseado em computador é uma excelente opção para se alinhar à estrutura ACE, pois esse método de treinamento é voltado para ser mais centrado no funcionário e adaptado a funções/contextos específicos. Além disso, o treinamento baseado em computador acomoda facilmente a fase de avaliação, coletando métricas relevantes e auxiliando na análise delas.

O treinamento de conscientização baseado em computador é dinâmico e personalizável, adaptando os conteúdos com base no conhecimento do público-alvo e da temática selecionada. Esse formato proporciona maior engajamento ao ser estruturado em trechos de aprendizado mais curtos, permitindo que os usuários ajustem seu ritmo mais facilmente e voltem ao conteúdo novamente sempre que necessário. Além disso, as ferramentas possibilitam uma avaliação mais analítica dos resultados, monitorando o desempenho e rastreando melhorias em todo processo.

Recursos como agendamento flexível, aprendizado em ritmo próprio, conteúdo personalizado e *feedback* em tempo real são recursos positivos obtidos por este método. Este treinamento também pode simular cenários realistas e fornecer experiência prática sem arriscar violações de segurança reais. De uma perspectiva de TI, o treinamento baseado em computador é mais econômico e acessível do que o treinamento presencial, facilitando o treinamento de muitas pessoas e uma mensuração mais realista dos resultados.

– Programa de capacitação em cibersegurança

O programa de capacitação visa preparar os profissionais responsáveis pela gestão e a operacionalização técnica da cibersegurança, com o objetivo de aprimorar a postura corporativa de segurança cibernética, fortalecer as medidas preventivas e responder tempestivamente aos ataques e possíveis incidentes cibernéticos.

As capacitações da área de cibersegurança são altamente técnicas, exigindo uma sólida base teórica e prática. Os profissionais devem estar capacitados nos treinamentos iniciais e gradualmente progredir até os cursos mais avançados e especializados. Não é recomendado que o profissional avance diretamente para as capacitações mais avançadas, pois as básicas e intermediárias dão a consistência indispensável para o bom desempenho das críticas funções deste profissional.

O ciclo de aprendizagem refere-se ao tempo necessário para que os conceitos e princípios técnicos sejam, de fato, assimilados pelos alunos que cursam os treinamentos. A curva de aprendizagem é uma técnica que busca acompanhar o aprimoramento das habilidades dos profissionais que passam pela capacitação (CONNECTE.SE, 2024).

A capacitação em cibersegurança abrange um amplo conjunto de disciplinas, cuja curva de aprendizagem se estende por cerca de 2 (dois) anos para cada uma delas, considerando que o profissional se dedique exclusivamente ao desempenho dessas atividades e evite o acúmulo de outras responsabilidades não correlacionadas com a segurança da informação. Portanto é altamente recomendável e benéfico que a organização apoie o profissional na sua jornada de capacitação compatibilizando sua carga laboral com a carga de treinamentos.

De forma exemplificativa serão citados alguns domínios temáticos relativos à segurança da informação:

- *gerenciamento de riscos*: governança de segurança da informação, requisitos de conformidade e legislação aplicável ao setor;
- *ativos de informação*: procedimentos de salvaguarda de todo ciclo de vida dos ativos, definição do que deve ser protegido, os controles necessários e os meios de acesso controlados;
- *engenharia de segurança da informação*: foco em atores maliciosos, erro humano e falhas em sistemas; definição dos modelos e controles de segurança para cada arquitetura de sistema, mitigação de vulnerabilidades em projetos e arquiteturas;
- *segurança de rede e das comunicações*: estabelecimento da ETIR, tratamento de vulnerabilidades e atores maliciosos, emissão de alertas, prospecção de novas tecnologias, detecção de intrusão com a implementação adequada;
- *identificação e controle de acesso*: gestão de credenciais e recursos de autorização, dispositivos e processos de concessão

e revogação de acessos, procedimentos de acesso físico e lógico aos ativos de informação;
- *avaliação e testes de segurança*: procedimentos periódicos de avaliação dos controles de segurança; testes de intrusão, avaliação de vulnerabilidade e auditorias de segurança; exercícios simulados de incidentes de segurança;
- *segurança operacional*: procedimentos diários de manutenção de segurança; atividades de suporte e investigações; monitoramento e resposta a incidentes; estratégias de recuperação de desastres e continuidade das atividades; gestão de segurança física e de pessoal;
- *segurança do desenvolvimento de software*: gestão da segurança do ciclo de vida do *software*; modelos de programação seguros; análise de vulnerabilidades existentes; mecanismos detalhados de auditoria e análise de *software*s adquiridos de terceiros.

A dedicação exclusiva dos profissionais ao exercício das disciplinas de segurança da informação, evitando acúmulo de papéis e responsabilidades que não estejam diretamente ligados à cibersegurança, bem como a alocação adequada de tempo para exercitar os conteúdos dos cursos são fatores essenciais para o sucesso da estratégia de capacitação, produzindo mão de obra qualificada e aprimorando a segurança do ambiente corporativo, e minimizando os riscos de incidentes graves, que podem degradar a imagem da organização.

É recomendável que a organização também estimule as certificações profissionais. Essas certificações, além de propiciar uma maior qualificação do funcionário, também eleva o nível de maturidade corporativa. Certificações profissionais são títulos conferidos a profissionais que se dedicam à especialização em determinado domínio de conhecimento. São obtidas por meio de provas específicas elaboradas por entidades reconhecidas pelo mercado. Por demandarem um processo de preparação extremamente exigente, as certificações possibilitam que seus detentores comprovem junto ao mercado sua proficiência com relação ao tema em questão, o que se traduz em uma expectativa, por parte do empregador ou do contratante, de um padrão de qualidade internacional quanto à prestação do serviço.

Uma importante ação de capacitação é a possibilidade de participar de congressos, simpósios e seminários. Um profissional da área de cibersegurança precisa estar atualizado sobre novas tecnologias, verificar como outras organizações estão tratando determinadas ameaças e fortalecer sua rede de relacionamentos com outros especialistas da área. A participação nestes eventos deve ser regular, seja como telespectador, seja mesmo como palestrante, pois isso fortalece a cadeia de confiança tão necessária na área de cibersegurança e proporciona o compartilhamento de experiências que aprimoram todos envolvidos.

O programa de capacitação em cibersegurança deve ser desenhado conforme a postura corporativa de segurança cibernética, buscando o aprimoramento da força de trabalho nos setores considerados mais críticos e estratégicos para o momento, em um ciclo com metas, áreas contempladas e público-alvo definido.

– Engajamento da força de trabalho

O programa de capacitação em cibersegurança deve ser desenhado conforme a postura corporativa de segurança cibernética, visando aprimorar a força de trabalho nos setores priorizados, com base nos riscos corporativos identificados, com metas para execução gradual das atividades previstas.

Constata-se o imenso valor dos profissionais qualificados, que representam um ativo corporativo fundamental, devendo ser reconhecidos e estimulados ao contínuo engajamento. No entanto, os desafios para alcance deste objetivo são intensos: a própria pressão da atividade de segurança, a necessidade de conhecimento atualizado para implantar as defesas mais efetivas, a ausência de equipes com o quantitativo e qualificação ideal em cada setor e nem sempre a existência de estrutura funcional e orgânica na organização para propiciar um aprimoramento da postura corporativa de cibersegurança.

Uma nova pesquisa global revela que 45% dos funcionários de organizações afetadas por invasões cibernéticas relatam aumento da pressão sobre resultados, níveis elevados de estresse após os incidentes e perda de produtividade (VALOR ECONÔMICO, 2024).

A implementação de um programa corporativo de cibersegurança tem o remédio necessário para mitigar este problema e tratar o desgaste natural decorrente da crítica missão dos profissionais de segurança cibernética. A existência de uma estrutura de gestão baseada em riscos, com um programa contínuo de aprimoramento dos processos, tecnologias e pessoas, favorece um ambiente mais saudável aos profissionais envolvidos.

O papel do CISO neste cenário é de singular relevância. Cabe a ele avaliar o quantitativo ideal de profissionais de cibersegurança em cada setor, considerando suas respectivas atribuições. Esta mensuração possibilita a estruturação da força de trabalho necessária às críticas funções para resiliência cibernética corporativa. Com isso, os ajustes no quantitativo de profissionais e na arquitetura de segurança cibernética possibilita uma divisão mais equilibrada da carga de trabalho. Os profissionais podem tanto ser contratados pela corporação quanto terceirizados e a arquitetura de cibersegurança fornece o indicativo dos recursos tecnológicos necessários para um ambiente de trabalho mais equilibrado e eficaz. O fator humano, por sua vez, deve ser cuidadosamente inserido no programa corporativo de cibersegurança, reconhecendo sua importância estratégica para o sucesso das operações.

Atualmente, há uma projeção de *déficit* significativo de profissionais da área de cibersegurança, e essa tendência deve se manter por algum tempo (MIT, 2018). A demanda por profissionais qualificados supera a oferta, tornando a retenção de talentos um grande desafio. Alguns procedimentos imprescindíveis que uma corporação deve priorizar para o engajamento da força de trabalho são:

- *reconhecimento e valorização*: reconhecer e valorizar o trabalho dos profissionais de cibersegurança por meio de programas de recompensas e reconhecimento pode criar um ambiente de trabalho mais positivo e motivador;
- *mentorias*: estabelecer programas de mentoria para facilitar a transferência de conhecimento entre gerações de profissionais pode criar um senso de pertencimento e propósito, especialmente quando profissionais mais experientes partilham as suas experiências com aqueles que estão começando suas carreiras em cibersegurança;
- *estabelecimento de um programa corporativo de cibersegurança*: o programa possibilita um aprimoramento estruturado em

todos os domínios relativos à segurança cibernética, com apoio da alta gestão e conforme a priorização dos riscos elencados para cada período.

6.3 Parcerias estratégicas e serviços gerenciados de cibersegurança – Você está aproveitando o potencial das parcerias estratégicas para reforçar sua defesa cibernética?

Os investimentos em conscientização e capacitação são eixos estruturantes para um programa de cibersegurança, pois habilitam os usuários dos recursos tecnológicos a terem uma prática mais segura em suas ações e os especialistas em tecnologia a proverem as medidas preventivas e de resposta apropriadas.

Contudo, deve-se observar que cada corporação possui características próprias, seu nível de maturidade e o seu nicho de atuação específicos. A quantidade de recursos tecnológicos, de processos e pessoas pode ser limitada. E, nesse contexto, o estabelecimento de parcerias tem o potencial de aumentar a área de atuação na cibersegurança, por meio da combinação das especialidades de cada corporação.

É recomendável que uma ETIR possa fazer parceria com centros de resposta a incidentes de sua área de atuação e outros com abrangência regional e nacional. O compartilhamento de informações de ameaças e o apoio mais técnico no caso de uma necessidade de resposta a incidentes é um recurso valioso. Na área de segurança, a parceria pode ser tanto informal quanto formal, mas o mais importante é o estabelecimento de uma cadeia de confiança. Este vínculo deve ser formado pelo contato presencial dos participantes, com a colaboração dos participantes e o compartilhamento de apoio, seja ele treinamento, aconselhamento, dicas ou consultoria quando necessário.

Com base na experiência dos autores na área de segurança pública, tanto no Brasil quanto em outros países, será ilustrado um caso de sucesso envolvendo uma parceria estratégica que ocorreu entre a Polícia Federal brasileira e a *International Criminal*

Police Organization (Interpol). A Interpol é uma organização intergovernamental que tem como principal objetivo coordenar a cooperação policial e o combate ao crime entre os seus países-membros.

O caso apresentado a seguir demonstra o fortalecimento de uma parceria estratégica já existente, resultando em um avanço significativo no combate aos crimes cibernéticos, por meio da atuação da Polícia Federal do Brasil com a Interpol.

– Caso de parceria estratégica: PF e Interpol

Na assembleia-geral da Interpol, realizada em Pequim, em novembro de 2017, Rogério Galloro foi eleito membro do comitê executivo da organização, para um mandato de três anos, que foi estendido para quatro em razão da pandemia de Covid-19. O comitê executivo é o órgão dirigente encarregado de supervisionar a execução das decisões da assembleia-geral e a administração e trabalho da secretaria-geral. A reunião acontece três vezes ao ano e os membros do comitê ocupam o mais alto nível de policiamento nos seus próprios países e trazem muitos anos de experiência e conhecimento para aconselhar e orientar a organização. Sua função precípua é supervisionar a execução das decisões da assembleia-geral – AG, preparar a agenda das sessões dessa assembleia e submeter qualquer programa de trabalho ou projeto que considere útil, além de supervisionar a administração e o trabalho do secretário-geral.

A relação institucional entre a PF e a Interpol é natural e estruturante, uma vez que é a PF que representa as atividades daquela organização internacional no Brasil. No entanto, como membro do comitê executivo, que exerce as funções de um conselho de administração, uma vez que representa os países-membros, verificou-se crescente preocupação e investimento no enfrentamento aos ataques cibernéticos.

A Interpol, composta por 196 países-membros, possui sete objetivos globais de policiamento. O quarto objetivo é a redução da ameaça global e impacto do crime cibernético. Dentre os mecanismos dispostos pela organização para o enfrentamento à ameaça cibernética está o Centro de Inovação, baseado no Complexo Global de Inovação, sediado em Cingapura.

Em setembro de 2014, a Interpol inaugurou, em Cingapura, o Complexo Global para a Inovação (IGCI) (INTERPOL, 2014). A intenção foi juntar especialistas em segurança pública, indústria e academia para, ativamente, identificar e desenvolver inteligência sobre as ameaças emergentes e organizações criminosas cibernéticas.

O então secretário-geral da organização, Ronald Noble, disse que "as forças policiais são tradicionalmente treinadas para proteger civis inocentes das ameaças visíveis, físicas. A expansão da interseção das nossas vidas reais e virtuais nos desafia a sair do tradicional" (NOBLE, 2014).

Nas palavras do representante do governo de Cingapura:

> A decisão de estabelecer o IGCI é um testamento da liderança da Interpol e seu reconhecimento do fato de a natureza do crime está mudando rapidamente. Alimentado pela globalização e pelos avanços tecnológicos, o crime tornou-se transnacional, senão global, mais complexo e sofisticado, e difundido em seu impacto. (ISWARAN, 2014)

Nesse ambiente, reúnem-se especialistas de diversas áreas que desenvolvem soluções inovadoras e criativas para os desafios do policiamento. Por meio de quatro laboratórios temáticos, a troca de conhecimento e exploração de novas tecnologias é realizada pela conexão entre instituições policiais, acadêmicos e setor privado. Esses laboratórios, denominados Inteligência Artificial Responsável, Ciberespaço e Novas Tecnologias, Forense Digital e Futuros e Previsão, destacam tendências e fenômenos potenciais que podem afetar o trabalho de aplicação da lei.

A cooperação interinstitucional desempenha um papel fundamental no enfrentamento aos crimes cibernéticos devido à natureza complexa e transnacional desses delitos. Os crimes cibernéticos frequentemente envolvem múltiplas áreas de expertise, incluindo tecnologia da informação, direito, investigação forense e segurança. Nenhuma instituição, por si só, pode abranger todas essas competências. Essa realidade torna a cooperação entre diferentes organizações essencial para lidar com os aspectos multidisciplinares dos crimes cibernéticos. Muitos desses crimes cibernéticos ultrapassam fronteiras internacionais, tornando difícil para uma única agência ou país lidar com eles de forma assertiva. A cooperação internacional é imprescindível para investigar e processar criminosos que operam em jurisdições diferentes, compartilhando informações, evidências e recursos entre países e agências.

Ao cooperarem, as instituições podem compartilhar recursos, conhecimentos e experiências para fortalecer suas capacidades de combate aos crimes cibernéticos. Essa colaboração pode incluir o acesso a ferramentas de investigação forense, treinamento especializado e conhecimento de melhores práticas em segurança cibernética. A cooperação interinstitucional facilita a troca de informações e inteligência entre diferentes agências governamentais, setor privado e organizações internacionais. Isso permite uma compreensão mais abrangente das ameaças cibernéticas e uma resposta mais coordenada e exitosa a essas ameaças.

A colaboração entre instituições permite uma coordenação mais operante no combate aos crimes cibernéticos, evitando a duplicação de trabalho e garantindo uma abordagem mais eficiente e eficaz para lidar com esses delitos. Além disso, ajuda a fortalecer a dissuasão contra crimes cibernéticos, enviando uma mensagem clara de que os criminosos cibernéticos serão responsabilizados por suas ações. Isso pode aumentar a confiança do público na aplicação da lei e desencorajar atividades criminosas no ciberespaço.

E quando falamos da cooperação entre os poderes do Estado e a indústria de tecnologia? Consideramos essa abordagem fundamental para lidar produtivamente com as ameaças cibernéticas. São várias as justificativas, que vão desde a compreensão técnica e acesso de dados e recursos, até a elaboração de políticas públicas e a rápida resposta aos incidentes.

As empresas de tecnologia detêm um conhecimento profundo das complexidades técnicas subjacentes às ameaças cibernéticas. Essa *expertise* é fundamental aos órgãos públicos, subsidiando uma melhor compreensão dos casos relacionados à segurança cibernética e à aplicação da legislação de forma mais resoluta. Além disso, essas indústrias possuem dados e recursos que podem ser vitais para investigações relacionadas à segurança cibernética. A colaboração com o Poder Judiciário, como exemplo, pode facilitar o acesso legal a esses recursos, auxiliando na identificação e responsabilização dos autores de atividades cibernéticas ilícitas.

A indústria de tecnologia desempenha um papel fundamental no desenvolvimento de políticas e regulamentos relacionados à segurança cibernética. Ao trabalhar em conjunto com o poder público, ela pode criar leis e regulamentos mais eficazes que abordem os desafios emergentes no cenário da segurança cibernética. Outra aplicação fundamental é a resposta rápida a ameaças emergentes. As ameaças cibernéticas estão em constante evolução, e a colaboração entre o poder público e a indústria de tecnologia pode facilitar uma resposta rápida a essas ameaças. Isso pode incluir o compartilhamento de informações sobre novos tipos de ataques, vulnerabilidades de segurança e melhores práticas para mitigação.

O fruto dessa cooperação pode viabilizar a educação e conscientização pública sobre questões de segurança cibernética. Isso pode incluir campanhas educativas, programas de treinamento e *workshops* para ajudar os indivíduos e organizações a se protegerem. Em suma, é essencial, para o enfrentamento das ameaças cibernéticas, garantir a aplicação adequada da lei, desenvolver políticas públicas e obter uma resposta rápida e coordenada a incidentes de segurança cibernética.

– Serviços gerenciados de cibersegurança

A expansão da força de trabalho de uma organização para implementar medidas de resiliência cibernética é desafiadora, pois lida com o estabelecimento de parcerias estratégicas, capacitação de servidores, aquisição de tecnologias e arquitetura de processos de trabalho.

Os processos de contratação e de servidores, embora fundamentais para a cibersegurança, são onerosos em termos de tempo, recursos financeiros e escassez de profissionais habilitados e disponíveis no mercado. A aquisição de ferramentas também apresenta desafios, exigindo uma pesquisa da tecnologia mais apropriada, no intuito de identificar a mais adequada, seguida pela melhor forma de aquisição. Após a aquisição da ferramenta, é essencial que os profissionais que irão operá-la recebam treinamento necessário e que a solução seja constantemente atualizada para garantir seu desempenho eficiente e seguro.

O conceito de serviço gerenciado (*Managed Security Service* – MSS) surge como uma opção interessante de contratação para ampliação da força de trabalho operacional e tecnologia em cibersegurança. Este conceito foi desenvolvido pela Gartner, em que empresas especializadas em SOC oferecem uma gama de serviços relativos à segurança cibernética para uma organização, não apenas SOC (GARTNER – MSSP, 2024).

As empresas que atuam neste segmento são denominadas *Managed Security Services Providers* (MSSP). Um MSSP pode oferecer, por exemplo, o serviço de SIEM, no qual a licença da ferramenta fica atrelada a sua gestão e a contratante usufrui dos recursos do SIEM e possivelmente dos serviços dos experientes funcionários do MSSP.

As principais vantagens desta modalidade são: maior flexibilidade com relação à aquisição de produtos, os serviços podem ser contratados sob demanda, conforme a necessidade e disponibilidade financeira do cliente; maior velocidade de inserção de novas tecnologias; utilização de profissionais altamente capacitados e especialistas em cibersegurança, que dificilmente atuariam em um único cliente de pequeno porte; menor custo total de propriedade (*Total Cost of Ownership* – TCO), tendo em vista os custos de compra, operação e capacitação contínua em longo prazo; além de melhor aproveitamento do funcionário da corporação que pode gerenciar todo este complexo serviço, ao invés de ficar em sua operação, com ferramentas defasadas e conhecimento desatualizado.

Entre os serviços comuns oferecidos pelos MSSPs, estão *firewall* gerenciado, detecção de intrusão, rede privada virtual, varredura de vulnerabilidades e serviços antivírus. MSSPs usam centros de operação de segurança de alta disponibilidade (de suas próprias instalações ou de outros provedores) para fornecer serviços 24/7 projetados para reduzir o número de pessoal de segurança operacional que uma empresa precisa contratar, treinar e reter para manter uma postura de segurança aceitável (GARTNER – MSSP, 2024).

A decisão de adotar um serviço gerenciado deve ser analisada com cautela, como qualquer serviço terceirizado de cibersegurança. Deve ser analisado o custo-benefício em comparação a soluções internas, a necessidade do serviço 24 horas por dia e a facilidade de manter atualizado. Um fator importante é que a terceirização da segurança de rede transfere o controle crítico da infraestrutura da organização para uma parte externa. Portanto, a corporação deve estar preparada para gerenciar e monitorar o desempenho do MSSP, garantindo que ele seja responsabilizado pelos serviços contratados e que atenda às expectativas de segurança e eficiência.

6.4 Inteligência sobre ameaças cibernéticas

Quais ferramentas sua organização utiliza para antecipar ataques e proteger seus ativos?

A segurança de uma instituição, focada na análise e monitoramento de questões com potencial de risco à estabilidade institucional, seja pública ou privada, é fundamental para a sua própria existência. Porém, trata-se de conceito amplo, multimodal, envolvendo ramos diversos de proteção, como a orgânica, a pessoal, a cibernética, da imagem e *compliance* em geral, e requer inteligência.

Inteligência, segundo o *Dicionário de Psicologia*, é a "capacidade de extrair informações, aprender com a experiência, adaptar-se ao ambiente, compreender e utilizar corretamente o pensamento e a razão" (ASSOCIAÇÃO PSICOLÓGICA AMERICANA, 2010). No Brasil, a Política Nacional de Inteligência considera a atividade de inteligência como:

> Exercício permanente de ações especializadas, voltadas para a produção e difusão de conhecimentos, com vistas ao assessoramento das autoridades governamentais nos respectivos níveis e áreas de atribuição, para o planejamento, a execução, o acompanhamento e a avaliação das políticas de Estado. (ABIN – PNI, 2023)

Ainda, segundo essa política governamental, a atividade de inteligência divide-se em dois grandes ramos:

> I – Inteligência: atividade que objetiva produzir e difundir conhecimentos às autoridades competentes, relativos a fatos e situações que ocorram dentro e fora do território nacional, de imediata ou potencial influência sobre o processo decisório, a ação governamental e a salvaguarda da sociedade e do Estado; II – Contrainteligência: atividade que objetiva prevenir, detectar, obstruir e neutralizar a Inteligência adversa e as ações que constituam ameaça à salvaguarda de dados, conhecimentos, pessoas, áreas e instalações de interesse da sociedade e do Estado. (ABIN – PNI, 2023)

No Poder Judiciário, o tema é regulamentado pela Resolução nº 383, de 25.3.2021, do CNJ, que instituiu o Sistema de Inteligência de Segurança Institucional do Poder Judiciário (SInSIPJ). Nessa norma ficou estabelecido que a atividade de inteligência é o exercício permanente e sistemático de ações especializadas para identificar, avaliar e acompanhar ameaças reais ou potenciais dos ativos do Poder Judiciário, orientados para a produção e salvaguarda de conhecimentos necessários ao processo decisório no âmbito da segurança institucional (CNJ, 2021).

Na área da segurança cibernética, a Inteligência contra Ameaças Cibernéticas (*Cyber Threat Intelligence* – CTI) envolve a coleta de informações de um grande volume de fontes que, analisadas, produzem um conhecimento capaz de prevenir e mitigar ataques cibernéticos. Esse processo oferece um contexto sobre quem está atacando a organização, qual sua motivação e capacidades, quais os indicadores de comprometido (*Indicators of Compromise* – IOCs), auxiliando na tomada de decisões informadas para melhorar a segurança.

Diversos setores que atuam com cibersegurança podem ser beneficiados com os produtos da inteligência cibernética, de forma exemplificativa:

- *equipe do SOC*: frequentemente em dificuldade de analisar o fluxo esmagador de alertas que recebem. A solução de inteligência de ameaças pode ser integrada com as soluções de segurança já existentes, auxiliando na priorização e triagem dos alertas e outras ameaças;
- *gestão de vulnerabilidades*: auxilia na priorização das vulnerabilidades mais importantes, fornecendo *insights* externos e contexto para ajudar a diferenciar ameaças imediatas à organização em específico de ameaças meramente potenciais;
- *prevenção a fraudes*: os gestores de riscos e outras áreas da organização precisam compreender o cenário atual de ameaças. A inteligência de ameaças fornece *insights* importantes sobre os agentes de ameaças, suas intenções e alvos e suas táticas, técnicas e procedimentos (*Tactics Techniques and Procedures* – TTPs).

Uma distinção conceitual importante nesta área é relativa a dado, informação e inteligência. Os dados são fatos discretos e estatísticas reunidas como base para análises posteriores. As informações são múltiplos pontos de dados combinados para responder perguntas específicas. Já a inteligência analisa dados e informações para descobrir padrões e histórias que informam a tomada de decisões (AHLBERG, 2019).

A seguir damos um exemplo de dado, informação e inteligência na área de cibersegurança. Os dados são os indicadores de comprometimento – IOCs, como endereços IP e *hashes* de arquivos suspeitos. As informações respondem a perguntas como: "Quantas vezes minha organização foi atacada?" e "Quantas vezes minha organização foi citada nas mídias sociais este mês?". Embora seja uma saída muito mais útil que os dados brutos, ela ainda não informa diretamente uma ação específica. A inteligência é um produto de um ciclo de identificação de perguntas e objetivos, coleta de dados relevantes, processamento e análise desses dados, produção de inteligência acionável e divulgação dessa inteligência. Ou seja, os IOCs identificados pertencem ao ator da ameaça específica que atinge diretamente ou não dada organização, respaldando as ações de tratamento necessárias.

Atualmente o volume de fontes de dados que podem ser utilizadas para inteligência em ameaças cibernéticas é imenso, consistindo em *sites*, fóruns, *blogs*, aplicativos de mensagens instantâneas, mídias sociais e arquivos de *logs*. As informações pesquisadas incluem contextos como: ameaças cibernéticas, resposta a incidentes, prevenção de perda de dados, proteção de marca, fraudes, domínios *web*, riscos de terceiros e ameaças internas. Os dados geralmente são coletados em fontes abertas, redes sociais, *deep* e *dark web*.

A *deep web* corresponde a um local da internet não localizado pelas ferramentas de busca tradicionais como Google e Yahoo, não estando indexadas por estas soluções. Exemplos são: internet *banking*, *sites* corporativos da intranet da organização, *e-mails* pessoais protegidos por senhas etc. Já a *dark web* possui uma tecnologia específica com objetivo de prover privacidade e anonimato nas comunicações, tanto sobre quem disponibiliza como sobre quem acessa os conteúdos.

A *dark web* foi construída inicialmente utilizando uma tecnologia denominada TOR (*The Onion Router*). Esta tecnologia foi criada pelo laboratório de pesquisa naval dos Estados Unidos em 1995, com objetivo de prover uma internet sem censura, dificultando o rastreamento de quem fala com quem e provendo mais privacidade na comunicação. É muito utilizada por quem quer privacidade, ativistas políticos e jornalistas. Mas, por estas características, também passou a ser muito utilizada por criminosos de todos os tipos como meio de suas atividades ilícitas.

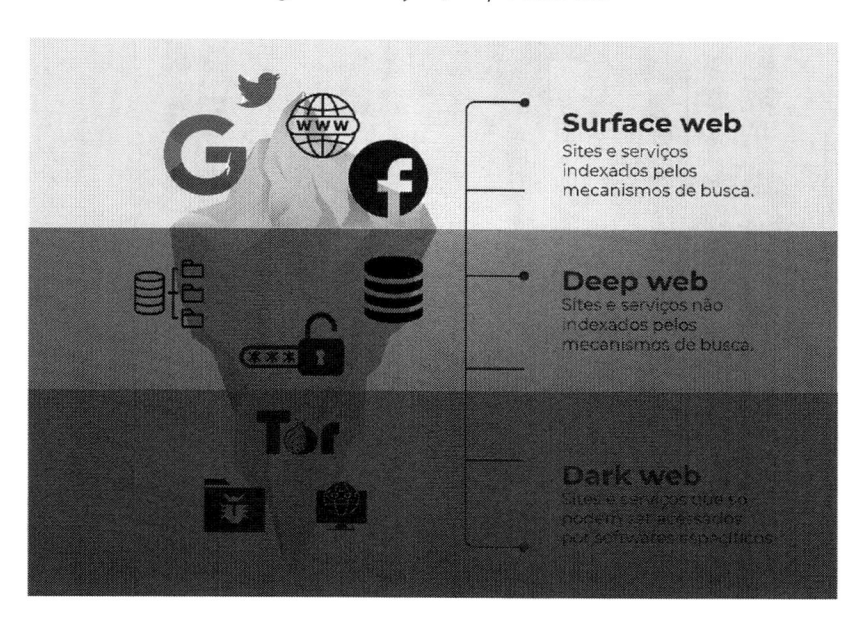

Figura 1 – *Surface, deep* e *dark web*

Fonte: Ilustração elaborada pelos autores.

A inteligência cibernética busca coletar informações tanto da *deep* e *dark web* quanto de uma infinidade de outros serviços, conforme está ilustrado na figura seguinte.

Figura 2 – Fontes de informações de inteligência cibernética

Fonte: Ilustração elaborada pelos autores.

Pelo volume de fontes de informações e a análise que deve ser realizada para produzir inteligência, é imprescindível o uso de ferramentas ou serviços específicos para prover estes recursos, possibilitando uma personalização para criação de consultas específicas, cenários de ameaças conforme a ontologia da organização, cadastro de temas monitorados, definição de escopo das principais comunidades, detecção antecipada de vazamento de informações, de realização de ataques e cadastro de atores maliciosos monitorados.

O responsável pelo uso deste recurso deve sempre estar ciente dos limites legais impostos, como a necessidade de autorização de quebra de sigilo pela autoridade competente em determinados casos. Não se recomenda obter ou utilizar dados que são frutos de atividade ilícita de *hackers* ou robôs ilegais.

Um serviço de inteligência cibernética bem estruturado pode gerar importantes benefícios para organização, como:
- *maior visibilidade dos riscos institucionais*: por meio do conhecimento das maiores ameaças ao setor da organização e a seus *c-levels*;
- *aprimoramento das medidas preventivas contra os ataques*: conhecimentos das técnicas dos principais atores maliciosos, possibilitando um ajuste preventivo dos controles de segurança e uma resposta mais célere aos ataques;
- *aumento da resiliência institucional*: constante aprimoramento da maturidade da organização quanto aos possíveis ataques aos seus sistemas, infraestrutura, funcionários e *c-levels*.

6.5 Usos e riscos da IA na cibersegurança – Como a IA pode ser sua aliada na cibersegurança, e quais são os riscos envolvidos?

A IA é uma tecnologia que permite que computadores e máquinas simulem a capacidade de resolução de problemas e a inteligência humana. Por si só ou combinada com outras tecnologias (como sensores, geolocalização e robótica), a IA pode realizar tarefas que, de outro modo, exigiriam a inteligência ou intervenção humana.

Como um campo da ciência da computação, a IA engloba aprendizado de máquina (*machine learning* – ML) e *deep learning* (aprendizado profundo). Essas disciplinas envolvem o desenvolvimento de algoritmos de IA, modelados de acordo com os processos de tomada de decisão do cérebro humano, que podem "aprender" com os dados disponíveis e fazer classificações ou previsões cada vez mais precisas com o passar do tempo.

A IA passou por muitos ciclos de desenvolvimento, sendo que a IA generativa deu um relevante salto, por meio do processamento de linguagem natural (*Natural Language Processing* – NLP). Atualmente, a IA generativa pode aprender e sintetizar não somente a linguagem humana, mas também outros tipos de dados, como imagens, vídeos, códigos de *software* e até mesmo estruturas moleculares.

Tanto o aprendizado de máquina quanto os algoritmos de *deep learning* utilizam redes neurais para "aprender" com grandes quantidades de dados. Essas redes neurais são estruturas programáticas modeladas a partir dos processos de tomada de decisão do cérebro humano. Consistem em camadas de nós interconectados que extraem características dos dados e fazem previsões sobre o que os dados representam.

O aprendizado de máquina e o *deep learning* diferem nos tipos de redes neurais que utilizam e na quantidade de intervenção humana envolvida. Os algoritmos clássicos de aprendizado de máquina utilizam redes neurais com uma camada de entrada, uma ou duas camadas "ocultas" e uma camada de saída. Normalmente, esses algoritmos são limitados ao aprendizado supervisionado: os dados precisam ser estruturados ou rotulados por especialistas humanos para permitir que o algoritmo extraia características dos dados.

Os algoritmos de *deep learning* utilizam redes neurais profundas, redes compostas por uma camada de entrada, três ou mais (mas geralmente centenas) de camadas ocultas e um *layout* de saída. Essas múltiplas camadas permitem o aprendizado não supervisionado: automatizam a extração de recursos de conjuntos de dados grandes, não rotulados e não estruturados. Como não exige intervenção humana, o *deep learning* permite essencialmente o aprendizado de máquina em grande escala.

IA generativa refere-se a modelos de *deep learning* que podem pegar dados brutos como, digamos, toda a base de livros digitalizados de uma biblioteca, e "aprender" a gerar resultados estatisticamente prováveis quando solicitado. Em um nível elevado, os modelos generativos codificam uma representação simplificada dos seus dados de treinamento e os extraem para criar um trabalho semelhante, mas não idêntico aos dados originais.

Existem diversas aplicações reais para os sistemas atuais de IA. A seguir é apresentada uma relação exemplificativa:

- *atendimento ao usuário*: agentes virtuais e *chatbots* estão substituindo agentes humanos na jornada de atendimento para esclarecimento de dúvidas comuns, fornecendo orientação personalizada, acelerando o tempo de resposta satisfatória das solicitações;
- *visão computacional*: permite que sistemas colham informações significativas de imagens digitais, vídeos e outras entradas visuais e, com base nessas entradas, podem agir. Há aplicações dentro de marcações em fotos em redes sociais, imagens de radiologia na área da saúde e carros autônomos na indústria automotiva;
- *cadeia de suprimentos*: a robótica adaptativa atua com base nas informações do dispositivo da internet das coisas (*Internet of Things* – IoT) e em dados estruturados e não estruturados para tomar decisões autônomas. É aplicada à capacidade de resposta da demanda, otimização de inventário e rede, manutenção preventiva e fabricação digital;
- *previsão meteorológica*: as técnicas de aprendizado de máquina aprimoraram atuais modelos meteorológicos, tornando-os mais aplicáveis e precisos;
- *detecção de anomalias*: podem vasculhar grandes quantidades de dados e descobrir pontos de dados atípicos dentro de um conjunto de dados. Essas anomalias podem aumentar o conhecimento sobre equipamentos com defeito, erros humanos ou violações na segurança. São muito utilizados em segurança cibernética.

Na segurança cibernética, a IA é utilizada para analisar e correlacionar dados de eventos e ameaças cibernéticas a partir de diversas fontes, transformando-os em *insights* claros e acionáveis que os profissionais de segurança usam para investigação, resposta e relatórios adicionais. Se um ataque cibernético atender a determinados critérios definidos pela equipe de segurança, a IA poderá automatizar a resposta e isolar os ativos afetados. A IA generativa vai além disso, produzindo texto, imagens e outros conteúdos de linguagem natural originais com base em padrões dos dados existentes.

A IA pode avaliar grandes quantidades de dados provenientes de diversas fontes para identificar padrões de atividade dentro de uma organização, como horários e locais de conexão, volumes de tráfego, além dos dispositivos e aplicativos de nuvem utilizados pelos funcionários.

Após identificar o comportamento típico de uma organização, a IA é capaz de detectar comportamentos anômalos que possam exigir investigação. Para garantir a privacidade, os dados de dada organização não podem ser utilizados para alimentar as saídas de IA em outras organizações.

A IA utiliza algoritmos de aprendizado de máquina que permitem seu aprendizado contínuo com base nos dados que o sistema avalia. Quando a IA generativa identifica determinadas ameaças cibernéticas conhecidas, como *malware*, ela pode contextualizar a análise dessas ameaças, facilitando a compreensão ao gerar novos textos ou imagens que descrevem o ocorrido. Esse recurso auxilia os especialistas de cibersegurança a aumentar suas habilidades e a identificar e resolver ameaças mais rapidamente.

Casos comuns do uso da IA em cibersegurança:
- *gerenciamento de identidades e acesso*: usada para identificar padrões em comportamentos de entrada do usuário e detectar e revelar comportamentos anormais para os profissionais de segurança acompanharem. Pode ser usada para forçar automaticamente a autenticação de dois fatores ou uma redefinição de senha quando determinadas condições forem atendidas;
- *segurança da nuvem*: auxilia as equipes a obterem visibilidade sobre os riscos e as vulnerabilidades em sua infraestrutura multinuvem, quando organizações utilizam diversos provedores em nuvem em sua infraestrutura computacional;

- *proteção de informações*: usada para identificar e rotular dados confidenciais no ambiente corporativo, podendo ser utilizada também para detectar quando alguém está tentando mover dados para fora da organização, alertando a equipe de segurança;
- *segurança de borda de rede*: ajuda a identificar os pontos de extremidade que estão sendo usados na organização e ajuda a mantê-los atualizados com os sistemas operacionais e as soluções de segurança mais recentes, podendo ajudar a descobrir *malware* e outras evidências de um ataque cibernético contra dispositivos de uma organização;
- *detecção de ameaças cibernéticas*: as soluções de XDR e SIEM se beneficiam muito dos recursos de IA, por meio da detecção automática de comportamentos anormais ou de um ataque conhecido;
- *investigação e resposta a incidentes*: ajuda a identificar e correlacionar os eventos mais úteis em várias fontes de dados, economizando tempo valioso para os profissionais.

O uso da IA necessita de um planejamento cuidadoso para evitar os riscos existentes que abordaremos em seguida. Algumas recomendações básicas para embasar um planejamento quanto ao uso relacionado à cibersegurança:

- *desenvolver uma estratégia*: é importante analisar quais recursos de IA irão se integrar à arquitetura de cibersegurança já existente, para evitar trabalho adicional da equipe. A IA deve estar integrada com os processos e sistemas existentes;
- *gerenciar a privacidade e a qualidade dos dados*: a IA generativa utiliza um volume de dados para treinamento, que devem ter qualidade, integridade e confidencialidade apropriada a cada caso. Se os dados estiverem incorretos ou incompletos, a IA fornecerá um resultado ruim. É importante verificar a existência de processos de limpeza de dados e proteção da privacidade das informações;
- *usar a IA de forma ética*: é importante garantir que a IA não seja o tomador de decisões finais em instâncias em que ela possa tratar determinados indivíduos de forma parcial, devido aos vieses nos dados que está usando;

- *integração com as ferramentas de segurança*: a integração da IA com a arquitetura de cibersegurança fornece mais produtividade e aumenta a capacidade das ferramentas. Devem-se analisar os recursos possíveis para integração e planejar o uso gradual;
- *testes regulares aos sistemas de IA*: realizar testes periódicos para aferir a qualidade dos resultados obtidos, identificar problemas de desvio na medida que novos dados são gerados;
- *definição de política de uso da IA generativa*: certificar que todos os funcionários compreendam a política da organização no uso dos recursos de IA, em especial, que não forneçam dados confidenciais em soluções generativas devido ao risco de tornarem públicos.

Mas não são apenas as equipes de segurança que estão usando a IA; há diversos riscos associados ao uso da tecnologia, tanto por usuários inexperientes, quanto por atacantes mal-intencionados. O volume de potenciais riscos é tão expressivo que já existe base de dados com uma classificação dos riscos para diversos cenários e usos. O *IA Risk Repository*, por exemplo, já possui mais de 700 riscos catalogados, classificados em 43 taxonomias específicas (SLATTERY, 2024). A listagem seguinte fornece uma amostragem destas categorias:

- privacidade e segurança
  - comprometimento da privacidade por inferência de informações sensíveis;
  - vulnerabilidades e ataques em sistemas de IA.
- desinformação
  - informação falsa ou enganadora inserida no sistema;
  - perda de consenso sobre a realidade de um tema.
- atores maliciosos e uso indevido
  - vigilância e influência em escala;
  - ataques cibernéticos e desenvolvimento de armas;
  - fraudes, golpes e manipulações direcionadas.
- iteração homem-máquina
  - excesso de confiança e uso inseguro;
  - perda ou diminuição da autonomia humana.
- segurança de sistemas, falhas e limitações

- perda de transparência e auditabilidade dos agentes inteligentes;
- IA com capacidades importantes que podem ser exploradas para mal-uso.

O especialista de cibersegurança Jeff Crume alerta para um desafio atual no uso da IA, conhecido como *Shadow* IA, ou seja, recursos de IA que estão disponíveis no ambiente corporativo, mas não são conhecidos pelos gestores de segurança da informação. Estes recursos geram grandes riscos de vazamento de informações sensíveis da corporação por atores maliciosos, devido ao potencial de existir fortes vulnerabilidades e falhas de configurações que podem facilmente ser exploradas, já que geralmente não ocorre uma validação pelos gestores de cibersegurança. É fundamental que os *Shadows* IA possam ser descobertos e, ao invés de simplesmente proibir, mostrar o como ser utilizado com segurança, dentro dos padrões corporativos estabelecidos (CRUME, 2024).

Considerando os relevantes riscos associados ao uso da IA, existem importantes padrões ISO que auxiliam na gestão de riscos e no planejamento para implantação de um sistema de gestão de IA, como as normas ISO-23894/23 e ISO-42001/23, que exploraremos a seguir.

O foco central da ISO-42001 é fomentar a confiança pública em sistemas de IA por meio de um padrão certificável. A norma aborda aspectos indispensáveis, como segurança, justiça, transparência, qualidade de dados e sistemas de IA. Além disso, exige uma abordagem multidisciplinar na implementação de um sistema de gestão, envolvendo áreas como conformidade, privacidade, operações, *marketing*, pesquisa e desenvolvimento, vendas, RH, TI e gestão de riscos.

A norma também está alinhada com iniciativas regulatórias, como o *AI Act* da União Europeia, e pode servir como um importante instrumento para um padrão interoperável que certifica que os sistemas de IA, especialmente aqueles classificados como de alto risco, cumpram as normas de segurança e ética (EU AI ACT, 2023). Além disso, a ISO-42001 foi elaborada para ser adaptável a diferentes aspectos da IA e aplicável em uma variedade de contextos organizacionais, fornecendo uma abordagem flexível ao uso da IA.

A ISO-42001 fornece as diretrizes para estabelecer, implementar, manter e melhorar continuamente um sistema de gerenciamento de IA. Trata-se de um padrão de alto nível que abrange múltiplos aspectos da governança de IA, incluindo o gerenciamento de risco. No entanto, seu amplo escopo significa que ela não pode se aprofundar nas nuances dos riscos específicos da IA.

A ISO-23894 é voltada especificamente para o gerenciamento de riscos em sistemas de IA. A norma reconhece que, embora a IA compartilhe alguns riscos com sistemas de *software* tradicionais, ela também introduz riscos únicos. Esses riscos decorrem das principais características da IA: sua capacidade de aprender com dados, tomar decisões autônomas e interagir com o mundo físico. O padrão fornece um processo estruturado para identificar, analisar, avaliar, tratar e monitorar esses riscos específicos de IA ao longo do ciclo de vida do sistema de IA.

Esses padrões trazem implicações importantes para os *c-levels*. Tradicionalmente, os riscos associados à IA poderiam ser vistos como uma competência exclusiva do CISO. No entanto, dado seu impacto na reputação da organização e em seus resultados, os riscos agora se tornaram uma preocupação para o CEO e *Board*. A ISO-23894 oferece uma estrutura que permite que os executivos compreendam, comuniquem e gerenciem esses riscos, mesmo que não tenham formação técnica.

CAPÍTULO 7

CASOS DE SUCESSO E MELHORES PRÁTICAS EM GESTÃO CIBERNÉTICA

Quais lições podemos aprender com os casos de sucesso na gestão cibernética de grandes organizações?

Neste capítulo, será apresentada a experiência dos autores na gestão de segurança cibernética em órgãos de cúpula do Poder Judiciário brasileiro. Será demonstrada a relevância do programa corporativo de cibersegurança e sua efetividade no aprimoramento da resiliência cibernética da organização.

Será abordada, ainda, uma ação de grande importância que culminou na criação da Estratégia Nacional de Segurança Cibernética do Poder Judiciário, visando a um tratamento mais abrangente de ameaças cibernéticas em órgãos pertencentes aos setores da justiça brasileira. Esta ação de cúpula pode transmitir reflexos em uma escala regional e nacional.

No contexto de iniciativas de conscientização e capacitação, serão discutidos dois eventos que trouxeram resultados benéficos tanto aos participantes, quanto para o Poder Judiciário: os seminários de segurança cibernética nacional e internacional. Esses eventos destacarão importantes aspectos da organização que influenciaram significativamente nos resultados obtidos.

Foi dedicado um espaço especial para apresentar um exemplo prático de ação de conformidade com a Lei Geral de Proteção de Dados Pessoais (LGPD), apontando os desafios inerentes às ações mais técnicas de adequação normativa e os expressivos resultados obtidos.

Espera-se que as experiências compartilhadas possam ser úteis a todos aqueles que enfrentam desafios semelhantes, demonstrando casos concretos de aplicação dos métodos expostos neste livro e a profundidade dos resultados obtidos.

Os assuntos abordados neste capítulo trazem elementos necessários para reflexões e respostas às seguintes perguntas?

- Quais lições podemos aprender com os casos de sucesso na gestão cibernética de grandes organizações?
- Como o STF implementou consistentes ações de governança em cibersegurança?
- Quais os benefícios práticos da avaliação corporativa da postura em segurança cibernética?
- Como um programa corporativo em cibersegurança pode aumentar a resiliência cibernética da minha organização?
- Como desenvolver ações mais abrangentes para aprimoramento da cibersegurança no setor de atuação da minha organização?
- O que a Estratégia Nacional de Segurança Cibernética do Poder Judiciário pode ensinar às corporações?
- Quais os benefícios da organização de eventos de capacitação e conscientização?
- Quais as principais ações que podem ser aprendidas sobre segurança cibernética?
- Como enfrentar os desafios da privacidade de dados pessoais em um ambiente de ameaças cibernéticas crescentes?
- A metodologia de desenvolvimento de uma avaliação e um programa corporativo de aprimoramento em cibersegurança pode facilitar as ações de adequação da LGPD?

7.1 Estudo de caso: Supremo Tribunal Federal

Como o Supremo Tribunal Federal implementou consistentes ações de governança em cibersegurança?

O estudo de caso de aprimoramento da cibersegurança abordado neste capítulo foi desenvolvido no Supremo Tribunal Federal (STF) no período de 2020 a 2023.

O STF é o órgão de cúpula do Poder Judiciário brasileiro, tendo a competência precípua de guarda da Constituição. É composto por 11 ministros, nomeados pelo presidente da República, após aprovação da escolha pela maioria do Senado Federal. Entre suas principais atribuições está a de julgar ações relativas à Constituição, à extradição solicitada por Estado estrangeiro, nas infrações penais comuns, ao presidente da República, ao vice-presidente, aos membros do Congresso Nacional, seus próprios ministros e ao procurador-geral da República, entre outros (STF – PORTAL, 2024).

O STF também tem o mister de emitir súmulas com efeito vinculante para os demais órgãos do Poder Judiciário e para a administração pública, direta e indireta, nas esferas federal, estadual e municipal. O presidente do Supremo Tribunal Federal é também o presidente do Conselho Nacional de Justiça (STF – PORTAL, 2024).

Para uma melhor compreensão do contexto no qual as atividades de cibersegurança foram desenvolvidas no STF, a sua inserção na própria segurança institucional e o reflexo das ações em escala nacional, destacaremos uma singular atuação histórica de Rogério Galloro, um dos autores, na PF, cuja trajetória o levou ao convite para exercer uma importante função no STF. Diante desta oportunidade que se apresentou, com o histórico realizado, que tornou um terreno fértil para a elaboração das ações de cibersegurança realizadas, contando com a participação de Marcelo Silva, também um dos autores e perito da Polícia Federal, especialista em tecnologia.

– Histórico de atuações na PF até o STF

Quando Galloro ingressou na PF, em 1995, a realidade da gestão pública brasileira ainda operava em ambiente predominantemente analógico. Os autos de prisão em flagrante eram redigidos em máquinas datilográficas e as repartições estavam lotadas de pilhas de processos em papel. Tudo era produzido em três cópias, utilizando-se a folha de papel carbono. A comunicação individual se dava, em sua esmagadora maioria, por telefonia fixa, e os aparelhos de celular recém-lançados eram pesados, caros e raros. Isso não durou muito, em 1997 chegaram os computadores pessoais e as impressoras matriciais. Os autos de prisão em flagrante que demoravam oito horas passaram a ser concluídos em três. Os celulares já eram a forma mais usual de comunicação. Essa evolução tecnológica na comunicação e no processamento de dados seguiu avassaladora, em compasso muito mais rápido que a capacidade da gestão pública em acompanhá-la.

Quando Galloro assumiu a Diretoria de Administração e Logística Policial da Polícia Federal (DLOG), em 2009, a alta governança da instituição era baseada nas atividades-fim (investigações, inteligência e polícia de controle) e atividades-meio (pessoal, logística e finanças), representadas pelo *Board* de diretores. Naquela época, a unidade de tecnologia da informação era apenas uma coordenação, subordinada à DLOG, e a atividade de investigação de crimes cibernéticos era representada apenas por uma "unidade" sem reconhecimento formal e subordinada a outra diretoria de área-fim.

Ao assumir direção-geral da PF, em 2018, uma das primeiras medidas de Galloro foi transformar aquela unidade (na ocasião já elevada à coordenação-geral) na Diretoria de Tecnologia da Informação (DTI). Ele tinha convicção de que a importância da TI era equivalente às demais atividades-meio, como a gestão de pessoal e a logística, fundamentais para funcionamento dos serviços e relacionamentos internos da instituição. A TI passou, assim, a ser um pilar primordial para a sustentação da governança da PF.

Em 2023, a gestão da PF acertadamente elevou a unidade de repressão a crimes cibernéticos ao *Board* de diretores, criando a Diretoria de Combate a Crimes Cibernéticos (DCIBER).

– O momento histórico brasileiro de 2018 a 2020

Em 2018, o país atravessava um período de intensa ebulição. A seguir, um trecho do artigo escrito por Rogério Galloro, que busca traduzir esse momento histórico:

> O Brasil havia realizado dois dos maiores eventos esportivos mundiais, a Copa do Mundo de futebol e os Jogos Olímpicos e Paralímpicos, em 2014 e 2016, respectivamente. Entre eles, o desencadeamento da maior operação de repressão à corrupção do mundo, a Operação Lava-Jato e um desgastante processo de impeachment. Ainda na esteira de

acontecimentos marcantes, em janeiro de 2017, um trágico acidente aéreo tira a vida do ministro Teori Zavascki do STF, então relator da Lava-Jato, abrindo a vaga que foi ocupada pelo então ministro da Justiça e Segurança Pública, Alexandre de Moraes.

Naquele ano o Ministério da Justiça e Segurança Pública foi ocupado por nada mais que cinco ministros e no segundo semestre houve a troca de comando na Polícia Federal.

Começa então 2018. Durante o carnaval, uma crise na segurança pública nacional com reflexos especiais na cidade do Rio de Janeiro que resultou na intervenção federal na segurança pública naquele estado. Alguns dias depois é criado o Ministério Extraordinário da Segurança Pública, resultado da repartição de atribuições com o Ministério da Justiça. Ao assumir o novo ministério, Raul Jungmann, então ministro da Defesa, convidou-me a comandar a Polícia Federal.

Na semana seguinte, a segunda crise explode no país, a vereadora Marielle Franco e seu motorista são brutalmente assassinados no Rio de Janeiro já sob intervenção federal e o pior, constata-se que a munição usada no crime era do estoque da Polícia Federal.

O que se verá na sequência é imprescindível para a compreensão da situação política durante as eleições de 2018. Em abril, o país parou para acompanhar a prisão do ex-presidente Lula. Em maio, parou forçosamente pela imobilidade provocada pela greve dos caminhoneiros, a maior já ocorrida no Brasil. Em junho, após decisões judiciais contraditórias, exaradas no mesmo dia, o ex-presidente Lula, então recolhido à carceragem da superintendência da Polícia Federal em Curitiba, quase consegue a liberdade. Em julho, a Polícia Federal avançava na investigação com prerrogativa de foro presidida pelo ministro Luís Roberto Barroso do STF, contra o então presidente da República, Michel Temer, por corrupção passiva, lavagem de dinheiro e organização criminosa, no conhecido inquérito dos portos.

Inicia-se a campanha política eleitoral em agosto, com a Polícia Federal provendo segurança pessoal aos então candidatos. É nesse sensível momento que a ministra Rosa Weber, do STF, assume a presidência do Tribunal Superior Eleitoral.

Quando parecia que as surpresas daquele ano já haviam sido reveladas e as *fake news* seriam nosso maior desafio, em 06 de setembro, o então candidato a presidente pelo Partido Social Liberal (PSL), Jair Messias Bolsonaro sofre um gravíssimo atentado, tendo sido esfaqueado durante uma passeata em Juiz de Fora/MG. No momento do atentado eu me encontrava em uma reunião no Departamento de Estado em Washington, EUA. Retornei imediatamente, deixando a reunião e demais compromissos em outros órgãos norte-americanos. Aquilo havia sido o ápice da gravidade nacional, porque além do atentado à vida humana aquela facada feria a democracia.

Um mês depois veio o primeiro turno das eleições de 2018. (GALLORO, 2020)

Ainda naquele ano, entrou em vigor a *General Data Protection Regulation* (GDPR) na União Europeia (UE), que propiciou um novo olhar regulatório na relação entre organizações e consumidores, gerando influência internacional sobre o tema de privacidade de dados pessoais. No Brasil, a Lei Geral de Proteção de Dados (LGPD) entrou em vigor em 18.9.2020, seguindo os passos da GDPR, representando um avanço significativo na regulação da privacidade de dados em todo o país.

O Brasil inovou ao atribuir responsabilidades claras aos agentes que tratavam dados de terceiros e ao criar a Autoridade Nacional de Proteção de Dados Pessoais (ANPD), uma autarquia de natureza especial, vinculada ao Ministério da Justiça e Segurança Pública, responsável por zelar pela proteção de dados pessoais e por regulamentar, implementar e fiscalizar o cumprimento da LGPD no Brasil.

Como acontece com toda inovação de repercussão nacional, especialmente quando envolve a responsabilização de quem trata de dados pessoais de terceiros, a recepção e implantação da LGPD foi marcada por significativa insegurança por parte da iniciativa privada e do setor público. Os gestores, em muitos casos, ainda não conheciam claramente os limites de sua atuação e dimensões de suas responsabilidades. Esses desafios ainda se refletem na atualidade, sobretudo na insuficiência de infraestrutura adequada em diversos órgãos públicos.

Verifica-se, atualmente, constantes providências por parte de instituições na revisão de contratos, acordos de cooperação, regras de uso e transparência com clientes, visando às adaptações exigidas pela LGPD.

Rogério Galloro assumiu a assessoria especial da presidência do TSE em 2019, tendo como diretriz da então Presidente Ministra Rosa Weber assessorá-la em temas relacionados à desinformação (antes utilizava-se a expressão *fake news*) e segurança institucional. Na época, as ameaças cibernéticas já se consubstanciavam numa das maiores ameaças às instituições, principalmente àquelas responsáveis pelo tratamento de dados pessoais de terceiros. O TSE possui o maior banco de dados pessoais biométrico do país e um dos maiores do mundo, com mais de 150 milhões de indivíduos.

Foi nesse contexto que Galloro teve a oportunidade de coordenar o Seminário Internacional *Fake News* e Eleições, em maio de 2019. O seminário objetivou buscar formas de impedir e/ou minimizar a divulgação de notícias falsas nas eleições municipais de 2020. Além de compartilhar experiências adquiridas no decorrer das últimas eleições gerais, almejou-se compilar os dados, compartilhar experiências nacionais e internacionais, acolher sugestões, enriquecer o conhecimento geral sobre medidas de enfrentamento às notícias falsas, bem como considerar as conclusões ora obtidas como fonte de estudo e as soluções colhidas como propostas, conforme as palavras da então presidente do TSE, Ministra Rosa Weber:

> Ressalto a importância deste seminário internacional enquanto ação estratégica do TSE, pensado para ser um marco temporal, encerrando o ciclo das eleições de 2018, eleições essas gerais, um verdadeiro divisor de águas no tocante ao tema diante dos pleitos eleitorais que se avizinham, as eleições municipais de 2020 e as eleições gerais de 2022. (WEBER, 2019)

A cada dois anos, no ano que antecede uma eleição, o TSE realiza o Teste Público de Segurança (TPS). Esse evento, que consta no calendário eleitoral, permite que qualquer brasileiro com mais de 18 anos apresente um plano de ataque aos sistemas eleitorais envolvidos na geração de mídias, votação, apuração, transmissão e recebimento de arquivos. O teste envolve várias etapas: desde a apresentação dos sistemas eleitorais para as investigadoras e os investigadores, abertura do código-fonte, recebimento dos planos e o período de ataque propriamente dito, finalizando meses depois, quando o TSE convida os envolvidos para testar novamente os sistemas e verificar se as falhas foram corrigidas (TSE – TPS, 2024).

Rogério Galloro teve a oportunidade de coordenar a Comissão Avaliadora do TPS2019, junto com o coautor deste livro, Marcelo Silva, que representou a PF na oportunidade. A Comissão Avaliadora é responsável por validar a metodologia e os critérios de julgamento, além de avaliar e homologar os resultados. A comissão conta com representantes da comunidade acadêmica/científica, do Ministério Público Federal (MPF), da Ordem dos Advogados do Brasil (OAB), do Congresso Nacional, da Polícia Federal (PF) e da Sociedade Brasileira de Computação (SBC), além de um engenheiro elétrico/

eletrônico ou de computação devidamente registrado no Conselho Regional de Engenharia e Agronomia (Crea), indicado pelo Conselho Federal de Engenharia e Agronomia (Confea) e um representante indicado pelo presidente do TSE.

– Histórico de ações no STF (2020 a 2023)

O Ministro Luiz Fux, do STF, sempre demonstrou preocupação com a crescente desinformação digital e a ameaça cibernética. No primeiro semestre de 2018, quando presidia o TSE, Galloro, enquanto Diretor-Geral da PF, realizou reunião com ele para debater esses temas. Foi dele a iniciativa do primeiro seminário internacional sobre *fake news* no contexto eleitoral. Em 2020, quando assumiu a presidência do STF, o Ministro Fux convidou Galloro para integrar seu gabinete presidencial, como assessor especial, mesma função que ele exercia no TSE na presidência da Ministra Rosa Weber até maio daquele ano, quando terminou seu mandato.

Essa visão futurista do ministro, acrescida de sua vasta experiência como magistrado de carreira, permitiu a criação da Assessoria de Segurança da Informação (ASI) no STF, que seria então chefiada pelo Perito Criminal Federal Marcelo Silva. Essa unidade visava suprir uma das maiores dificuldades do alto gestor no tema tecnologia da informação (TI), o desconhecimento técnico. A justificativa é simples, o alto gestor carece de conhecimento e segurança na análise e tomada de decisão em assuntos relacionados à segurança da informação. A seguir, as palavras do Ministro Luiz Fux em mensagem encaminhada aos servidores do STF no final do ano de 2021.

> Para garantir a segurança da informação, foi criada a Assessoria de Segurança da Informação, a qual tem desenvolvido boas práticas e protocolos para prevenir e tratar tentativas de ataques externos aos sistemas do Tribunal. Apesar de já sermos uma Corte Constitucional 100% Digital – a primeira do globo a atingir esta marca – vale ressaltar que o STF não perdeu, nem perderá, a sua dimensão humana. O mundo virtual jamais poderá excluir a importância do mundo presencial. (FUX, 2021)

Ao mesmo tempo, as unidades responsáveis pelo provimento de TI, normalmente subordinadas a um diretor-geral, ou outra unidade que não alcança ou influencia diretamente esse gestor maior

(CEO, por exemplo), estão sujeitas a interesses setoriais e estratégicos que podem camuflar a realidade ou até prejudicar a adequada tomada de decisão da alta gestão. Daí a importância da existência de assessor especialista, ligado diretamente ao tomador de decisão de alto escalão (especialmente presidentes e CEOs), isento, confiável e independente da governança, que analise, monitore, supervisione a execução e planejamento de TI, segurança da informação e proteção de dados pessoais de uma instituição.

Essa estratégia foi bem-sucedida no STF. Para justificar essa afirmação, torna-se importante contextualizar o momento político no Brasil em 2020. A pandemia de Covid-19 assolava o mundo e nos tornou cativos de nossos próprios lares por quase dois anos. A modalidade do *home-office* tornou-se nossa realidade e o entretenimento passou a ser proporcionado, basicamente, pela internet.

Paralelamente, o mundo sofria pelo impacto das campanhas de desinformação nas eleições presidenciais, nas relações pessoais e comerciais. O mundo cibernético tornou-se, de fato, nosso principal espaço de interação.

Desde as eleições gerais de 2018, presenciávamos o recrudescimento de uma bipolaridade política, que, alimentada por ferramentas de comunicação em massa, geravam forte instabilidade e proporcionavam campanhas de agressão pessoal e política sem precedentes, por meio das redes sociais. Paralelamente, impactados pela disseminação de aplicativos de inteligência artificial (IA) e adulteração de mídias, presenciamos a multiplicação de informações falsas e adulteradas tanto na internet de superfície como na *deep* e *dark web*.

Ataques cibernéticos no Brasil e no mundo passaram de previsão para realidade, a ponto de estarmos na iminência de uma guerra cibernética global. Ataques de *malware* como o WannaCry (infecção de *worm* que se replicou automaticamente de um computador a outro e criptografava e bloqueava o disco rígido, exigindo milhares de dólares para recuperação dos dados, afetou cerca de 300 mil computadores em 150 países) e o NotPetya (*ransomware* que desativou cerca de 10% dos computadores da Ucrânia e cruzou fronteiras, paralisando negócios em outros países) causaram pânico e prejuízos nunca experimentados no ambiente cibernético. Isso só foi possível graças à dependência da nossa geração ao mundo cibernético.

Sobre esse tema, interessante a conclusão de Brad Smith, para quem as perspectivas a respeito da segurança cibernética seguem os padrões geracionais. Para esse autor: "As gerações mais jovens são nativamente digitais. Suas vidas são movidas à tecnologia, e um ataque a seus dispositivos é como um ataque à sua casa. É pessoal. Mas as gerações mais antigas nem sempre enxergam um ciberataque da mesma forma" (SMITH, 2020).

Em gestões de curto prazo, como nas cortes superiores brasileiras, assim consideradas de até 2 anos, o que consideramos aplicar-se também à realidade da iniciativa privada, uma política institucional permanente e sólida de segurança da informação é fundamental. Instituições devem ser resilientes a ataques cibernéticos, proporcionalmente ao ativo que protegem, ao valor de sua imagem. Essa "resiliência continuada" foi mantida no STF. Com o fim da gestão do Ministro Luiz Fux, iniciou-se a gestão da Ministra Rosa Weber, que manteve a política de segurança cibernética e a aprimorou. Nesse período de pouco mais de três anos das duas gestões, a Suprema Corte resistiu e respondeu eficazmente aos respectivos incidentes.

Foi devido a esse comportamento estratégico institucional que, durante os ataques de 8.1.2023, em que uma multidão enfurecida depredou as sedes dos três poderes em Brasília, e que outra multidão digital atacou incessantemente por horas o STF, sua integridade foi mantida a salvo. Naquele dia, nos monitoramentos de inteligência cibernética, haviam sido detectados chamados para *hackers* invadirem os sistemas governamentais.

No mesmo momento em que o STF estava sob ataque, um forte ataque *Distributed Deny-of-Service* (DDoS) retirou os sistemas do tribunal do ar por alguns instantes. Ao final do dia, a equipe de tecnologia da informação havia restaurado o ambiente. Estes ataques cibernéticos de DDoS se repetiram nos dias 9 e 10 de janeiro daquele ano, embora em menor intensidade. A PF e o CTIR.Gov foram acionados pela Assessoria de Segurança da Informação para analisar o caso, mas não foi possível a identificação da autoria.

Afinal, o termo "segurança institucional" é amplo e abrange toda a proteção necessária à instituição e seus ativos, incluindo edifícios, servidores, bens, dados, serviços e terceiros que com ela interagem. Tanto a segurança orgânica (pessoal e patrimonial) quanto a segurança cibernética (informação) estão inseridas nesse escopo de proteção. Não há sobreposição entre segurança patrimonial e segurança cibernética; em vez disso, há uma prevalência da segurança pessoal dos indivíduos que compõem a instituição. E no caso dos ataques de 8 de janeiro, esse ativo foi preservado.

- ## As atividades de cibersegurança desenvolvidas no STF

Com a contextualização do momento histórico brasileiro e mundial, além da exposição da trajetória realizada até o momento de poder desenvolver ações estruturantes na segurança institucional no órgão de cúpula do Judiciário brasileiro, fica mais clara a amplitude das ações e como foi possível viabilizá-las.

Quando Marcelo Silva ingressou no STF, como Assessor do Gabinete da Presidência, na gestão do Ministro Luiz Fux, dentre as atividades realizadas, esteve a elaboração de uma avaliação corporativa de cibersegurança, conforme expusemos no Capítulo 3, "Conhecendo a postura de segurança cibernética".

Esta avaliação buscou coletar elementos concretos para demonstrar a atual postura de cibersegurança da organização, ou seja, verificar a capacidade da organização (pessoas, processos e tecnologia) de se defender de ataques cibernéticos, por meio de uma estrutura de gestão para prover meios de defesa e reação quando necessário. Esta análise possibilitou uma adequada alocação de papéis, responsabilidades e recursos para segurança cibernética, que foi implantada por meio de um programa corporativo de cibersegurança com apoio da alta gestão.

Para o desenvolvimento da atividade, foram realizadas as seguintes análises:
- *contexto organizacional*: buscou-se uma familiarização com a missão, visão e valores da instituição, além de uma avaliação da atual estrutura orgânica e funcional. Com estes elementos foram analisadas as características institucionais relativas às ameaças, fraquezas, pontos fortes e oportunidades. O nível operacional e de gestão da cibersegurança foi

analisando, verificando seu estágio de desenvolvimento e oportunidades de melhorias. Foi fundamental a familiarização com o contexto histórico, verificando a necessidade de prover uma intensa integração da cibersegurança com a segurança orgânica, das autoridades e da imagem institucional. A comunicação com a alta gestão foi analisada, verificando pontos fortes e oportunidades de aprimoramentos. Com estes elementos a avaliação de riscos ficou mais rica, elucidativa e atualizada com o contexto interno e externo da instituição;
- *auditorias realizadas*: a análise das auditorias internas e externas possibilitou a identificação do nível de engajamento institucional, fatores-chave de aprimoramento e aspectos da gestão da segurança cibernética. Foram analisados a profundidade de cada auditoria, os resultados obtidos, a forma de transmissão aos responsáveis, os tratamentos realizados e a periodicidade de cada ação;
- *conformidade normativa*: foi realizada uma revisão da política de segurança da informação e todos os normativos relacionados à temática, buscando analisar não apenas o conteúdo das normas, mas o nível de implementação na organização. Também foram analisadas unidades importantes para estruturação da cibersegurança, como a existência do Comitê de Segurança da Informação e da Equipe de Prevenção, Tratamento e Resposta a Incidentes – ETIR;
- *maturidade em cibersegurança*: foi definido o *framework* a ser utilizado para avaliação da maturidade e posteriormente foi realizada a mensuração dos controles de segurança. Com base neste resultado, foi possível ter elementos objetivos para definição da estratégia de aprimoramento;
- *riscos cibernéticos*: esta é uma das ações mais profundas e fundamentais para a realização da avaliação. Devido ao limitado tempo e recursos disponíveis, foi utilizada uma estratégica de seleção de 3 sistemas críticos pelo próprio secretário de tecnologia (CIO). Foi feita uma avaliação de riscos destes três sistemas e, com base neste resultado, ficaram evidenciadas importantes oportunidades de aprimoramentos estratégicos.

A amplitude e profundidade da avaliação proporcionaram um embasamento sólido para proposição de um programa corporativo de cibersegurança. O apoio da alta gestão foi fundamental. A posição que Galloro e Marcelo ocupavam no STF facilitou a comunicação com a alta gestão e o engajamento necessário para o desenvolvimento das atividades estruturantes. O programa elaborado foi gradual, com avaliações e atualizações anuais. De forma resumida, contemplou as seguintes áreas:
- *riscos de cibersegurança*: os riscos foram os elementos norteadores do programa, com a priorização de tratamento de cada um. Foi escolhida a metodologia de gestão de riscos já existente no Tribunal, sendo que, posteriormente, formalizamos a sua atualização, para o tratamento específico de riscos de segurança da informação;
- *conformidade normativa*: foi estabelecido o *compliance* com os normativos identificados como prioritários. A atividade foi realizada em conjunto com o corpo funcional responsável pela revisão das normas em todos os aspectos necessários. Foi dado um enfoque para implantação de alguns normativos de cibersegurança existentes;
- *aprimoramento da maturidade*: foi definida uma estratégia para o aprimoramento da maturidade dos controles buscando identificar os prioritários e aqueles que necessitariam de um apoio maior da alta gestão para implantação mais abrangente;
- *ações de conscientização e capacitação*: foi criado o Boletim de Segurança da Informação para alta gestão, com acesso exclusivo da Presidência. Foram realizadas diversas ações de conscientização para usuários e servidores, incluindo dois seminários que detalharemos posteriormente. As ações de capacitação merecem um destaque em virtude de importantes treinamentos proporcionados para a recém-criada ETIR;
- *gestão de incidentes*: foi dado um enfoque especial nesta temática, em que foi desenvolvido e implantado um processo corporativo de gestão de incidentes cibernéticos, além da realização e ativação de parcerias institucionais importantes. Posteriormente ilustraremos casos concretos deste processo em funcionamento.

O desenvolvimento deste programa corporativo durante o período de 2020 a 2023, com suas revisões e atualizações, possibilitou a concretização de importantes realizações, conforme resumidamente expostas a seguir:

- *criação da Assessoria de Segurança da Informação (ASI)*: unidade ligada diretamente ao Gabinete da Presidência do STF, concretizou o vínculo com a alta gestão. Tendo a missão de assessorar a Presidência do STF sobre os riscos de segurança da informação, por meio de um sistema de gestão baseado em riscos, bem como o fomento de ações preventivas e reativas relacionadas a possíveis incidentes cibernéticos, propiciando o fortalecimento do engajamento da alta gestão;
- *criação da ETIR*: criada em uma unidade vinculada à Secretaria de Tecnologia da Informação – STI, com a responsabilidade de tratar os incidentes cibernéticos e auxiliar na implantação de medidas preventivas;
- *ações de conformidade normativa*: atualização e proposição de importantes normativos de cibersegurança, com apoio para respectiva implantação. Expressivos avanços na conformidade com a LGPD, conforme será exposto em seção própria;
- *ações de conscientização e capacitação*: foram realizadas 100% das atividades propostas, com importantes marcos como os seminários e treinamentos realizados;
- *criação do Comitê de Segurança Cibernética do Poder Judiciário*: participação desta ação estruturante que resultou na Estratégia Nacional de Segurança Cibernética do Poder Judiciário, conforme será exposto posteriormente;
- *serviços gerenciados de segurança da informação*: proposição da ampliação da força de trabalho do Tribunal por meio desta contratação para o setor de monitoramento e tratamento de incidentes cibernéticos, que foi posteriormente contratado;
- *tratamento de riscos cibernéticos*: mapeamento e avaliação de importantes riscos que foram priorizados e tratados posteriormente;
- *ativação do CSI e realização de parcerias*: atualização e ativação do Comitê de Segurança da Informação – CSI, com a

realização de reuniões periódicas. Gestão para ativação e celebração de importantes parcerias, especialmente para o processo de resposta a incidentes;
- *tratamento de incidentes cibernéticos*: durante todo período não houve incidentes cibernéticos críticos e os que ocorreram foram devidamente tratados, conforme será exposto posteriormente. Isso demonstrou um importante feito, tendo em vista o conturbado momento histórico já relatado.

Um caso que merece detalhamento foi um incidente de conhecimento público, ocorrido no Portal do STF em 6.5.2021. Um ataque *hacker* ocorreu no portal institucional do Tribunal, buscando extrair informações da base de dados do órgão. O ataque foi detectado enquanto ainda estava ocorrendo e o portal foi retirado do ar em tempo hábil, para que medidas corretivas necessárias fossem implantadas. Pelos controles de segurança já existentes, verificou-se que não foram copiadas informações sem autorização (STF – NOTÍCIA, 2021).

A PF foi acionada para apurar o ataque em 12.5.2021. No dia 8 de junho do mesmo ano, menos de um mês, a PF prendeu os primeiros suspeitos. No dia 31 de agosto, a PF realizou a prisão de um outro suspeito do mesmo ataque, evidenciando a celeridade e efetividade da ação (CANALTECH, 2021; CNN, 2021; G1, 2021).

Este caso ilustra de forma concreta um dos resultados do trabalho de gestão e aprimoramento da postura institucional de segurança cibernética. O Tribunal teve a capacidade de detectar o incidente quando estava ocorrendo, sendo um tipo de ataque que nem sempre é detectado em tempo real. Isso possibilitou uma mobilização e a execução de um processo de resposta a incidentes efetivo. Com a comunicação com a alta gestão, foi possível uma rápida decisão para retirar o portal do ar para agilizar o tratamento.

As evidências do ataque foram apropriadamente registradas e coletadas. Isso possibilitou toda ação posterior da PF na apuração do caso e na identificação da autoria do ataque. A ação de parceria institucional, como a realizada entre a PF e o STF, resultou em uma atuação célere, competente e efetiva, com resultados expressivos da resiliência cibernética obtida.

7.2 A Estratégia Nacional de Segurança Cibernética no Poder Judiciário

O que a Estratégia Nacional de Segurança Cibernética do Poder Judiciário pode ensinar às corporações?

Em novembro de 2020, ocorreu um sério ataque de *ransomware* em um importante tribunal brasileiro, o Superior Tribunal de Justiça (STJ). O ataque ocorreu no dia 3, criptografando as máquinas virtuais de todos os servidores e o acervo da Corte, o que deixou o STJ inoperante por 7 dias, causando suspensão de prazos processuais e diversos transtornos (STJ, 2020; ZOTTMANN, 2023).

Este considerável ataque a um órgão de alto nível da hierarquia judiciária brasileira colocou todos em alerta máximo, em especial o Poder Judiciário. O então Presidente do STF e do CNJ, Ministro Luiz Fux, convocou uma reunião de emergência com alguns assessores e autoridades, entre elas Galloro, seu então assessor especial.

Nesta reunião, foi analisada a melhor alternativa de tratamento para o caso do STJ, para evitar ou diminuir a chance de ocorrência em outros tribunais. Galloro consultou o então assessor do Gabinete da Presidência, Marcelo Silva, sobre alternativas possíveis. Chegaram à conclusão sobre a necessidade de criação de um comitê conciso, com representantes do Poder Judiciário, por meio do CNJ, para elaboração de uma estratégia de cibersegurança para o aprimoramento dos tribunais brasileiros.

Essa visão foi possível graças à prévia existência de normas e recomendações de boa qualidade, mas que, por ausência de maturidade institucional, de pessoas, de estrutura e de processos, não estavam sendo aplicadas. A ideia do comitê nasceu com o objetivo de se criar uma estratégia com metas graduais para que os tribunais pudessem dispor de um caminho concreto de aprimoramento de sua estrutura funcional e de recursos humanos para o efetivo aumento da resiliência cibernética institucional.

Em 10.11.2020, foi editada a Portaria-CNJ nº 242/2020, instituindo o Comitê de Segurança Cibernética do Poder Judiciário (CNJ – ENSEC-PJ, 2020). O Comitê foi instituído com objetivo de criação de importantes protocolos emergenciais de cibersegurança para ter um efeito em curto prazo e gerar a minuta da Estratégia de Segurança Cibernética do Poder Judiciário, além de prever a criação de um Centro de Tratamento de Incidentes de Segurança Cibernética do CNJ.

O STF contou com dois representantes no comitê, sendo o Secretário de Tecnologia da Informação e o Assessor de Segurança da Informação, Marcelo Silva, um dos idealizadores da criação do comitê. Foram definidos grupos de trabalho para o desenvolvimento dos protocolos, estratégia e manuais técnicos. Marcelo foi o relator do grupo para elaboração da estratégia.

Diversas foram as reuniões e debates com os membros dos grupos, resultando na publicação da Estratégia Nacional de Cibersegurança do Poder Judiciário (ENSEC-PJ), no dia 7.6.2021. A ENSEC-PJ foi criada com objetivo de aprimorar o nível de maturidade em segurança cibernética nos órgãos do Poder Judiciário, mediante a definição de objetivos bem definidos e ações concretas para o aprimoramento.

A ENSEC-PJ buscou estabelecer uma estrutura mínima para possibilitar a gestão da cibersegurança, definindo a necessidade de um gestor de segurança da informação, de uma estrutura de governança ligada à alta administração e desvinculada da TI e de uma ETIR. Foi destacada a necessidade do engajamento da alta gestão do órgão para viabilizar a realização das finalidades estabelecidas.

A ENSEC-PJ também previu uma estrutura nacional para apoiar a implementação da estratégica e o processo de resposta a incidentes nos órgãos do Poder Judiciário por meio de um modelo centralizado de governança e de uma rede nacional de cooperação em cibersegurança.

Com o objetivo de apoiar tecnicamente os órgãos do Poder Judiciário, com diversos níveis de maturidade diferenciados, a ENSEC-PJ forneceu um conjunto de diretrizes específicas e protocolos adicionais, como:
- protocolo de prevenção de incidentes;
- protocolo de gerenciamento de crises;
- protocolo de investigação de ilícitos cibernéticos;
- manual de proteção de infraestrutura;

- manual de gerenciamento de identidades e acessos;
- política de educação e cultura;
- processo de resposta e tratamento de incidentes;
- requisitos para a proteção das cópias de segurança (*backups*);
- realização de testes de conformidade periódicos;
- estabelecimento de uma rubrica orçamentária específica para cibersegurança.

A ENSEC-PJ gerou resultados positivos no Poder Judiciário e outras organizações que se basearam nela para o aprimoramento de suas ações em cibersegurança, sendo basilar para uma estruturação mais concreta e ampla em um cenário heterogêneo e amplo.

É importante ressaltar que, para normativos desta magnitude, é imprescindível apoio político e orçamentário consistentes e perenes. Somente assim, os efeitos planejados alcançarão concretude, com a gestão monitorando os resultados e alinhando os aprimoramentos necessários.

7.3 Seminário Nacional e Internacional de Segurança Cibernética: lições aprendidas

Qual a importância dos eventos de conscientização e capacitação em cibersegurança?

Os seminários organizados tiveram como objetivo fortalecer a rede de confiança entre as lideranças do setor de cibersegurança e promover um maior engajamento da alta gestão com a temática, como fator imprescindível para os aprimoramentos necessários.

O primeiro evento foi o Simpósio de Segurança Cibernética dos Tribunais Superiores, um encontro nacional voltado para os tribunais superiores do Brasil, a saber: STF, STJ, TSE, Tribunal Superior do Trabalho (TST) e Superior Tribunal Militar (STM), além de algumas outras instituições convidadas.

O segundo evento, o Seminário Internacional de Segurança Cibernética nas Cortes Superiores, teve enfoque internacional, com objetivo de discutir temas relevantes de cibersegurança para os órgãos da cúpula do Judiciário de diversos países.

A seguir, descreveremos com mais detalhes os resultados obtidos em cada um destes eventos.

– Simpósio de Segurança Cibernética dos Tribunais Superiores

O evento ocorreu no dia 3.3.2023, no auditório da Primeira Turma do STF, reunindo um público de aproximadamente 200 pessoas. As vagas foram preenchidas já na primeira semana de divulgação, evidenciando o alto nível de interesse pela temática.

Este foi o primeiro evento relativo à cibersegurança para os tribunais superiores brasileiros, o que gerou grande atenção e participação da comunidade.

A intensa transformação digital ocorrida no Poder Judiciário do Brasil agilizou sobremaneira a distribuição e tramitação dos processos. O processo judicial de forma eletrônica proporcionou um aumento de produtividade e melhoria na prestação do serviço jurisdicional.

Com a pandemia de Covid-19, houve uma intensificação deste processo, com completa digitalização de acervos processuais, realização de videoconferências em massa e audiências virtuais. Além do crescente uso da IA no apoio da análise processual.

Neste cenário, a tecnologia desempenha um fator crítico, aumentando os respectivos riscos relacionados. Muitos riscos foram materializados pelo expressivo aumento dos incidentes cibernéticos, alguns até comprometendo a integridade e confidencialidade, tão caros para a prestação jurisdicional.

Seguem transcritas as palavras da Ministra Rosa Weber, então Presidente do STF, durante a abertura do evento:

> A invasão de sistemas que objetiva exclusivamente promover a desmoralização do aparato judiciário não difere, em termos ontológicos, da invasão física, seguida pela distribuição de patrimônio, de que este Supremo Tribunal Federal foi vítima no fatídico dia 8 de janeiro, a não ser jamais esquecido para que nunca mais volte a ocorrer vilania de tal natureza.
> No aspecto, o presente simpósio põe em destaque ponto essencial. No substrato das questões técnicas a serem tratadas, reside a necessidade comum de proteção de valores essenciais ao Estado Democrático de Direito.
> A continuidade, integridade e confiabilidade na prestação dos serviços e a própria imagem das instituições judiciárias pilares da democracia constitucional. Nessa medida, proclamando a Constituição Cidadã,

de 1988, constitui-se a República Federativa do Brasil, em um Estado democrático de direito, cabe ao Supremo Tribunal Federal, enquanto guardião do texto constitucional, por própria determinação da nossa constituição, reconhecer, como de fato reconhece, a relevância ímpar do tema segurança cibernética sobre o qual se debruça este encontro. (STF, 2023)

Devido à amplitude da área da segurança cibernética, buscou-se definir um escopo temático específico para ser desenvolvido, visando contemplar os seguintes temas: gestão de riscos cibernéticos e governança, fatores humanos em segurança cibernética, maturidade cibernética, segurança no desenvolvimento de *software* e parceria com a iniciativa privada e academia.

Foi desenvolvida uma identidade visual para o evento, um *hotsite* para as inscrições e um conjunto de medidas de divulgação ao público-alvo específico. A relação dos palestrantes e palestras do evento segue na Tabela 1.

Tabela 1 – Relação dos palestrantes do Simpósio

(continua)

Palestrante	Instituição	Palestra
Rogério Galloro e Marcelo Silva	Supremo Tribunal Federal	Assessoria de Segurança da Informação
Natacha Moraes	Supremo Tribunal Federal	Papel do Gestor da Resposta a Incidentes
Renato Solimar	Conselho da Justiça Federal	Riscos no Processo Judicial
Otávio Russo e Paulo César Herrmann	Polícia Federal	Combate a Crimes Cibernéticos na Polícia Federal
Tiago Iahn	SERPRO	Centro de Operações de Segurança
Paulo César Nunes	CTIR.Gov	Tendências de Ataques
Rodrigo Siqueira	Tribunal Superior do Trabalho	Coordenadoria de Segurança Cibernética
Regis Machado	Tribunal de Contas da União	Maturidade dos Controles
Thiago Vieira	Conselho Nacional de Justiça	Estratégia Nacional de Segurança Cibernética

(conclusão)

Palestrante	Instituição	Palestra
Dionísio Pinheiro	Procuradoria Geral da República – PGR	A Segurança da Informação na PGR
Leandro Ferreira	Superior Tribunal de Justiça	Serviços Gerenciados de Segurança da Informação
Carlos Zottmann	Tribunal Superior Eleitoral	Inteligência Cibernética
Luiz Florindo	Tribunal Superior Eleitoral	Resposta a Ataques Cibernéticos
Sávio Levy	Tribunal de Justiça do Distrito Federal	Detecção de Ameaças em Contêineres
Lorena Bezerra	Supremo Tribunal Federal	Detecção de Ameaças em DNS
Robson Albuquerque	Universidade de Brasília	Parceria com a Academia

Fonte: STF (2023).

Além da participação dos Tribunais Superiores, foram convidadas as seguintes instituições para ministrar palestras: Conselho da Justiça Federal (CJF), Polícia Federal (PF), Serpro, CTIR.Gov, Tribunal de Contas da União (TCU), Conselho Nacional de Justiça (CNJ), Procuradoria Geral da República (PGR), Tribunal de Justiça do Distrito Federal e Territórios (TJDFT) e Universidade de Brasília (UnB).

A realização deste evento foi um marco significativo no tratamento da temática para as lideranças da cibersegurança no Poder Judiciário e instituições parceiras, além de fortalecer a imprescindível cadeia de confiança no relacionamento entre os servidores responsáveis pelas ações de aprimoramento cibernético em suas organizações. Um fator de alta relevância do evento foi que proporcionou conscientização e engajamento da alta gestão dos órgãos de uma forma muito mais ampla e profunda, contando também com divulgação na comunidade por meio dos veículos de imprensa.

– Seminário Internacional de Segurança Cibernética nas Cortes Superiores

O evento ocorreu nos dias 24 e 25.8.2023, no auditório do TSE, e atraiu um público de mais de 700 pessoas, com todas as vagas preenchidas nas primeiras semanas de divulgação.

Este seminário surgiu como continuidade do evento anterior, de caráter nacional e mais restrito. Mas que gerou resultados muito benéficos para o STF e toda comunidade do Judiciário que pôde participar. Houve uma expressiva ampliação do escopo para importantes atores do cenário da cibersegurança, proporcionando uma oportunidade a tribunais internacionais.

Com esta visão em mente, buscou-se organizar um evento visando a ampla participação das Cortes Superiores internacionais, além de empresas e instituições de relevo do setor. O objetivo foi o de promover um intercâmbio de ações, boas práticas e recomendações de segurança cibernética seguidas por órgãos de cúpula do Judiciário internacional.

O conteúdo programático teve como objetivo promover a ampliação do conhecimento em cibersegurança no âmbito judiciário internacional, divulgar ações relevantes realizadas pela cúpula do Poder Judiciário em outros países, estimular a troca de informações e o desenvolvimento de parcerias entre as Cortes Superiores, disseminando conhecimentos sobre inovações tecnológicas e boas práticas de segurança cibernética em organizações internacionais.

A seleção dos palestrantes foi cuidadosamente planejada e articulada por meio da cooperação e rede de contatos nacionais e internacionais dos organizadores do evento. As seguintes instituições encaminharam representantes para palestrar: Tribunal de Justiça da União Europeia; União Europeia (UE); Tribunal Constitucional de Angola; Interpol; Autoridade Nacional de Proteção de Dados (ANPD); Centro de Estudos, Pesquisa e Tratamento de Incidentes de Segurança no Brasil (CERT.br); Associação Brasileira de Avaliação e Conformidade (ABRAC); Advocacia Brasileira; Microsoft; Oracle e IBM.

Foi desenvolvida uma identidade visual para o evento, um *hotsite* para as inscrições e um conjunto de medidas de divulgação ao público-alvo específico.

As instituições convidaram pessoas de projeção e liderança na área de cibersegurança de suas organizações para palestrar, conforme exposto na Tabela 2.

Tabela 2 – Relação dos palestrantes do Seminário

Palestrante	Instituição – Cargo	Palestra
João Fernandes	Tribunal de Justiça da União Europeia Diretor de TI	Como correlacionar casos judiciais com operações de cibersegurança?
Tânia Consentino	Microsoft Presidente no Brasil	Alta Gestão em Cibernética
Miriam Wimmer	ANPD Diretora	Gestão da Proteção de Dados
Eneken Tikk	União Europeia Especialista em Cibersegurança	Gestão em Segurança Cibernética
Jefferson Carvalho	ABRAC Assessor Especial	Políticas Públicas de Certificações
Patrício Correa	Tribunal Constitucional de Angola Diretor de TI	Cenário da Segurança Cibernética
Jeff Crume	IBM Distinguished Engineer	Segurança de Dados: *Ransomware* e Criptografia
Marco Righetti	Oracle Diretor – América Latina	Segurança de Banco de Dados em Nuvem
Cristine Hoepers	CERT.br General Manager	Resposta a Incidentes Cibernéticos
Luiz Augusto Filizzola D'Urso	Advocacia Brasileira Especialista em Cibercrimes	Consequências Judiciárias dos Ataques
Madan Oberoi	Interpol Diretor Executivo para Inovações Tecnológicas	Parceria Internacional

Fonte: STF – Seminário Cyber (2023).

Houve uma expressiva participação das lideranças e especialistas da área de cibersegurança do Judiciário brasileiro, tribunais internacionais, administração pública federal, empresas, meio acadêmico, advocacia e sociedade em geral. Dentre os mais de 700 participantes, no primeiro dia vieram autoridades como: a Presidência do STF, a Presidência de cada Tribunal Superior brasileiro, o embaixador da União Europeia no Brasil, além de embaixadores de mais de 17 países. A seguir transcreveremos alguns trechos do discurso de cada autoridade no dia da abertura do evento.

Algumas palavras da Ministra Rosa Weber, então Presidente do STF:

> [...] Olho ao redor e me encho de orgulho ao ver que a comunidade vem se consolidando dentro do cenário nacional e internacional. É com alegria que, como Presidente de um dos poderes de nossa inabalável democracia constitucional, ratifico a necessidade de que haja união de esforços no estabelecimento de redes de confiança para enfrentar os desafios impostos. Não é incomum nos depararmos com práticas que violam os valores que formam a nossa democracia ao quebrar a confidencialidade, a integridade e a disponibilidade dos serviços essenciais ao cidadão. A qualidade dos ataques tem avançado de forma constante, não poupando a iniciativa privada nem órgãos públicos das mais diferentes esferas. [...] Nesses dois dias em que tantas mentes se reúnem para discutir segurança cibernética, a confidencialidade, a integridade e disponibilidade dos sistemas judiciais são valores que ecoam com significado profundo. São princípios que enaltecem nossa busca incessante por uma justiça mais forte, mais justa e mais resiliente. As formas e os meios de ataques cibernéticos são variados e multifacetados, podendo atingir não somente documentos eletrônicos ou a integridade dos sistemas, mas a própria dignidade da justiça, com o nefasto objetivo de promover a desmoralização do aparato judicial como um todo.
> Senhoras e senhores, organizamos um evento repleto de conhecimento, oportunidades de intercâmbio de informações e de debates instigantes sobre a segurança cibernética nos sistemas judiciais do mundo. Faço votos de que esta seja uma oportunidade única e proveitosa para todos se conectarem com os principais atores da área da segurança cibernética, ampliando seus conhecimentos sobre a proteção de dados. (STF – Seminário Cyber, 2023)

A seguir algumas palavras do embaixador da União Europeia no Brasil, Sr. Ignacio Ibanez:

> [...] Todos os Estados membros das Nações Unidas concordaram que o direito internacional, incluindo a Carta das Nações Unidas na sua totalidade, se aplica ao espaço cibernético, dada a natureza global sem fronteiras dessa ameaça. A construção e manutenção de alianças e parcerias sólidas entre todos os países é fundamental para a prevenção e dissuasão de ataques cibernéticos.
> A União Europeia e o Brasil partilham os mesmos valores relativamente ao comportamento responsável no espaço cibernético e ao compromisso de prover liderança na garantia de um espaço global aberto, estável e seguro. [...] O Brasil fez avanços significativos na digitalização e legislação doméstica e estamos comprometidos a trabalhar juntos para avançar na construção de uma maior resiliência global, fortalecer a resposta do Direito Penal e melhorar a estabilidade global no espaço cibernético através da cooperação internacional.

> [...] Percebemos que melhorar a segurança cibernética nacional, incluindo a cooperação internacional, é uma prioridade da atual administração. Estamos convencidos de que somente através da cooperação poderemos ser eficientes nas nossas tentativas de criar um espaço de liberdade global aberto, estável e seguro. Um caminho cujo traçado, tenho certeza. Os participantes do seminário aportarão enriquecedora contribuição. (STF – Seminário Cyber, 2023)

O Tenente-Brigadeiro do Ar, Ministro Francisco Joseli Parente Camelo, então Presidente do STM, proferiu algumas palavras, das quais destacamos as seguintes:

> [...] Os temas que serão apresentados nesse seminário irão nos proporcionar uma interconexão ímpar de nossos tribunais e dos nossos órgãos jurídicos. A tecnologia molda profundamente a maneira como administramos a justiça, processos eletrônicos, informações sensíveis, dados processuais e pessoais de cidadãos. Tudo isso é gerenciado de forma digital. No entanto, decorrente dessa digitalização, surgem preocupações significativas relacionadas à segurança cibernética.
>
> Afinal, a integridade dos dados, a confidencialidade das informações e a confiança no sistema judiciário são fundamentais para a manutenção do Estado de Direito. Hoje estamos aqui para reforçar nosso compromisso. Isso com a proteção de nossos sistemas de informações. A segurança cibernética não é apenas uma tarefa técnica, mas uma responsabilidade coletiva que deve ser incorporada à cultura organizacional. Cada um de nós tem um papel fundamental a desempenhar na promoção de um ambiente cibernético seguro.
>
> [...] Valorizamos a criação e atuação das equipes de tratamento de respostas a incidentes, pois são fundamentais para respondermos prontamente, minimizando danos e restaurando a normalidade o mais rápido possível. E por fim, acreditamos que devemos desempenhar um papel fundamental na educação pública sobre segurança cibernética. Isso não apenas protege nossos cidadãos, mas também aumenta a conscientização sobre a importância deste tema em nossa sociedade. Juntos, como uma comunidade comprometida com a justiça, podemos enfrentar esses desafios cibernéticos com determinação e coragem. (STF – Seminário Cyber, 2023)

Na sequência da mesa de abertura, a Ministra Maria Thereza, então Presidente do STJ, dirigiu suas palavras, das quais extraímos os seguintes trechos:

> [...] As ameaças cibernéticas são cada vez mais audaciosas, ao ponto em que hoje confrontamo-nos não somente com incursões episódicas,

mas com campanhas coordenadas e persistentes, frequentemente promovidas por agentes ou conglomerados que são verdadeiramente sofisticados.

[...] O Judiciário exige, portanto, uma abordagem holística com a adoção de tecnologias de vanguarda destinadas à identificação e prevenção de ameaças, à implementação de protocolos de cibersegurança robustos e imunes a brechas e o cultivo permanente de uma cultura vigilante por todos os usuários do sistema judiciário. O STJ não hesitou em se estruturar para enfrentar este novo paradigma na presente gestão.

[...] Acreditamos que todos esses investimentos e iniciativas se justificam e devem ser perenes, na medida em que a segurança da informação, no âmbito do Judiciário, transcende em muito a mera proteção de dados, pois tem potencial para abalar a confiança da sociedade e do próprio sistema judicial. (STF – Seminário Cyber, 2023)

Por fim, o anfitrião do evento, Ministro Alexandre de Moraes, então Presidente do TSE, proferiu suas palavras, das quais destacamos o seguinte:

Esse seminário é muito importante por vários fatores. O primeiro é para que o poder judiciário e a sociedade em geral afastem de vez o preconceito com relação com segurança. [...] Independente de quem esteja no Poder, a questão da segurança como um todo. Segurança nacional, segurança pública, segurança das instituições, essa questão de segurança é questão de Estado e não de governo. Então, seminários e estudos como esses mostram a importância de nós investirmos em segurança e, especificamente aqui, em segurança cibernética. E investirmos em treinamento e em lutarmos por investimento. Não há segurança sem investimento.

Por melhor que seja a boa vontade daqueles que militam na área. Sem investimentos, principalmente numa área como essa, em que as novidades são diárias, sem investimento não é possível nós planejarmos e garantirmos uma segurança cibernética. O Tribunal Superior Eleitoral, nesse ano de 2023 tem mais de meio bilhão para questões gerais de TI e R$200 milhões para investimentos em segurança, dos R$356,6 milhões para TI. É suficiente? Sempre a questão de segurança cibernética e de TI exige mais dinheiro, mas é um avanço do que vinha sendo realizado (STF – Seminário Cyber, 2023).

Após a cerimônia de abertura, houve a palestra magna ainda no primeiro dia, com a presença de todas as autoridades. As palestras mais técnicas ficaram reservadas para o segundo dia. Foram criados painéis temáticos para agrupá-las, sendo que ao final de cada painel os participantes poderiam fazer perguntas ao moderador. O moderador do painel mediava as perguntas e encaminhava para os respectivos palestrantes.

A riqueza dos assuntos tratados e da oportunidade de esclarecimentos foi significativa e muito bem resumida no discurso de conclusão do evento proferido por Rogério Galloro. Concluímos esta seção do livro com a transcrição das palavras proferidas no evento:

> É com grande satisfação que encerramos o Seminário Internacional de Segurança Cibernética nas Cortes Superiores. Esse evento marcou mais um passo significativo em nossa jornada rumo à promoção e compartilhamento do conhecimento essencial para enfrentar os desafios cada vez mais complexos do mundo cibernético.
> Quando olhamos para trás, desde o nosso primeiro Seminário nacional, o qual realizamos em março, podemos contemplar o crescimento notável que alcançamos, com mais de 1.000 pessoas inscritas para esse evento de hoje, testemunhamos a vitalidade e a diversidade do ecossistema de segurança cibernética. Estamos extremamente gratos pela participação ativa de representantes de diversos setores. Isso porque, apesar do nosso foco no Poder Judiciário, representantes do Terceiro setor, dos poderes Executivo e Legislativo brasileiros, da iniciativa privada e até mesmo delegações de várias embaixadas marcaram presença, mostrando que a busca por um ambiente digital seguro é uma preocupação global.
> Na palestra de abertura tivemos a honra de receber João Fernandes, diretor de TI do Tribunal de Justiça da União Europeia, que presenteou com uma nova dimensão em nossa compreensão. Suas perspectivas sobre a interligação entre as operações de cibersegurança e decisões judiciais reforçaram a importância de estarmos na vanguarda das ameaças emergentes. Como bem destacado, a cibersegurança não é apenas uma questão técnica, mas também uma questão de soberania e independência do sistema de justiça, o que coloca a atuação de profissionais de segurança cibernética como protagonistas.
> Um ponto central ressaltado pelos palestrantes é que a transformação digital é uma força global e inegável. Vimos que, apesar das particularidades regionais, os desafios que enfrentamos são compartilhados, unindo-nos em um esforço colaborativo para superá-los. Patrício Correia, assessor do Gabinete de Sistemas e Tecnologia da Informação do Tribunal Constitucional de Angola, mostrou que está trilhando o caminho da transformação digital e os desafios que surgem apenas reforça a importância da colaboração global. O cenário cibernético e as estratégias de mitigação caminham no mesmo sentido de desenvolvimento e aprimoramento.
> Isso nos leva à fala de Tânia Cosentino, presidente da Microsoft do Brasil, entre aspas "segurança é um esporte de equipe", fecha aspas. Essa afirmação ecoa em todas as esferas de nossa sociedade e é um lembrete constante de que, para enfrentar as ameaças cibernéticas cada vez mais

sofisticadas, precisamos unir esforços, compartilhar conhecimento e agir como equipe coesa. A segurança cibernética é uma responsabilidade compartilhada por todos, desde os indivíduos até as organizações e os governos. E nesse cenário, o papel da convergência da alta administração com a área técnica é fundamental.

Testemunhamos o caso da União Europeia por Marco Richetti, diretor da Oracle na América Latina, como um exemplo notável de como as regulações de proteção de dados podem orientar a evolução tecnológica a partir de demandas da sociedade. À medida que os cidadãos e a política exigem maior proteção de dados, é imperativo que adaptemos nossas abordagens tecnológicas e legislativas para garantir a soberania e a segurança de nossas nações.

Nesta mesma linha, Miriam Wimmer, diretora da Autoridade Nacional de Proteção de Dados, destacou que a proteção de dados pessoais e segurança não são a mesma coisa. Cada uma tem suas semelhanças e particularidades e dentro desta característica, pode-se realizar de forma mais apropriada a gestão de privacidade dos dados em uma instituição.

Mandan Oberoi, Diretor executivo da Interpol da área de Tecnologia e Inovação, enfatiza o cenário atual, mostrando que os criminosos cibernéticos são ágeis e altamente adaptáveis. À medida que há novas tecnologias, eles rapidamente encontram maneiras de explorá-las para fins ilícitos.

Dr. Luiz Augusto Filizola D'Urso, advogado especialista em cibercrimes e direito digital, nos mostrou diversos eventos que reforçam esse cenário, mostrando os impactos que causam para os usuários do sistema judiciário em especial.

Desse modo, os investimentos em tecnologia, inovação e parcerias nacionais e internacionais são fundamentais para ações preventivas e combativas eficientes. Jeff Crume, engenheiro notável da IBM, destacou o ecossistema de proteção de dados, ilustrando de forma habilidosa como aprimorar e implementar as competências necessárias para reconhecer e prevenir tanto as ameaças quanto os ataques cibernéticos.

A acreditação, como apresentada por Jefferson Carvalho, da ABRAC, pode ser a ferramenta a ser utilizada para reconhecimento da competência e confiança nas atividades das organizações. Por que não exigir a certificação em normas internacionais de nossos ambientes tecnológicos e de nossos processos? Esta é uma peça essencial do quebra cabeça da confiança, permitindo que todos nós nos sintamos seguros ao utilizar as tecnologias que estão moldando o nosso futuro.

Para quem ainda não começou, Cristine Hoepers, gerente geral do CERT. br, reforçou que 80% dos ataques poderiam ser evitados se três pontos fossem atendidos: se todas as correções fossem aplicadas, se todos os serviços tivessem MFA e se houvesse mais atenção a erros e configurações.

A fala dela vai ao encontro de Eneken Tikk, Consultora em Segurança Cibernética da União Europeia, quando nos trouxe que a solução de cibersegurança passa por cooperação, coordenação, abordagem multissetorial, parcerias público-privadas, transparência da privacidade, confidencialidade

e no nosso Estado Democrático de Direito. E, claro, sob a priorização de uma estrutura robusta de gestão de riscos. Essa é a ferramenta que nos permite alocar de forma mais efetiva os nossos escassos recursos.
Nossos esforços de cooperação se refletiram na organização conjunta desse evento pelo Supremo Tribunal Federal e pelo Tribunal Superior Eleitoral. Agradecemos imensamente a todos que contribuíram para oferecer a melhor experiência possível aos nossos participantes, desde as palestras inspiradoras até as comunidades. [...]
Cada detalhe foi cuidadosamente planejado para disseminar como enriquecedor e memorável. Agradecemos aos nobres secretários de Tecnologia da Informação dos Tribunais Superiores que atuaram como moderadores das palestras, garantindo uma abordagem contextualizada e especializada em nosso diálogo. Desejamos que os intervalos e o *coffe-break* tenham proporcionado não apenas momentos de pausa, mas também oportunidades de *networking* e construção de laços de confiança, pois sabemos que para além das palestras e debates, são nas conversas informais que as sementes da colaboração e inovação são plantadas.
Neste momento de encerramento, olhamos para o futuro com esperança e determinação. O conhecimento compartilhado nesses dois dias de intensa interação nos capacita a enfrentar os desafios cibernéticos com confiança renovada e colaboração eficaz. Que as conexões estabelecidas floresçam em parcerias duradouras e soluções que beneficiem a todos.
Agradeço a cada um de vocês por seu comprometimento e sua busca incessante por um mundo digital mais seguro.
Agradeço a ministra Rosa Weber, presidente do STF, que desde 2022 idealizou esse evento. Agradeço ao Secretário geral, Dr. Estevão e ao Diretor-Geral Dr. Miguel, por viabilizarem logística e estrategicamente esse evento.
Agradeço especialmente à equipe do Cerimonial, Comunicação, Segurança, Assessoria Internacional e Assessoria de Segurança da Informação do STF. Juntos comigo, com o Dr. Marcelo, fizeram um possível evento.
O sucesso desse evento é um testemunho da nossa unidade em torno de um objetivo comum. Com essa energia coletiva, avançaremos juntos para um futuro cibernético mais resiliente e protegido. Muito obrigado!
(STF – Seminário Cyber, 2023)

7.4 Gestão de privacidade de dados pessoais: desafios e soluções – Como enfrentar os desafios da privacidade de dados pessoais em um ambiente de ameaças cibernéticas crescentes?

A LGPD surgiu para atender à necessidade de tratar os dados pessoais de maneira mais segura, mitigando os riscos deste processo.

Inspirada na GDPR da União Europeia, a LGPD trouxe obrigações para Administração Pública e iniciativa privada, fortalecendo os direitos dos titulares de dados pessoais e impondo sanções para casos de descumprimento (Lei nº 13.709, 2018).

Apesar das particularidades jurídicas do normativo, ele tem uma profunda conexão com a temática da cibersegurança e com a metodologia de aprimoramento que abordamos neste livro. Os relevantes desafios de implantação da norma em uma organização ainda com pouca familiaridade com o tema, com necessidade de engajamento da alta gestão, de aprimoramento técnico e de gestão dos riscos de privacidade podem ser tratados com a metodologia apresentada nesta obra.

A realização de uma minuciosa avaliação da conformidade com a norma deve ser realizada, preferencialmente com chancela da alta gestão, a fim de garantir um caráter corporativo. Esta avaliação deve englobar os seguintes aspectos:

- *conformidade normativa*: verificar a adequação com os requisitos da norma, como política de privacidade, termos de uso dos serviços, nomeação do controlador e encarregado, inventário de dados pessoais e relatório de impacto;
- *estrutura de gestão*: verificar a capacidade orgânica, funcional e de recursos humanos para implementar as ações de adequação necessárias;
- *nível de maturidade*: verificar os controles mínimos de segurança da informação implementados;
- *gestão de riscos*: analisar os processos de tratamento sob a metodologia de gestão de riscos para priorizar e propor os tratamentos, compondo os relatórios de impacto.

A elaboração desta avaliação corporativa confere consistência à proposição de um programa formal de gestão da privacidade. Este programa consiste em um conjunto de atividades desempenhadas pelas diversas unidades da corporação, de forma coordenada, e com engajamento da alta gestão, para as ações de adequações necessárias. É fundamental a existência de recursos humanos capazes e com autonomia institucional para poder implementar estas ações.

O espírito da LGPD é propiciar que a organização tenha verdadeira governança dos dados pessoais, compreendendo como são tratados, os controles existentes, suas limitações e ações de aprimoramento, reconhecendo que é uma atividade cíclica dentro dos processos de trabalho da corporação. Não basta ter os artefatos produzidos, eles devem estar atualizados e ser geridos adequadamente para propiciar a governança da privacidade dos dados dos titulares.

Apesar do crescimento das ameaças cibernéticas e da constante ocorrência de incidentes, uma organização que mantém um programa de gestão de privacidade ativo consegue minimizar os riscos.

No STF, no período de 2021 a 2023, foram realizadas ações significativas de adequação e aprimoramento. Buscamos seguir a metodologia da avaliação, engajar a alta gestão a estabelecer um programa corporativo que possibilitasse os aprimoramentos necessários. Dentre as ações adotadas, citamos:

- elaboração de um *plano de ação institucional* para implementação gradual das medidas de aprimoramento;
- formalização do *controlador* e do *encarregado*;
- elaboração da Política de Privacidade e Proteção de Dados;
- elaboração de *hotsite da LGPD* com informações importantes para comunidade;
- criação de *indicadores de performance* da adequação;
- criação de *termos de uso* dos principais serviços;
- elaboração do *inventário de dados pessoais* com o mapeamento de dezenas de processos de tratamento de dados nas diversas unidades do Tribunal;
- elaboração de *relatórios de impacto à proteção de dados pessoais* (RIPDs), contendo os controles e riscos associados aos processos de tratamento de dados pessoais;
- realização de ações de conscientização e capacitação.

A experiência obtida no desempenho destas ações de adequação evidenciou a importância de estruturar as atividades de forma corporativa, por meio de uma avaliação embasada. Esta avaliação gera consistência para demonstração da necessidade com a alta gestão e a obtenção do engajamento necessário. O investimento em capacitação, estrutura funcional e recursos humanos qualificados é imprescindível para desenvolver as ações de adequação e estabelecer mecanismos de governança habilidosos em um programa corporativo de gestão da privacidade.

Cabe destacar a norma ISO-27701, que pode ser utilizada como norteadora para o desenvolvimento do programa de gestão de privacidade abordado. Ela é uma extensão da privacidade de dados da ISO-27001, auxiliando as organizações a estabelecerem sistemas para propiciar a conformidade com os normativos relacionados com a proteção dos dados pessoais. A norma permite que uma organização gerencie e verifique regularmente o *status* de conformidade, permitindo o aprimoramento contínuo do sistema para garantir a proteção da confidencialidade e solucionar vulnerabilidades (ISO-27701 – Dados Pessoais, 2019).

7.5 Segurança da conectividade no encontro do G20

> *Quais as melhores práticas para implementar e prover uma infraestrutura de conectividade com segurança em evento de relevância internacional?*

A gestão eficaz, o sucesso em projetos e a implementação de cibersegurança dependem de uma abordagem estratégica e multidisciplinar. Baseando-se na experiência acumulada em setores públicos e privados, José Júnior, um dos autores, apresenta uma análise prática com dicas que podem ser aplicadas na atuação profissional. As recomendações aqui reunidas são fruto de vivências profissionais, aprendizado acadêmico e projetos conduzidos em ambientes complexos e desafiadores.

Um de seus aprendizados mais importantes na condução de projetos e estratégias de gestão é a necessidade de integrar conhecimentos de diferentes áreas. Neste caso, conhecimentos de gestão, tecnologia, direito e finanças, quando alinhados, criam uma sinergia poderosa para a solução de problemas complexos. Em projetos de cibersegurança, por exemplo, isso se traduz em ações que vão além da tecnologia, incorporando aspectos regulatórios, financeiros e gerenciais.

O planejamento detalhado é a base de qualquer projeto bem-sucedido, desta forma, estruturar processos complexos é fundamental para garantir que as demandas sejam identificadas e atendidas em todas as etapas. No planejamento de um projeto de cibersegurança, isso envolve a definição de objetivos, a análise de riscos e a alocação de recursos.

Um relevante desafio em projetos e gestão é garantir que todas as partes interessadas compreendam os objetivos, desafios e progressos. A falta de comunicação pode levar a mal-entendidos, atrasos e conflitos. Em cibersegurança, um forte desafio é identificar vulnerabilidades antes que elas sejam exploradas. Ferramentas como auditorias de rede, sistemas de detecção de intrusão (IDS) e simulações de ataques (*penetration tests*) ajudam a mapear riscos e priorizar ações corretivas. A segurança cibernética deve ser uma prioridade desde o início de qualquer projeto. Seguir o *framework* NIST é recomendação importante em projetos de transformação digital e infraestrutura crítica.

A gestão de cibersegurança não termina com a implementação de soluções, ela exige monitoramento contínuo e uma capacidade robusta de resposta a incidentes. Centros de Operações de Segurança (SOC), operando 24/7, desempenham um papel crucial nesse aspecto. A cibersegurança é, em última análise, um esforço humano. Mesmo as melhores tecnologias podem falhar se os indivíduos dentro da organização não estiverem cientes das melhores práticas de segurança. Por isso, a criação de uma cultura de segurança é essencial.

A conformidade com leis e regulamentações é uma parte indispensável de qualquer estratégia de cibersegurança. Além de proteger a organização de sanções legais, a governança eficaz demonstra o compromisso com padrões éticos e de segurança.

A tecnologia está em constante evolução, e as organizações precisam estar preparadas para acompanhar essas mudanças. Inovar e adotar novas ferramentas e práticas é essencial para permanecer competitivo e seguro.

A gestão de projetos e cibersegurança deve estar alinhada com os objetivos estratégicos da organização. Cada ação deve contribuir para a missão geral, seja aumentando a eficiência, protegendo ativos ou fortalecendo a reputação da empresa. Ao integrar competências multidisciplinares, adotar tecnologias inovadoras e promover uma cultura de segurança, é possível não apenas mitigar riscos, mas também criar valor duradouro para as organizações e seus *stakeholders*.

A expertise acumulada ao longo da trajetória profissional de José Júnior foi determinante para a condução do projeto de conectividade e cibersegurança do *G20 Leaders' Summit*. Este evento, de natureza ímpar e de alta relevância internacional, demandou não apenas a implementação de soluções técnicas de última geração, mas também a articulação de uma liderança capaz de coordenar diversos *stakeholders* em um contexto global marcado por pressões significativas.

A integração de competências em gestão, segurança cibernética e a coordenação de equipes multidisciplinares foi fundamental para enfrentar os desafios singulares apresentados pelo G20, consolidando este caso como um exemplo prático do impacto da experiência profissional aplicada em cenários de elevada complexidade.

O *G20 Leaders' Summit*, amplamente conhecido como *Cúpula do G20*, realizado nos dias 18 e 19.11.2024, no Rio de Janeiro, configurou-se como um relevante evento de cooperação internacional. Reunindo as principais economias do mundo, o fórum consolidou-se como uma plataforma indispensável para a discussão de questões econômicas, políticas e sociais de abrangência global. Sob a liderança do presidente do Brasil, reafirmou sua posição geopolítica estratégica em um cenário internacional caracterizado por crescentes tensões e desafios.

O evento contou com a presença de líderes de expressão global, como os presidentes dos Estados Unidos, China, África do Sul, Canadá e México, além de outras lideranças de destaque mundial. As discussões estratégicas abordaram temas cruciais para o futuro global e culminaram com a transferência da presidência rotativa do G20 para a África do Sul, marcando um momento de singular importância no contexto diplomático internacional.

A relevância do G20 caracteriza-se como um evento estratégico de impacto direto na economia, na segurança global e nas relações internacionais. No entanto, sua elevada visibilidade também o posiciona como um alvo de grande interesse para ciberataques, sobretudo considerando o contexto de instabilidade global atual, incluindo o conflito entre Rússia e Ucrânia, bem como as tensões no Oriente Médio. Esses fatores impuseram desafios inéditos à equipe responsável pela conectividade e segurança do evento, exigindo soluções inovadoras e estratégicas.

O Ministério das Relações Exteriores (MRE), na qualidade demandante, exerceu a coordenação geral do evento, o Serviço Federal de Processamento de Dados (Serpro) assumiu a responsabilidade pela elaboração da topologia da rede, o Ministério da Gestão e Inovação (MGI), por sua vez, estabeleceu as diretrizes de cibersegurança, enquanto a equipe de tecnologia da informação da Presidência da República supervisionou todas as etapas do projeto, assegurando conformidade com os padrões técnicos e normativos recomendados.

Houve a necessidade de conectividade confiável e ininterrupta para atender a mais de 2.000 participantes, incluindo um grande contingente de jornalistas internacionais. Paralelamente, havia a imperativa necessidade de proteger o evento contra ciberameaças sofisticadas, garantindo que todos os sistemas operassem com segurança e eficiência. Este estudo de caso visa detalhar as soluções desenvolvidas para superar tais desafios, evidenciando a relevância de uma abordagem integrada em cibersegurança e conectividade.

O projeto de conectividade e cibersegurança foi planejado e executado segundo os padrões já abordados nesta obra, assegurando integração, eficiência e segurança em todas as etapas. A execução do projeto envolveu um esforço colaborativo entre órgãos estratégicos do governo, cujas competências e diretrizes foram determinantes para o êxito da iniciativa.

O ciclo do projeto foi estruturado pela equipe de José Júnior em três fases fundamentais: *planejamento, implementação* e *testes operacionais*. Durante a etapa de planejamento, foram minuciosamente mapeados os requisitos de rede para cada local do evento, com especial atenção à segmentação de redes destinadas às delegações, à imprensa e às operações administrativas. Na fase de implementação, houve a integração de *links* dedicados, *switches* gerenciáveis e VLANs isoladas, todos precisamente alinhados à topologia do projeto desenvolvida. Por fim, os testes operacionais foram realizados com o intuito de simular cenários críticos, como picos de tráfego e ataques cibernéticos, garantindo assim a resiliência da infraestrutura.

A identificação e mitigação de riscos foram conduzidas de forma colaborativa, utilizando ferramentas, como auditorias de rede e sistemas de detecção de intrusão (IDS). Diretrizes específicas foram implementadas para tratar vulnerabilidades críticas, como a autenticação inadequada para jornalistas e o controle insuficiente de dispositivos conectados à rede. Medidas como a segmentação de redes, incluindo a utilização de VLANs isoladas e a autenticação baseada no protocolo 802.1X foram cruciais para fortalecer a segurança da infraestrutura.

Durante a execução do projeto houve a operação contínua de um *Centro de Operações de Segurança (SOC)*, que funcionou 24 horas por dia, sete dias por semana, monitorando a rede em tempo real e garantindo respostas rápidas a incidentes. Os testes operacionais envolveram simulações avançadas de ataques, incluindo tentativas de negação de serviço (DDoS) e práticas de espionagem cibernética, assegurando a robustez e resiliência da rede, além de validar a redundância da conectividade.

Um dos principais desafios foi a gestão do tráfego intenso gerado pelos jornalistas e equipamentos que jogaram DHCP na rede, mas de forma ágil foram identificados e isolados da rede. A presença de centenas de profissionais da mídia, envolvidos em transmissões ao vivo, *uploads* de vídeos e imagens em alta resolução, demandou soluções de conectividade de altíssimo desempenho. Nesse contexto, a implementação de *links* exclusivos para a imprensa foi essencial para evitar congestionamentos e garantir que as operações críticas do evento não fossem prejudicadas.

Além disso, o cenário global de ciberameaças exigiu uma abordagem proativa e robusta em segurança. Em um mundo digital marcado por conflitos e tensões, o evento tornou-se um alvo potencial de ataques cibernéticos patrocinados por Estados ou por grupos "hacktivistas". Estratégias como a implementação de VLANs isoladas, autenticação multifator e monitoramento contínuo demonstraram-se indispensáveis para mitigar tais riscos.

O sucesso do projeto reflete o alinhamento estratégico entre a empresa executora e os órgãos governamentais envolvidos, assegurando conformidade técnica e monitoramento em tempo real. Essa colaboração interinstitucional foi determinante para o estabelecimento de uma infraestrutura robusta e segura, capaz de atender às exigências de conectividade e cibersegurança em um evento de tamanha magnitude.

Os resultados alcançados vão além da conectividade ininterrupta durante o evento, eles incluem a criação de um modelo replicável para futuros projetos de grande complexidade. A experiência acumulada com o G20 fortaleceu a capacidade técnica das equipes envolvidas, contribuindo significativamente para o aprimoramento dos padrões de conectividade e cibersegurança aplicáveis a eventos internacionais.

A interação da equipe de José Júnior com os órgãos estratégicos do governo, como o MRE, o MGI, a Anatel e a equipe de TI da Presidência da República, reafirmou o compromisso no cumprimento dos requisitos técnicos. Ao longo dessa jornada profissional, a experiência adquirida foi fundamental para garantir uma visão estratégica alinhada às diretrizes de cibersegurança. Essa articulação interinstitucional demonstrou a importância de combinar competência técnica com planejamento estratégico para assegurar o sucesso de projetos dessa envergadura.

O *G20 Leaders' Summit* destacou-se como um evento de relevância internacional, reforçando a importância da segurança cibernética no contexto contemporâneo. Sua execução bem-sucedida demonstrou a convergência de pilares como segurança corporativa, *compliance* regulatório, gestão estratégica e governança tecnológica. Esses elementos foram essenciais para estabelecer um modelo replicável tanto para o setor público quanto para o privado, evidenciando a necessidade de uma abordagem integrada e colaborativa para mitigar riscos e assegurar a resiliência operacional.

A responsabilidade pela segurança cibernética vai além de soluções técnicas, exigindo o envolvimento direto da alta gestão em todos os níveis organizacionais. No contexto do G20, essa responsabilidade foi ampliada devido à magnitude do evento e à visibilidade global envolvida. O alinhamento estratégico entre as diferentes esferas de gestão foi crucial para garantir que as vulnerabilidades fossem identificadas e mitigadas, protegendo os dados, as infraestruturas críticas e as operações estratégicas. Esse esforço conjunto demonstrou que a proteção de sistemas não é apenas uma obrigação técnica, mas um compromisso institucional que envolve a comunicação clara entre *stakeholders* e a priorização de recursos.

O papel do *compliance* e do direito digital foi central para alinhar o evento às regulamentações nacionais e internacionais. O compromisso com legislações como a LGPD no Brasil, por exemplo, reforçou a confiança institucional, assegurando que a proteção de informações sensíveis fosse tratada como prioridade estratégica. O evento também evidenciou a relevância do *Chief Compliance Officer*

(CCO) na articulação entre as exigências legais e a aplicação de boas práticas, destacando a importância de diretrizes claras para evitar vulnerabilidades jurídicas e operacionais.

A avaliação contínua da postura de segurança cibernética foi essencial para identificar e mitigar vulnerabilidades antes que elas fossem exploradas. Durante o G20, o processo de avaliação abrangeu desde a análise das estruturas organizacionais até a interpretação de resultados obtidos em auditorias e simulações. A comunicação eficiente dos resultados entre as equipes foi um diferencial importante, permitindo que decisões informadas fossem tomadas em tempo hábil. Além disso, a visão estratégica orientada pela segurança cibernética consolidou-se como ferramenta de gestão, conectando as ações operacionais aos objetivos organizacionais mais amplos.

O desenvolvimento de um programa corporativo de segurança cibernética robusto foi uma das principais lições extraídas do evento. A combinação de elementos como governança, sustentabilidade e flexibilidade foi essencial para lidar com as demandas específicas do G20. Este programa destacou-se pela integração de componentes operacionais eficazes, como a segmentação de redes e a autenticação segura, que permitiram uma resposta rápida e eficiente às ameaças. Essa abordagem multidimensional demonstrou que a governança bem estruturada é uma base indispensável para qualquer estratégia de segurança sustentável.

O monitoramento contínuo e a gestão de incidentes foram pilares fundamentais para a segurança durante o G20, e o uso de inteligência artificial para mitigar ameaças e o estabelecimento de parcerias estratégicas reforçaram ainda mais a eficácia da resposta a incidentes.

A experiência adquirida no G20 demonstrou que conectividade e cibersegurança não são apenas necessidades técnicas, mas pilares estratégicos para o sucesso de eventos globais. A proteção da infraestrutura tecnológica foi tratada como uma prioridade, garantindo que o evento ocorresse sem interrupções ou falhas significativas. O sucesso alcançado não apenas reforçou a reputação do Brasil como anfitrião, mas também estabeleceu um modelo para futuras iniciativas de alta complexidade.

A integração entre gestão, tecnologia e *compliance* consolidou-se como uma estratégia indispensável para enfrentar os desafios de um mundo digital em constante transformação. A trajetória do *G20*

Leaders' Summit evidencia que, com liderança eficaz, planejamento estratégico e uma abordagem colaborativa, é possível não apenas mitigar riscos, mas também criar valor duradouro para organizações e *stakeholders*. Em um cenário global cada vez mais interconectado, a resiliência cibernética deve ser tratada como prioridade estratégica para assegurar competitividade e confiança institucional.

Da presente experiência, José Júnior destaca as principais recomendações:

1. *Forme equipes multidisciplinares*: inclua profissionais com competências variadas e promova a colaboração entre eles para enriquecer as soluções e garantir uma abordagem integrada.
2. *Planeje com detalhamento*: use *frameworks* reconhecidos, como a ISO/IEC 27001 e o NIST *Cybersecurity Framework*, para estruturar os processos e alinhar-se a padrões internacionais.
3. *Implemente soluções de segurança desde o início*: adote medidas como autenticação multifator, segmentação de rede e criptografia para proteger a infraestrutura desde a concepção do projeto.
4. *Comunique-se com clareza*: realize reuniões regulares com os *stakeholders*, documente decisões e compartilhe relatórios de progresso para evitar mal-entendidos.
5. *Monitore e adapte-se*: utilize SOCs operando 24/7 para garantir monitoramento contínuo e resposta rápida a incidentes.
6. *Invista em capacitação*: realize treinamentos regulares para todos os níveis da organização, promovendo uma cultura de segurança cibernética.
7. *Esteja alinhado às regulamentações*: mantenha-se atualizado sobre leis e regulamentações, como a LGPD no Brasil, garantindo conformidade em todas as etapas.
8. *Foque na inovação*: explore tecnologias emergentes, como inteligência artificial e aprendizado de máquina, para aprimorar a detecção de ameaças e a automação de respostas.
9. *Conecte-se aos objetivos estratégicos*: desenvolva um mapa estratégico que alinhe as iniciativas de cibersegurança aos

objetivos organizacionais, utilizando KPIs para medir o impacto.
10. *Teste antes de implementar*: realize simulações realistas para validar a infraestrutura antes de eventos de alta complexidade.

CAPÍTULO 8

PLAYBOOK DE CIBERSEGURANÇA PARA ALTA GESTÃO

Quais os principais procedimentos para aplicar a cibersegurança em minha organização?

Este capítulo reúne o conteúdo essencial que os altos gestores das corporações devem observar para fortalecer a postura de cibersegurança da organização. O conteúdo foi estruturado para fornecer, tanto ao CEO quanto o CISO, uma diretriz básica que aborda as principais questões a serem levantadas e respondidas em cada contexto relacionado às atividades de cibersegurança na organização.

O formato adotado é amplamente utilizado na comunidade de segurança cibernética: o *playbook*. Trata-se de um conjunto de instruções procedimentais que orientam o tratamento de determinadas atividades.

Os recursos disponíveis neste capítulo visam promover a conscientização e a capacitação sobre as necessidades de segurança cibernética, garantindo o engajamento da alta gestão no desenvolvimento de estratégias robustas para a corporação.

Os assuntos abordados neste capítulo trazem elementos necessários para reflexões e respostas às seguintes perguntas:
- Quais são os principais procedimentos para aplicar a cibersegurança em minha organização?
- O que é um *playbook* e como utilizá-lo?
- Existe algum *playbook* direcionado para o CEO e o CISO aprimorarem a cibersegurança de sua organização?

8.1 *Playbook* de segurança cibernética

O que é um playbook e como utilizá-lo?

O domínio dos temas técnicos abordados na área da segurança cibernética é vasto e diversificado, abrangendo desde processos específicos de trabalho, até detalhes de procedimentos para o tratamento de um tipo específico de incidente.

Os *Computer Incident Response Teams* (CSIRTs), com objetivo de estruturar e agilizar o tempo de resposta para o tratamento de tipos específicos de eventos cibernéticos, elaboraram manuais mais técnicos, com descrição passo a passo do que deve ser feito para os principais incidentes detectados na organização. Estes manuais passaram a ser chamados de *playbooks*. Existem CSIRTs que criam *playbook* para um amplo conjunto de necessidades, como: investigação e triagem, resposta a incidente, tratamento de vulnerabilidade, infecção por *worm*, ataque DDoS, comportamento malicioso na rede, falsificação de *sites*, *malware* em *smartphones*, ataques de *phishing* e de *ransomware* (WA CYBER SECURITY UNIT, 2024).

Com a popularização destes manuais técnicos e procedimentais na comunidade de cibersegurança, observou-se também uma evolução no domínio das áreas gerenciais e de governança, proporcionando aos altos gestores informações mais estruturadas relativas ao tema. Com isso, optamos por utilizar este formato para poder disponibilizar um conjunto de procedimentos mais diretos a serem analisados e aplicados em cada campo da cibersegurança de que tratamos neste livro (CARNEGIE, 2023).

8.2 *Playbook* de cibersegurança para CEOs

Existe algum playbook direcionado para o CEO aprimorar a cibersegurança de sua organização?

Este *playbook* está organizado para fornecer ao CEO uma visão clara das principais ações necessárias, começando pela familiarização com os conceitos de cibersegurança, direito digital e *compliance* para ter a conscientização necessária para definição das diretrizes de aprimoramento e o acompanhamento da cibersegurança corporativa.

Posteriormente, são apresentadas as principais atividades para o estabelecimento da governança em cibersegurança, que é a estrutura basilar ao desenvolvimento e acompanhamento do programa corporativo em cibersegurança.

– Familiarização com a cibersegurança, direito digital e *compliance*

O CEO deve ter familiaridade com os principais conceitos de cibersegurança, direito digital e *compliance*, bem como identificar como estão relacionados com sua organização. A seguir é apresentado o Quadro 1, com um *check-list* para o CEO – Familiarização:

Quadro 1 – *Check-list* para o CEO – Familiarização

Familiarização com a cibersegurança, direito digital e *compliance*	
– Conhecer os conceitos básicos de cibersegurança.	✓
– Identificar a estrutura da organização que trata com cibersegurança.	✓
– Identificar os principais riscos cibernéticos a que a organização está exposta.	✓
– Identificar os principais normativos relacionados com a organização.	✓
– Definir papéis e responsabilidades relativos ao *compliance*.	✓

Fonte: Elaborado pelos autores.

– Governança

A segurança cibernética começa e termina no mais alto nível de gestão. O CEO, juntamente com o *Board*, deve manter a compreensão dos riscos e assumir a responsabilidade máxima pelas atividades de segurança cibernética da organização. A seguir é apresentado o Quadro 2, com um *check-list* para o CEO – Governança:

Quadro 2 – *Check-list* para o CEO – Governança

Governança
– Avaliar a postura corporativa em cibersegurança. ✓
– Definir papéis e responsabilidades relativos à cibersegurança. ✓
– Indicar o CISO (*Chief Information Security Officer*). ✓
– Estabelecer uma agenda periódica com o CISO. ✓
– Priorizar os riscos cibernéticos mapeados. ✓
– Definir os indicadores-chave (KPIs) que serão utilizados. ✓
– Definir as diretrizes de aprimoramento da postura corporativa. ✓
– Apresentar a postura corporativa de cibersegurança ao *Board*. ✓

Fonte: Elaborado pelos autores.

– Programa corporativo de cibersegurança
===

Como instrumento da alta gestão e da governança cibernética, o programa tem o objetivo de desenvolver medidas contínuas para implantação estruturada de ações de manutenção e aprimoramento da cibersegurança organizacional.

Este programa resulta da avaliação da postura corporativa em cibersegurança aliada às ações de comunicação que viabilizam a visão da alta gestão para implantação deste recurso institucional. A seguir é apresentado o Quadro 3, com um *check-list* para o CEO – Programa corporativo:

Quadro 3 – *Check-list* para o CEO – Programa corporativo

Programa corporativo de cibersegurança
– Conhecer o programa corporativo de cibersegurança. ✓
– Analisar o aspecto estrutural do programa. ✓
– Analisar os riscos corporativos do programa. ✓

Programa corporativo de cibersegurança	
– Analisar o índice de maturidade cibernética.	✓
– Analisar a gestão de incidentes cibernéticos.	✓
– Analisar o grau de conformidade normativa.	✓
– Analisar o resultado das auditorias apresentadas.	✓
– Analisar o plano de capacitação e conscientização.	✓
– Analisar os ajustes na versão anterior do programa.	✓
– Validar as diretrizes de aprimoramento apresentadas.	✓
– Estabelecer reuniões periódicas para monitoramento do programa.	✓

Fonte: Elaborado pelos autores.

8.3 *Playbook* de cibersegurança para CISOs – Existe algum *playbook* direcionado para o CISO aprimorar a cibersegurança de sua organização?

Este *playbook* propõe ao CISO um conjunto de atividades que facilitam a familiarização com o contexto da organizacional, essencial para o desenvolvimento das ações de cibersegurança. Além disso, fornece as ações necessárias para o CISO elaborar a avaliação e desenvolver programa corporativo de segurança cibernética.

– Familiarização com a cibersegurança na organização

O CISO deve estar familiarizado em como a cibersegurança está estruturada na organização, quais os normativos relacionados ao setor e as principais ameaças a que a corporação está exposta. A seguir é apresentado o Quadro 4, com um *check-list* para o CISO – Familiarização:

Quadro 4 – *Check-list* para o CISO – Familiarização

Familiarização com a cibersegurança na organização	
– Conhecer os *c-levels* da organização, o perfil de cada um e sua função relativa à cibersegurança.	✓
– Analisar a estrutura corporativa de governança e operação em cibersegurança.	✓
– Identificar as principais ameaças cibernéticas a que a organização está exposta.	✓
– Identificar os normativos relacionados com a organização.	✓

Fonte: Elaborado pelos autores.

– Governança

A avaliação corporativa de cibersegurança é um instrumento de fundamental importância para garantir consistência na análise da postura em cibersegurança da organização, de forma ampla e realista. Ela também oferece a oportunidade de fortalecer o engajamento da alta gestão na definição das diretrizes de aprimoramento e apoio das ações necessárias. A seguir é apresentado o Quadro 5, com um *check-list* para o CISO – Governança:

Quadro 5 – *Check-list* para o CISO – Governança

Governança	
– Realizar a avaliação da postura corporativa em cibersegurança.	✓
– Analisar os papéis e responsabilidades relativos à cibersegurança.	✓
– Estabelecer uma agenda periódica com o CEO e *Board*.	✓
– Realizar o mapeamento e avaliação dos principais riscos.	✓
– Propor o *framework* de cibersegurança que será utilizado.	✓
– Propor indicadores-chave (KPIs) para aprimoramento do programa.	✓
– Propor as diretrizes de aprimoramento da postura corporativa.	✓
– Elaborar a apresentação da postura corporativa aos altos gestores.	✓
– Propiciar à alta gestão a visão da avaliação em cibersegurança.	✓

Fonte: Elaborado pelos autores

– Programa corporativo de cibersegurança

A elaboração e implantação de um programa corporativo em cibersegurança proporciona um poderoso elemento para governança em cibersegurança. Este instrumento possibilita à alta gestão ter visibilidade das ações que estão sendo desenvolvidas, participar do processo, definindo as diretrizes e tendo um maior engajamento. Isso resulta na força e clareza necessárias para assertividade das ações, com alocação dos recursos apropriados e o alinhamento com os objetivos estratégicos da organização. A seguir é apresentado o Quadro 6, com um *check-list* para o CISO – Programa corporativo:

Quadro 6 – *Check-list* para o CISO – Programa corporativo

Programa corporativo de cibersegurança	
– Elaborar o programa corporativo de cibersegurança.	✓
– Propor atualizações estruturais para governança e operação da cibersegurança.	✓
– Realizar a avaliação dos riscos corporativos do programa.	✓
– Mensurar o índice de maturidade cibernética.	✓
– Analisar o processo de gestão de incidentes cibernéticos.	✓
– Realizar reuniões periódicas com a ETIR para acompanhamento das ações de defesa cibernética.	✓
– Definir o grau de conformidade normativa.	✓
– Apresentar o resultado do engajamento no tratamento das auditorias.	✓
– Elaborar um plano de capacitação e conscientização.	✓
– Propor ajustes na versão anterior do programa.	✓
– Realizar reuniões periódicas com o CEO e *Board* para apresentar os resultados do programa.	✓

Fonte: Elaborado pelos autores.

Figura 1 – *Check-list* CEOs e CISOs

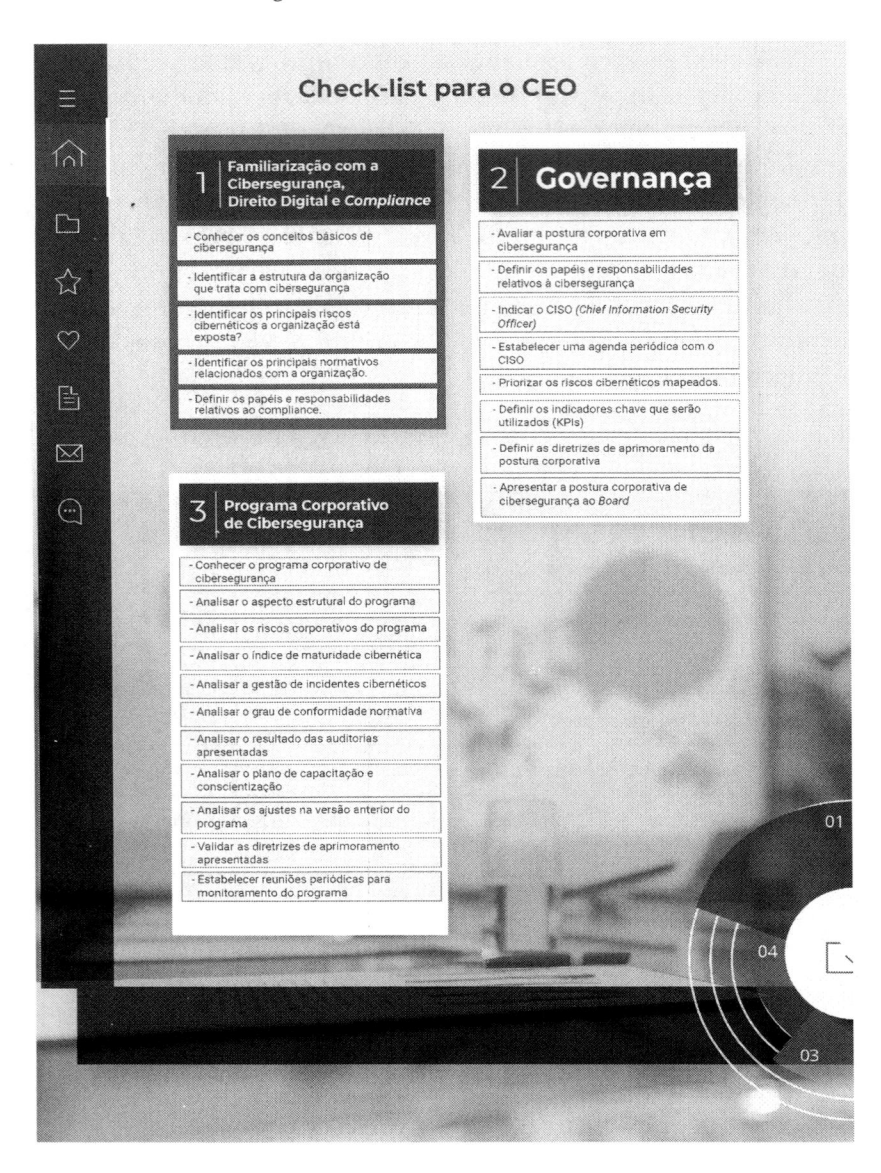

Check-list para o CEO

1 | Familiarização com a Cibersegurança, Direito Digital e *Compliance*

- Conhecer os conceitos básicos de cibersegurança
- Identificar a estrutura da organização que trata com cibersegurança
- Identificar os principais riscos cibernéticos a organização está exposta?
- Identificar os principais normativos relacionados com a organização.
- Definir os papéis e responsabilidades relativos ao compliance.

2 | Governança

- Avaliar a postura corporativa em cibersegurança
- Definir os papéis e responsabilidades relativos à cibersegurança
- Indicar o CISO *(Chief Information Security Officer)*
- Estabelecer uma agenda periódica com o CISO
- Priorizar os riscos cibernéticos mapeados.
- Definir os indicadores chave que serão utilizados (KPIs)
- Definir as diretrizes de aprimoramento da postura corporativa
- Apresentar a postura corporativa de cibersegurança ao *Board*

3 | Programa Corporativo de Cibersegurança

- Conhecer o programa corporativo de cibersegurança
- Analisar o aspecto estrutural do programa
- Analisar os riscos corporativos do programa
- Analisar o índice de maturidade cibernética
- Analisar a gestão de incidentes cibernéticos
- Analisar o grau de conformidade normativa
- Analisar o resultado das auditorias apresentadas
- Analisar o plano de capacitação e conscientização
- Analisar os ajustes na versão anterior do programa
- Validar as diretrizes de aprimoramento apresentadas
- Estabelecer reuniões periódicas para monitoramento do programa

Fonte: Ilustração elaborada pelos autores.

Check-list para o CISO

1 Familiarização com a Cibersegurança na Organização

- Conhecer os c-levels da organização, o perfil de cada um e sua função relativa à cibersegurança
- Analisar a estrutura corporativa de governança e operação em cibersegurança
- Identificar as principais ameaças cibernéticas a que organização está exposta
- Identificar os normativos relacionados com a organização

2 Governança

- Realizar a avaliação da postura corporativa em cibersegurança
- Analisar os papéis e responsabilidades relativos à cibersegurança
- Estabelecer uma agenda periódica com o CEO e Board
- Realizar o mapeamento e avaliação dos principais riscos
- Propor o framework de cibersegurança que será utilizado
- Propor indicadores-chave para aprimoramento do programa - KPIs
- Propor as diretrizes de aprimoramento da postura corporativa
- Elaborar a apresentação da postura corporativa aos altos gestores Propiciar a alta gestão a visão da avaliação em cibersegurança
- Propiciar à alta gestão a visão da avaliação em cibersegurança

3 Programa Corporativo de Cibersegurança

- Elaborar o programa corporativo de cibersegurança
- Propor atualizações estruturais para governança e operação da cibersegurança
- Realizar a avaliação dos riscos corporativos do programa
- Mensurar o índice de maturidade cibernética
- Analisar o processo de gestão de incidentes cibernéticos
- Realizar reuniões periódicas com a ETIR para acompanhamento das ações de defesa cibernética
- Definir o grau de conformidade normativa
- Apresentar o resultado do engajamento no tratamento das auditorias
- Elaborar um plano de capacitação e conscientização
- Propor ajustes na versão anterior do programa
- Realizar reuniões periódicas com o CEO e Board para apresentar os resultados do programa

CONSIDERAÇÕES FINAIS

1 Introdução à segurança cibernética no contexto corporativo

A segurança cibernética, especialmente no contexto das organizações contemporâneas, transcende a simples adoção de ferramentas tecnológicas e protocolos técnicos. Ao longo deste capítulo, destacou-se que a *alta gestão*, tanto no setor público quanto no privado, desempenha um papel insubstituível na consolidação de uma postura robusta e proativa em cibersegurança.

Primeiramente, a *responsabilidade estratégica* recai sobre os líderes organizacionais para estabelecer diretrizes claras, priorizar investimentos, e alinhar os objetivos de segurança cibernética com as metas institucionais mais amplas. Este envolvimento é crítico para assegurar que a segurança digital seja percebida como uma prioridade estratégica, e não como uma mera função operacional.

Além disso, a alta administração deve atuar como catalisadora de uma *cultura organizacional voltada à cibersegurança*, integrando práticas seguras no cotidiano corporativo e garantindo que todos os níveis da organização estejam cientes de seu papel na proteção de ativos digitais. A confiança gerada por lideranças engajadas reflete diretamente na mitigação de riscos e na resiliência diante de ameaças cibernéticas.

A alta gestão, portanto, não é apenas responsável por implementar uma política de cibersegurança. É a força motriz que transforma segurança digital em uma ferramenta de criação de valor, fortalecendo a resiliência organizacional e garantindo a perenidade em um mundo cada vez mais conectado.

2 Direito digital e *compliance* em segurança cibernética

A *relevância do direito digital* transcende a interpretação normativa. Ele estabelece as bases para a governança de dados, proteção de privacidade e gestão de riscos digitais. Com legislações como a GDPR e a LGPD, empresas que negligenciam a conformidade enfrentam não apenas penalidades severas, mas também danos irreparáveis à sua credibilidade no mercado. Compreender e aplicar esses conceitos é essencial para mitigar vulnerabilidades e posicionar as organizações como líderes em responsabilidade digital.

Por sua vez, o *compliance em cibersegurança* não se limita a cumprir regulações. Ele envolve a adoção de processos internos que promovam transparência, previnam violações e garantam que as operações estejam alinhadas aos padrões mais rigorosos. O *compliance* eficaz conecta a segurança cibernética ao núcleo estratégico da organização, promovendo uma gestão integrada que antecipa desafios complexos e responde a eles.

Adicionalmente, este capítulo destacou o papel crucial do *Chief Compliance Officer (CCO)* como uma figura central nesse ecossistema. O CCO, ao atuar como ponto de convergência entre regulamentações, práticas organizacionais e segurança cibernética, desempenha uma função estratégica na gestão de riscos e no fortalecimento da cultura organizacional. Sua liderança é vital para traduzir requisitos legais em práticas tangíveis e adaptáveis às dinâmicas do mercado.

Mais do que um custo operacional, a *gestão ética e legal da segurança cibernética* é uma vantagem competitiva. Organizações que demonstram comprometimento com o *compliance* conquistam a confiança de seus *stakeholders*, ampliam suas oportunidades de mercado e reforçam sua capacidade de inovar de maneira responsável.

Em última análise, o direito digital e o *compliance* são mais do que ferramentas de defesa; são alicerces para uma gestão proativa, capaz de integrar proteção e inovação. O futuro digital será liderado por organizações que compreendem que a conformidade não é apenas sobre evitar penalidades, mas sobre construir relações duradouras baseadas na confiança, ética e resiliência.

3 Conhecendo a postura de segurança cibernética

A segurança cibernética de uma organização é tão forte quanto sua capacidade de entender e aprimorar continuamente sua postura diante de ameaças e vulnerabilidades. Este capítulo explorou as bases para *análise, avaliação e consolidação da postura de segurança cibernética*, reforçando que a conscientização é o primeiro passo para alcançar a resiliência organizacional no cenário digital.

A *análise da postura cibernética organizacional* é uma atividade estratégica que vai além de identificar vulnerabilidades técnicas. Ela envolve a compreensão de processos, políticas, cultura e recursos tecnológicos que compõem a defesa de uma organização. Empresas que investem em uma análise holística são mais bem preparadas para alinhar suas capacidades de segurança com seus objetivos de negócio.

A *avaliação corporativa de cibersegurança*, por sua vez, transforma dados brutos e observações em *insights* acionáveis. Por meio de ferramentas e *frameworks* reconhecidos, as organizações podem quantificar sua maturidade cibernética, identificar lacunas críticas e priorizar iniciativas que tragam impacto significativo. Essa abordagem estruturada reduz a subjetividade e promove um alinhamento claro entre riscos identificados e estratégias de mitigação.

Finalmente, a *consolidação e interpretação dos resultados da avaliação* são etapas fundamentais para transformar conhecimento em ação. Ao comunicar os resultados de forma clara e objetiva, a liderança da organização pode tomar decisões informadas, alocar recursos de maneira eficaz e engajar todas as partes interessadas na construção de uma cultura de segurança cibernética.

Conhecer e melhorar continuamente a postura de segurança cibernética é um compromisso indispensável para organizações que buscam prosperar em um mundo digital. Esse processo não é estático; ele requer monitoramento constante, adaptação às mudanças e engajamento em todos os níveis.

4 Gestão estratégica e postura de cibersegurança

A gestão estratégica da postura cibernética é um elemento central para organizações que buscam não apenas proteger seus ativos, mas também prosperar em um ambiente digital dinâmico e cada vez mais desafiador. Este capítulo destacou que, mais do que uma questão técnica, a segurança cibernética é uma questão estratégica que exige liderança, visão de longo prazo e uma abordagem integrada.

A *comunicação eficaz dos resultados da avaliação de segurança cibernética* é um passo fundamental nesse processo. Transformar métricas complexas em *insights* claros e acionáveis permite que a alta gestão tome decisões informadas, priorizando os investimentos necessários e engajando toda a organização no fortalecimento de sua postura de segurança. Essa transparência interna também cria um ambiente de confiança e alinhamento estratégico.

No entanto, a *comunicação institucional* da postura cibernética vai além das fronteiras organizacionais. Prover informações claras e consistentes para *stakeholders* externos, como clientes, investidores e parceiros, fortalece a credibilidade e projeta uma imagem de resiliência. Essa comunicação é essencial para enfrentar desafios reputacionais e demonstrar liderança em segurança digital.

A *visão estratégica da postura como ferramenta de gestão* reforça que segurança cibernética não é um objetivo isolado, mas uma engrenagem crucial para a operação e o crescimento das organizações. A integração da segurança cibernética com os objetivos corporativos mais amplos promove uma abordagem ágil e adaptável, essencial para navegar em mercados altamente competitivos.

Por fim, os *investimentos em cibersegurança* devem ser encarados como investimentos estratégicos, e não como custos operacionais. Tecnologias emergentes, como inteligência artificial e monitoramento contínuo, trazem avanços significativos, mas também demandam uma avaliação cuidadosa dos riscos associados. A aplicação dessas ferramentas deve ser guiada por princípios éticos, eficiência e eficácia, garantindo que a inovação contribua para o fortalecimento sustentável da organização.

À medida que as ameaças cibernéticas evoluem, o equilíbrio entre inovação tecnológica e mitigação de riscos será o divisor de águas entre as organizações que lideram e as que ficam para trás. O futuro pertence àquelas que reconhecem que a segurança cibernética não é apenas um aspecto técnico, mas um pilar estratégico para o sucesso organizacional em um mundo digital em constante transformação.

5 Desenvolvimento do programa corporativo de cibersegurança

A construção de um *programa corporativo de cibersegurança* eficaz não é apenas uma medida de proteção contra ameaças digitais, mas uma estratégia para fortalecer a resiliência organizacional e assegurar a sustentabilidade das operações no longo prazo. Este capítulo destacou que o sucesso em cibersegurança depende de uma abordagem bem estruturada, composta por elementos fundamentais, governança robusta e o engajamento de toda a força de trabalho.

A *definição e estruturação do programa corporativo* é o alicerce para a criação de um sistema de segurança eficaz. Isso envolve a identificação clara dos objetivos organizacionais, a avaliação dos riscos cibernéticos específicos e a elaboração de um plano estratégico que integre tecnologia, processos e pessoas. Essa etapa é crucial para alinhar o programa aos valores e às metas da organização, garantindo sua relevância e impacto.

Os *componentes essenciais de um programa efetivo* incluem políticas claras, procedimentos bem definidos, tecnologias avançadas e treinamentos contínuos. Sem esses elementos, qualquer iniciativa estará fadada ao fracasso. Ao mesmo tempo, é necessário que o programa seja dinâmico, adaptando-se às mudanças constantes no cenário de ameaças e às evoluções tecnológicas.

A *governança e sustentabilidade do programa* são aspectos igualmente críticos. Uma estrutura de governança eficaz garante que o programa de cibersegurança seja monitorado, avaliado e ajustado regularmente para permanecer alinhado às prioridades organizacionais. Além disso, a sustentabilidade depende de um compromisso contínuo com investimentos estratégicos, capacitação da força de trabalho e o engajamento de todos os níveis hierárquicos.

Desenvolver e sustentar um programa corporativo de cibersegurança é uma jornada contínua que exige visão estratégica, comprometimento e flexibilidade. Este capítulo reafirmou que, para enfrentar as complexidades do cenário cibernético atual, é essencial integrar a segurança digital aos processos organizacionais e à cultura corporativa.

6 Monitoramento, capacitação e inovação em cibersegurança

O *monitoramento contínuo e a gestão de eventos de segurança* são fundamentais para a identificação precoce de ameaças e a contenção de incidentes. A implementação de sistemas avançados de monitoramento e a automação de processos críticos permitem às organizações reduzir o tempo de resposta e minimizar os impactos das vulnerabilidades exploradas por atores maliciosos.

Conscientização, capacitação e engajamento da força de trabalho emergem como fatores críticos para a eficácia das iniciativas de cibersegurança. Os colaboradores, muitas vezes o elo mais vulnerável na cadeia de segurança, tornam-se uma linha de defesa robusta quando capacitados e conscientes de seu papel. Organizações que investem em treinamentos contínuos e campanhas de conscientização constroem uma cultura organizacional comprometida com a proteção digital.

As *parcerias estratégicas e os serviços gerenciados de cibersegurança* oferecem às organizações a possibilidade de alavancar expertise externa e tecnologias de ponta. Parcerias bem-sucedidas permitem ampliar a capacidade de resposta e explorar novas abordagens para proteger ativos críticos, especialmente em um cenário em que as ameaças se tornam cada vez mais sofisticadas.

A *inteligência sobre ameaças cibernéticas* complementa essas iniciativas, fornecendo informações detalhadas e em tempo real sobre o cenário de ameaças globais. Essa inteligência é essencial para antecipar riscos e adaptar estratégias de segurança com agilidade.

Por fim, os *usos e riscos da inteligência artificial (IA) na cibersegurança* representam uma fronteira de inovação. A IA pode auxiliar a detecção e prevenção de ameaças, mas também apresenta desafios éticos e de segurança que devem ser cuidadosamente considerados. Um equilíbrio entre o potencial transformador da IA e a mitigação de seus riscos é vital para que essa tecnologia seja aplicada de maneira responsável e eficaz.

7 Casos de sucesso e melhores práticas em gestão cibernética

Ao longo deste capítulo, foram apresentados exemplos concretos que demonstram como estratégias bem planejadas e executadas podem transformar a segurança cibernética em um pilar de eficiência, inovação e confiança. Cada caso analisado evidencia a importância de alinhar tecnologias avançadas, governança eficiente e colaboração estratégica para superar desafios complexos.

Os casos de sucesso analisados neste capítulo sublinham que a cibersegurança eficaz não é uma questão de tamanho ou setor, mas de estratégia. Organizações que aprendem com esses exemplos e adaptam as melhores práticas às suas realidades operacionais ganham uma vantagem significativa no mercado. Esses estudos demonstram que a combinação de liderança visionária, inovação tecnológica e colaboração pode transformar desafios em oportunidades.

A cibersegurança é um esforço contínuo, que exige aprendizado constante e adaptação rápida às mudanças no cenário global. Ao implementar as lições aprendidas a partir desses casos de sucesso, as organizações não apenas se protegem contra riscos, mas também se posicionam como líderes em um mercado cada vez mais competitivo e interconectado.

O futuro da segurança cibernética pertence às organizações que compreendem que, mais do que uma defesa, ela é uma oportunidade estratégica para alcançar a excelência operacional e a confiança do mercado.

8 O *playbook* de cibersegurança para alta gestão

O *playbook de cibersegurança*, apresentado nesse capítulo, consolida-se como uma ferramenta indispensável para líderes que buscam alinhar a segurança digital às estratégias organizacionais. Mais do que um manual técnico, ele representa uma abordagem prática e estruturada para enfrentar os desafios cibernéticos de maneira informada e proativa, capacitando CEOs, CISOs e outras lideranças a desempenharem seu papel com maior eficácia.

A principal contribuição do *playbook* está em sua capacidade de traduzir a complexidade da segurança cibernética em *ações claras e objetivos tangíveis*. Ele oferece diretrizes estratégicas que abordam desde a identificação de riscos e priorização de investimentos até a implementação de práticas operacionais e o engajamento da força de trabalho. Essa clareza operacional é essencial para que as organizações se adaptem rapidamente a um cenário de ameaças em constante evolução.

Além disso, o *playbook* reforça a *importância da liderança integrada* na construção de uma cultura de cibersegurança. CEOs e CISOs, em particular, têm a responsabilidade de liderar pelo exemplo, promovendo a colaboração entre áreas técnicas e administrativas, e garantindo que a segurança digital seja parte do DNA organizacional.

Esse capítulo destacou que o sucesso em segurança cibernética está diretamente relacionado à capacidade de lideranças bem-informadas tomarem decisões estratégicas com base em dados confiáveis e práticas testadas. O *playbook* não é apenas um documento técnico; é um *roadmap* para a excelência operacional e a resiliência organizacional.

A segurança cibernética é mais do que proteção contra risco; é uma oportunidade estratégica para fortalecer a confiança, a inovação e a competitividade em um mundo digital. À medida que as organizações assumem uma postura mais proativa, investem em capacitação e aplicam ferramentas práticas, como o *playbook* de cibersegurança, elas não apenas se protegem, mas se posicionam como líderes em seus mercados.

O futuro pertence àquelas que compreendem que, na era digital, a segurança cibernética é a base para a transformação, o crescimento sustentável e o sucesso.

GLOSSÁRIO

5W2H – *What, Why, Where, When, Who, How, How much*
ABRAC – Associação Brasileira de Avaliação e Conformidade
ACE Framework – *Assess, Change, Evaluate.*
ANPD – Autoridade Nacional de Proteção de Dados Pessoais
APT – *Advanced Persistence Threats*
ASI – Assessoria de Segurança da Informação do STF
AWS – *Amazon Web Services*
Bacen – Banco Central do Brasil
BMNP – Banco Nacional de Monitoramento de Prisões
CBT – *Computer Based Training*
CCO – *Chief Compliance Officer*
CCPA – *California Consumer Privacy Act*
CDC – Código de Defesa do Consumidor
CEO – *Chief Executive Officer*
CERT.br – Centro de Estudos, Pesquisa e Tratamento de Incidentes de Segurança no Brasil
CFO – *Chief Financial Officer*
CGU – Controladoria-Geral da União
CIA – *Confidentiality, Integrity and Availability*

CIO – *Chief Information Officer*
CIS – *Center of Internet Security*
CIS IG – *CIS Implementation Groups*
CISA – *Cybersecurity and Infrastructure Security Agency – United States of America*
CISO – *Chief Information Security Office*
CIT – *Cyber Threat Intelligence*
CJF – Conselho da Justiça Federal
CLOUD Act – *Clarifying Lawful Overseas Use of Data Act*
CNJ – Conselho Nacional de Justiça
CNPJ – Cadastro Nacional de Pessoa Jurídica
CNSP – Conselho Nacional dos Seguros Privados
Confea – Conselho Federal de Engenharia e Agronomia
CPO – *Chief Privacy Officer*
Crea – Conselho Regional de Engenharia e Agronomia
CSI – Comitê de Segurança da Informação
CSIRT – *Computer Incident Response Team*
CSO – *Chief Security Officer*
CSPM – *Cloud Security Posture Management*
CTIR.Gov – Centro de Prevenção, Tratamento e Resposta a Incidentes Cibernéticos do Governo Brasileiro
DCIBER – Diretoria de Combate a Crimes Cibernéticos da Polícia Federal
DDoS – *Distributed Denial-of-Service*

DLOG – Diretoria de Administração e Logística Policial da Polícia Federal
DLP – *Data Loss Prevention*
DMCA – *Digital Millennium Copyright Act*
DNS – *Domain Name Service*
ENISA – *European Union Agency for Cybersecurity*
ENSEC-PJ – Estratégia Nacional de Cibersegurança do Poder Judiciário
ETIR – Equipe de Prevenção, Tratamento e Resposta a Incidentes de Segurança
FBI – *Federal Bureau of Investigation*
FERPA – *Family Educational Rights and Privacy Act*
FISMA – *Federal Information Security Management Act*
FTC – *Federal Trade Commission – United States of America*
GCE – *Google Compute Engine*
GDPR – *General Data Protection Regulation*
GTA – *Game Theory Approach*
HIPAA – *Health Insurance Portability and Accountability Act*
IA – Inteligência Artificial
IaaS – *Infrastructure as a Service*
IAM – *Identity and Access Management*
ICBC – *Industrial and Commercial Bank of China*
ICO – *The Information Commissioner's Office – United Kingdom*
IDPS – *Intrusion Detection and Prevention System*

IEC – *International Electrotechnical Commission*
IGCI – *Global Complex for Innovation – Interpol*
IIA – *Institute of Internal Auditors*
Interpol – *International Criminal Police Organization*
IOCs – *Indicators of Compromise*
IoT – *Internet of Things*
IP – *Internet Protocol*
ISCM – *Information Security Continuous Monitoring*
ISO – *International Organization for Standardization*
KPI – *Performance Key Indicators*
LGPD – Lei Geral de Proteção de Dados Pessoais
MDM – *Mobile Device Management*
MFA – *Multiple Factor Authentication*
MIT – *Massachusetts Institute of Technology*
ML – *Machine Learning*
MSS – *Managed Security Service*
MSSP – *Managed Security Services Providers*
NCSC – *National Cyber Security Centre – United Kingdom*
NGFW – *Next Generation Firewall*
NIST – *National Institute of Standards and Technology*
NIST RMF – *NIST Risk Management Framework*

GLOSSÁRIO

NIST-CSF – *NIST Cyber Security Framework*

NLP – *Natural Language Processing*

OCF – *Open CSIRT Foundation*

ONU – Organização das Nações Unidas

PaaS – *Platform as a Service*

PCI DSS – *Payment Card Industry Data Security Standard*

PF – Polícia Federal

PGR – Procuradoria Geral da República

PSL – Partido Social Liberal

RAROC – Retorno Ajustado ao Risco sobre o Capital

RH – Recursos Humanos

RIPD – Relatórios de Impacto à Proteção de Dados Pessoais

ROI – *Return of Investment*

SaaS – *Software as a Service*

SGAC – Sistema de Gestão Antissuborno e *Compliance*

SGSI – Sistema de Gestão de Segurança da Informação

SIEM – *Security Information and Event Management*

SIM 3 Model – *Security Incident Management Maturity Model – version 3*

SOC – *Security Operations Center*

SOX – *Sarbanes-Oxley Act*

SQL – *Structured Query Language*

SSL/TLS – *Secure Sockets Layer/Transport Layer Security*
STF – Supremo Tribunal Federal
STJ – Superior Tribunal de Justiça
STM – Superior Tribunal Militar
SWOT – *Strengths, Weaknesses, Opportunities e Threats*
TCO – *Total Cost of Ownership*
TCU – Tribunal de Contas da União
TI – Tecnologia da Informação
TJDFT – Tribunal de Justiça do Distrito Federal e Territórios
TOR – *The Onion Router*
TPS – Teste Público de Segurança
TSE – Tribunal Superior Eleitoral
TST – Tribunal Superior do Trabalho
TTPs – *Tactics, Techniques and Procedures*
UE – União Europeia
UnB – Universidade de Brasília
VPN – *Virtual Private Network*
WAF – *Web Application Firewall*
WEF – *World Economic Forum*
XDR – *Extended Detection and Response*
XSS – *Cross-Site Scripting*

REFERÊNCIAS

ABIN. *Política Nacional de Inteligência* – PNI. 2023. Disponível em: https://www.gov.br/abin/pt-br/centrais-de-conteudo/politica-nacional-de-inteligencia-1/politica-nacional-de-inteligencia.

AHLBERG, Christopher. *The Threat Intelligence Handbook*. [s.l.]: CyberEdge Group, LLC. 2019.

AHMED, R.; ABRAHAM, R. The impact of cybersecurity breaches on organizational reputation and consumer trust: An empirical study. *Informatics*, 2021.

AKINWUMI, D.; IWASOKUN, G.; ALESE, B.; OLUWADARE, S. Uma revisão da abordagem da teoria dos jogos para a gestão de risco de segurança cibernética. *Nigerian Journal of Technology*, 2017.

ALAHMARI, A.; DUNCAN, B. *Cybersecurity Risk Management in Small and Medium-Sized Enterprises*: A Systematic Review of Recent Evidence. 2017.

ALSHARIDA, R. A.; AL-RIMY, B. A. S.; AL-EMRAN, M.; ZAINAL, A. A systematic review of multi perspectives on human cybersecurity behavior. *Technology in Society*, 2023.

ARROW, K. J. The economics of moral hazard: Further comment. *The American Economic Review*, p. 537-539, 1968.

ASSOCIAÇÃO PSICOLÓGICA AMERICANA. *Dicionário de Psicologia*. 2010.

BAPTISTA, P.; KELLER, C. I. Por que, quando e como regular as novas tecnologias? Os desafios trazidos pelas inovações disruptivas. *Revista de Direito Administrativo*, p. 123-163, 2016.

BARBERIS, N.; THALER, R. A survey of behavioral finance. *In*: CONSTANTINIDES, G. M.; HARRIS, M.; STULZ, R. M. *Handbook of the Economics of Finance*, p. 1053-1128, 2003.

BELO, F. D.; TADEU, H. F. B. *Governança corporativa na era da inovação e análise de dados*. 2019. Disponível em: https://www.fdc.org.br/conhecimento/publicacoes/artigos-revista-dom-34336.

BLOKDYK, Gerardus. Cyber Security Audit A Complete Guide. *5STARCooks*, 2021.

BLOOMENTHAL, A. *What is the C Suite*? Meaning and Positions Defined. 2024. Disponível em: https://www.investopedia.com/terms/c/c-suite.asp.

BLUM, Dan. *Rational Cybersecurity for Business*: The Security Leaders' Guide to Business Alignment. [s.l.]: Apress, 2020.

BRASIL. *Decreto 11.129*. Regulamento da Lei Anticorrupção. 2022. Disponível em: https://www.planalto.gov.br/cciviL_03/////_Ato2019-2022/2022/Decreto/D11129.htm.

BRASIL. *Lei 12.846*. Lei Anticorrupção. 2013. Disponível em: https://www.planalto.gov.br/ccivil_03/%5C_ato2011-2014/2013/lei/l12846.htm.

BRASIL. *Lei 13.709*. LGPD. 2018. Disponível em: https://www.planalto.gov.br/ccivil_03/_ato2015-2018/2018/lei/l13709.htm.

BRIGHAM, E. F.; EHRHARDT, M. C. *Financial Management*: Theory; Practice. 13. ed. [s.l.]: South-Western Cengage Learning, 2013.

CALDER, A.; WATKINS, S. *IT Governance*: An International Guide to Data Security and ISO27001/ISO27002. 6. ed. [s.l.]: Kogan Page, 2015.

CAMERER, C.; LOEWENSTEIN, G. *Behavioral economics*: Past, present, future. Cybersecurity. 2000.

CANALTECH. *Ministro ordena abertura de inquérito para apurar ciberataque ao site do STF*. 2021. Disponível em: https://canaltech.com.br/governo/ministro-ordena-abertura-de-inquerito-para-apurar-ciberataque-ao-site-do-stf-184828/.

CARNEGIE ENDOWMENT. *Launch Cybersecurity Toolbox for Financial Institutions*. 2022. Disponível em: https://cyberreadinessinstitute.org/news-and-events/carnegie-endowment-cri-imf-and-partners-launch-cybersecurity-toolbox-for-financial-institutions.

CARNEGIE. *CEO-Level Guide*: Cybersecurity Leadership. 2023.

CHAPPLE, Mike. *Certified Information System Security Professional* – Officel Study Guide. (ISC)2. 2021.

CHERMACK, T. J. *The Use of and Misuse of SWOT analysis and implications for HRD professionals*. 2007.

CHRONOPOULOS, M., PANAOUSIS, E.; GROSSKLAGS, J. An options approach to cybersecurity investment. *IEEE Access*, p. 12175–12186, 2017.

CIS. *CIS Critical Security Controls*. 2024. Disponível em: https://www.cisecurity.org/controls.

CIS. *CIS RAM*. 2022. Disponível em: https://learn.cisecurity.org/cis-ram.

CISA. *Cybersecurity Incident; Vulnerability Response Playbooks Operational Procedures for Planning and Conducting Cybersecurity Incident and Vulnerability Response Activities in FCEB Information Systems*. 2021. Disponível em: http://www.cisa.gov/tlp.

CISA. *Guia para CEOs e Altos Gestores*. 2024. Disponível em: https://www.cisa.gov/shields-guidance-corporate-leaders-and-ceos.

CISA. *The Attack on Colonial Pipeline*: What We've Learned; What We've Done Over the Past Two Years. 2024. Disponível em: https://www.cisa.gov/news-events/news/attack-colonial-pipeline-what-weve-learned-what-weve-done-over-past-two-years.

CISA. *Vocabulary | NICCS*. 2024. Disponível em: https://niccs.cisa.gov/cybersecurity-career-resources/vocabulary.

CISCO. *Network Security Monitoring Trends*. 2016. Disponível em: https://www.cisco.com/c/dam/en/us/products/collateral/security/stealthwatch/esg-research-insight.pdf.

CISCO. *What Is a Cyberattack?* – Most Common Types. 2024. Disponível em: https://www.cisco.com/c/en/us/products/security/common-cyberattacks.html.

CISO DIARIES. *CISOs: Win your "board's blessing" with this reporting template*. 2024. Disponível em: https://www.hackthebox.com/blog/ciso-board-reporting-template.

CNJ. *Res. 383/21*. Sistema de Inteligência de Segurança Institucional do Poder Judiciário. 2021. Disponível em: https://atos.cnj.jus.br/atos/detalhar/3829.

CNN. *PF prende hackers suspeitos de atacar sistemas do STF*. 2021. Disponível em: https://www.cnnbrasil.com.br/nacional/pf-prende-hackers-que-atacaram-sistemas-do-stf.

REFERÊNCIAS

COHEN, J. E. *Cyberspace As/And Space.* 2007. Disponível em: https://scholarship.law.georgetown.edu/facpub/807http://ssrn.com/abstract=898260

CONNECTE.SE. *Curva de Aprendizagem*: Conceitos, Exemplos e Vantagens. 2024. Disponível em: https://coonectse.com.br/blog/educacao/curva-de-aprendizagem.

CORALLO, A., LAZOI, M.; LEZZI, M. Cybersecurity in the context of industry 4.0: A structured classification of critical assets and business impacts. *Computers in Industry, 114*, 103165, 2020. Disponível em: https://doi.org/10.1016/j.compind.2019.103165.

COURT SERVICES VICTORIA. *Court Services Victoria, Cyber Incident Information.* 2024. Disponível em: https://courts.vic.gov.au/news/court-services-victoria-cyber-incident.

CROWDSTRIKE. *Global Threat Report.* 2024. Disponível em: https://go.crowdstrike.com/global-threat-report-2024.html.

CROWDSTRIKE. *SIEM – The Complete Guide.* 2024.

CRUME, Jeff. *What is Shadow AI? The Dark Horse of Cybersecurity Threats.* 2024. Disponível em: https://www.youtube.com/watch?v=YBE6hq-OTFI&list=PLdw2bVqUvsk3C_IFblL7yXXlqY8HBOu6h.

DELOITTE. *Annual Cyber Threat Trends Report.* 2024.

DENARDIS, L. Hidden levers of internet control: An infrastructure-based theory of Internet governance. *Information Communication and Society*, 15(5), p. 720-738, 2012. Disponível em: https://doi.org/10.1080/1369118X.2012.659199

DESS, G. *Strategic Management.* [s.l.]: McGraw-Hill, 2018.

DODGE, M.; KITCHN, R. *Mapping Cyberspace.* 2003. Disponível em: http://www.MappingCyberspace.com/.

DOWNES, L. *The laws of disruption*: Harnessing the new forces that govern life and business in the digital age. [s.l.]: Basic Books, 2009.

DRENICK, A. H. *The 2017 Equifax Hack*: What We Can Learn. 2017.

EMBROKER. *2024 Must-Know Cyber Attack Statistics and Trends.* 2024. Disponível em: https://www.embroker.com/blog/cyber-attack-statistics.

ENISA. *CSIRT Maturity Framework.* 2022. Disponível em: https://www.enisa.europa.eu/topics/incident-response/csirt-capabilities/csirt-maturity.

EU. *EU AI Act*: first regulation on artificial intelligence. 2023. Disponível em: https://www.europarl.europa.eu/topics/en/article/20230601STO93804/eu-ai-act-first-regulation-on-artificial-intelligence.

FOX, J. *Top Cybersecurity Statistics for 2024.* 2024. Disponível em: https://www.cobalt.io/blog/cybersecurity-statistics-2024.

FREEMAN, E. H. Regulatory compliance and the chief compliance officer. *Information Systems Security*, 16(6), p. 357-361, 2007. Disponível em: https://doi.org/10.1080/10658980701805050.

FURNELL, S. The cybersecurity workforce and skills. *Computers; Security*, 100, 102080. 2021. Disponível em: https://doi.org/10.1016/j.cose.2020.102080.

G1. *Polícia Federal prende no Ceará homem suspeito de participar de ataque virtual ao STF.* 2021. Disponível em: https://g1.globo.com/politica/noticia/2021/08/31/policia-federal-prende-homem-suspeito-de-participar-de-ataque-virtual-ao-stf.ghtml.

GALLORO, R. A. V. *TSE nas eleições 2018* : um registro da atuação do gabinete estratégico pelo olhar de seus integrantes. 2020.

GARTNER. *How to Assess Whether the CISO Should Report Outside of IT*. 2022.

GARTNER. *How to Design a Practical Security Organization*. 2022.

GARTNER. *Sample Cybersecurity Organization Charts*. 2024.

GARTNER. *What are Managed Security Services ?* 2024. Disponível em: https://www.gartner.com/reviews/market/managed-security-services.

GIBBONST, L. J. *No Regulation, Government Regulation, or Self-Segulation*: Social Enforcement or Social Contracting for Governance in Cyberspace. 1997.

GUDIPATI, Sekhara. *Cybersecurity frameworks*: More than just a checklist. 2023. Disponível em: https://www.crowe.com/cybersecurity-watch/cybersecurity-frameworks-more-than-just-a-checklist.

HALLIDAY, J. *Stuxnet worm is aimed to sabotage Iran's nuclear ambition, new research shows*. 2010. Disponível em: https://www.theguardian.com/technology/2010/nov/16/stuxnet-worm-iran-nuclear.

HAMMER, J. *The Billion-Dollar Bank Job*. 2018. Disponível em: https://www.nytimes.com/interactive/2018/05/03/magazine/money-issue-bangladesh-billion-dollar-bank-heist.html.

HODSON, C. *Cyber Risk Management*: Prioritize Threats, Identify Vulnerabilities and Apply Controls. [s.l.]: Kogan Page, 2019.

IBGC. *Compliance à Luz da Governança Corporativa*. 2017. Disponível em: www.ibgc.org.br.

IBM CORPORATION. *X-Force Threat Intelligence Index*. 2024.

INTERPOL. *INTERPOL Global Complex for Innovation opens its doors*. 2014. Disponível em: https://www.interpol.int/News-and-Events/News/2014/INTERPOL-Global-Complex-for-Innovation-opens-its-doors.

ISACA. *ISACA Glossary*. 2024. Disponível em: https://www.isaca.org/resources/glossary.

ISO. *ISO 23894/2023* – Risk Management in Artificial Intelligence. 2023. Disponível em: https://www.iso.org/standard/77304.html.

ISO. *ISO 37.001 – Antissuborno*. 2017. Disponível em: https://www.bsigroup.com/pt-BR/iso-37001-anti-suborno/.

ISO. *ISO 37.301* – Gestão de Compliance. 2021. Disponível em: https://www.gepcompliance.com.br/blog/iso-37301-compliance/.

ISO. *ISO/IEC 27000*. 2018. Disponível em: https://www.iso27001security.com/html/27000.html.

ISO. *ISO/IEC 42001:2023*. 2023. Disponível em: https://www.iso.org/standard/81230.html.

ISO. *ISO-27.701* – Gerenciamento de Segurança da Privacidade. 2019. Disponível em: https://www.iso.org/standard/71670.html.

ISO/IEC. *ISO 27.001* – Segurança da Informação, Cibersegurança e Privacidade. 2022.

ISTARI-OXFORD. *The CEO Report on Cyber Resilience*. 2024. Disponível em: https://istari-global.com/insights/articles/ceo-report.

ISWARAN, S. *Segundo Ministro do Governo de Cingapura*. 2014. Disponível em: https://www.mti.gov.sg/Newsroom/Press-Releases/2014/01/S-Iswaran-to-attend-World-Economic-Forum-Annual-Meeting-2014.

JOVANOVIC, B. *Better Safe Than Sorry*: Cyber Security Statistics and Trends for 2023. 2024. Disponível em: https://dataprot.net/statistics/cyber-security-statistics.

KAHNEMAN, D.; TVERSKY, A. Prospect theory: An analysis of decision under risk. *Econometrica*, 1979.

KAPLAN, J., SHARMA, S.; WEINBERG, A. *Meeting the cybersecurity challenge*. [s.l.]: McKinsey Company, 2011.

KASSA, Shemlse Gebremedhin. *Information Systems Security Audit*: An Ontological Framework. 2016.

KOSSEFF, J. *Defining Cybersecurity Law*. 2017. Disponível em: https://www.WIRED.com/2016/10/internet-outage-ddos-dns-.

KOSUTIC, D.; PIGNI, F. Cybersecurity: investing for competitive outcomes. *Journal of Business Strategy*, 43(1), p. 28-36, 2022. Disponível em: https://doi.org/10.1108/JBS-06-2020-0116.

LAHCEN, R. A. M.; CAULKINS, B.; MOHAPATRA, R.; KUMAR, M. *Review and insight on the behavioral aspects of cybersecurity*. 2020.

LEVINE, Alan. *Effective Board Communication for CISOs*. 2022. Disponível em: https://www.kiteworks.com/cybersecurity-risk-management/effective-board-communication/.

MAKRIDIS, C. A. Do data breaches damage reputation? Evidence from 45 companies between 2002 and 2018. *Journal of Cybersecurity*, 7(1), 2021. Disponível em: https://doi.org/10.1093/cybsec/tyab021.

MANDIANT, T. *Top Trends in Cyber Security*. 2024. Disponível em: https://www.mandiant.com/m-trends.

MARTIN, L. *Cyber Kill Chain®*. 2024. Disponível em: https://www.lockheedmartin.com/en-us/capabilities/cyber/cyber-kill-chain.html.

MCCARTER, Bob. *When CISO meets CCO*: leading cyber risk management. 2023. Disponível em: https://www.information-age.com/when-ciso-meets-cco-leading-cyber-risk-management-123507846.

MIT. *Por que as grandes empresas têm tanta dificuldade em contratar profissionais de tecnologia?* 2018. Disponível em: https://mittechreview.com.br/dificuldade-contratacao-tecnologia.

MONROE COLLEGE. *Cybersecurity History*: Hacking; Data Breaches. 2012. Disponível em: https://www.monroecollege.edu/news/cybersecurity-history-hacking-data-breaches.

MOORE, T., DYNES, S.; CHANG, F. R. Identifying how firms manage cybersecurity investment. *Workshop on the Economics of Information Security*, p. 1-27, 2016.

NATIONAL CYBER DIRECTOR. *Report of the Cybersecurity Posture of the United States*. 2024.

NCSC. *10 Steps to Cyber Security*. 2024. Disponível em: https://www.ncsc.gov.uk/collection/10-steps/risk-management.

NCSC. *Cyber Security Governance*. 2024. Disponível em: https://www.ncsc.gov.uk/collection/risk-management/cyber-security-governance.

NCSC. *How cyber attacks work*. 2024. Disponível em: https://www.ncsc.gov.uk/information/how-cyber-attacks-work.

NEW YORK TIMES. *Ransomware attack on ICBC disrupts trades in US Treasury market*. 2023. Disponível em: https://www.ft.com/content/8dd2446b-c8da-4854-9edc-bf841069ccb8.

NIST. *Cybersecurity Framework* – 2.0. 2024. Disponível em: https://www.nist.gov/cyberframework.

NIST. *Information Security – Glossary* | *CSRC*. 2020. Disponível em: https://csrc.nist.gov/glossary/term/information_security.

NIST. *Information Security Continuous Monitoring (ISCM), SP 800-137*. 2011. Disponível em: https://csrc.nist.gov/pubs/sp/800/137/final.

NIST. *Risk Management Framework*. 2024. Disponível em: https://csrc.nist.gov/projects/risk-management/about-rmf.

NOGUEIRA, J. H. M.; NOGUEIRA, S. M. *Direito digital e cibernético*. 2019.

OLADIMEJI, S. *SolarWinds hack explained*: Everything you need to know. 2023. Disponível em: https://www.techtarget.com/whatis/feature/SolarWinds-hack-explained-Everything-you-need-to-know.

OPEN CSIRT. *SIM 3 Maturity Model*. 2023. Disponível em: https://opencsirt.org/csirt-maturity/sim3-and-references/.

OWASP. *List of Attacks*. 2024. Disponível em: https://owasp.org/www-community/attacks.

PCI. *Data Security Standard*. 2024. Disponível em: https://www.pcisecuritystandards.org/standards/pci-dss/.

PERERA, S.; JIN, X.; MAURUSHAT, A.; OPOKU, D. G. J. Factors Affecting Reputational Damage to Organisations Due to Cyberattacks. *Informatics*, 9(1), 2022. Disponível em: https://doi.org/10.3390/informatics9010028.

PIRES, R. *Gestão*: o que é, importância e TUDO sobre o assunto! 2019. Disponível em: https://rockcontent.com/br/blog/o-que-e-gestao.

PORTAL CNJ. *Corregedoria Nacional de Justiça vai apurar acesso indevido a banco de mandados de prisões*. 2024. Disponível em: https://www.cnj.jus.br/corregedoria-nacional-de-justica-vai-apurar-acesso-indevido-a-banco-de-mandados-de-prisoes.

PROOFPOINT. *Proofpoint Security Awareness Enterprise*. 2021. Disponível em: https://www.proofpoint.com/sites/default/files/solution-briefs/pfpt-us-sb-enterprise-security-awareness-training.pdf.

RABIN, M. Risk aversion and expected-utility theory: A calibration theorem. *Handbook of the fundamentals of financial decision making: Part I*, 2013.

RELATÓRIO SANTANDER BRASIL. *Relatório Anual Integrado 2023*. 2023.

REPORT SANTANDER ESPANHA. *Annual Report 2023*. 2023.

RITTER, J. R. Behavioral finance. *Pacific-Basin Finance Journal*, p. 429-437, 2003.

ROLING, M. *What is the Difference Between a CIO and a Chief Information Security Officer?* 2018. Disponível em: https://www.ciosrc.com/blog/what-is-the-difference-between-a-cio-and-a-chief-information-security-officer.

RONALD, N. K. *Secretário-Geral da Interpol*. 2014. Disponível em: https://www.interpol.int/en/1/1/2005/Ronald-K.-Noble-wins-second-term-as-INTERPOL-Secretary-General.

ROWE, B. R.; GALLAHER, M. P. *Private Sector Cyber Security Investment Strategies*: An Empirical Analysis. 2006.

SANGFOR TECHNOLOGIES. *Dallas Ransomware Attack Exposes Data of 30,253 People*. 2023. Disponível em: https://www.sangfor.com/blog/cybersecurity/dallas-ransomware-attack-affects-30253-people.

SCHWAB, K. *A Quarta Revolução Industrial*. São Paulo: Edipro, 2016.

SECURITY COMPASS. *Cybersecurity Glossary*. 2024. Disponível em: https://www.securitycompass.com/glossary.

SEWELL, M. *Behavioural finance*. 2007.

SHAIKH, F. A.; SIPONEN, M. *Organizational learning from cybersecurity performance*: effects on cybersecurity investment decisions. 2024.

SHALHOUB, Z. K.; AL QASIMI, S. L. *Cyber Law and Cyber Security in Developing and Emerging Economies*. 2010.

SINGH, N.; BUSSEN, T. J. *Compliance Management*. 2020.

SLATTERY Peter et al. *Tha IA Risk Repository*. 2024. Disponível em: https://airisk.mit.edu/#How-to-use-the-AI-Risk-Repository.

SMITH, B. *Armas e ferramentas*: o futuro e o perigo da era digital. [s.l.]: Alta Books, 2020.

STEINBERG, R. M. *Governance, risk management, and compliance*: It can't happen to us — Avoiding corporate disaster while driving success. [s.l.]: John Wiley; Sons, Inc. 2011. Kindle.

STF. *Fux encerra Ano Judiciário e afirma que STF alcançou marcas expressivas em 2021*. 2021. Disponível em: https://novaintranet.stf.jus.br/noticias/Paginas/2021/dezembro/Ministro-Luiz-Fux-encerra-Ano-Judiciário-e-afirma-que-STF-alcançou-marcas-expressivas-em-2021.aspx.

STF. *Nota de Esclarecimento*. 2021. Disponível em: https://portal.stf.jus.br/noticias/verNoticiaDetalhe.asp?idConteudo=465517&ori=1.

STF. *Portal do STF* – Institucional. 2024. Disponível em: https://portal.stf.jus.br/textos/verTexto.asp?servico=sobreStfConhecaStfInstitucional.

STF. *Seminário Internacional de Segurança Cibernética nas Cortes Superiores*. 2023. Disponível em: https://portal.stf.jus.br/hotsites/segurancacibernetica.

STF. *STF realiza nesta sexta (31) Simpósio de Segurança Cibernética dos Tribunais Superiores*. 2023. Disponível em: https://portal.stf.jus.br/noticias/verNoticiaDetalhe.asp?idConteudo=504934&ori=1.

STJ. *Em razão de ataque cibernético, STJ funcionará em regime de plantão até o dia 9*. 2020. Disponível em: https://www.stj.jus.br/sites/portalp/Paginas/Comunicacao/Noticias/04112020-Em-razao-de-ataque-cibernetico--STJ-funcionara-em-regime-de-plantao-ate-o-dia-9.aspx.

SYNOPSYS. *Penetration Testing*. 2024. Disponível em: https://www.synopsys.com/glossary/what-is-penetration-testing.html.

THALER, R. H. Mental accounting matters. *Journal of Behavioral Decision Making*, p. 183-206, 1999.

THE INSTITUTE OF INTERNAL AUDITORS – IIA. *The IIA's Three Lines Model*: An update of the Three Lines of Defense. 2020. Disponível em: https://www.theiia.org/en/content/position-papers/2020/the-iias-three-lines-model-an-update-of-the-three-lines-of-defense/.

TRESORIT TEAM. *Cybersecurity monitoring*: top threat monitoring tools and tactics to keep you safe. 2024. Disponível em: https://tresorit.com/blog/cyber-security-monitoring-the-what-why-and-how-explained/.

TSE. *Teste Público de Segurança da Urna*. 2024. Disponível em: https://www.justicaeleitoral.jus.br/tps/.

TZU, Sun. *A arte da guerra*. [s.l.]: Penguin-Companhia, 500 a.C.

U.S. FEDERAL GOVERNMENT. *Federal Government Cybersecurity Incident and Vulnerability Response Playbook*. 2021.

VALOR ECONÔMICO. *Ciberataques afetam a saúde emocional das equipes de TI*. 2024. Disponível em: https://valor.globo.com/carreira/noticia/2024/09/13/ciberataques-afetam-a-saude-emocional-das-equipes-de-ti.ghtml?utm_source=newsletter&utm_medium=linkedin&utm_campaign=newsin&utm_term=newsin.

WA CYBER SECURITY UNIT. *Cyber Security Playbooks*. 2024. Disponível em: https://soc.cyber.wa.gov.au/guidelines/playbooks.

WEBER, Rosa. *Seminário Internacional Fake News e Eleições*. TSE, 2019.

WILLIAMS, B. *Cybersecurity governance and compliance*: A comprehensive guide for professionals in effective cybersecurity governance and compliance. 1. ed. 2023. Edição Kindle.

WORLD ECONOMIC FORUM. *Global Cybersecurity Outlook 2024*. 2024. Disponível em: https://www.weforum.org/publications/global-cybersecurity-outlook-2024.

ZOTTMANN, C. E. M. *et al*. *Fui atacado!* E agora?: estratégias para enfrentar ataques cibernéticos. [s.l.]: Vidaria Livros. 2023.

ZOU, Y.; MHAIDLI, A. H.; MCCALL, A.; SCHAUB, F. *"I've Got Nothing to Lose"*: Consumers' Risk Perceptions and Protective Actions after the Equifax Data Breach. 2018. Disponível em: https://www.usenix.org/conference/soups2018/presentation/zou.

Esta obra foi composta em fonte Palatino Linotype, corpo 10,5
e impressa em papel Offset 75g (miolo) e Supremo 250g (capa)
pela Formato Artes Gráficas.